도시농부를 위한
수경재배기 만들기

도시농부를 위한
수경재배기 만들기

초판 인쇄일 2022년 4월 22일
초판 발행일 2022년 4월 29일

지은이 박영기
발행인 박정모
등록번호 제9-295호
발행처 도서출판 혜지원
주소 (10881) 경기도 파주시 회동길 445-4(문발동 638) 302호
전화 031) 955-9221~5 팩스 031) 955-9220
홈페이지 www.hyejiwon.co.kr

기획·진행 김태호, 박주미
디자인 조수안
영업마케팅 김준범, 서지영
ISBN 979-11-6764-013-0
정가 18,000원

Copyright © 2022 by 박영기 All rights reserved.

No Part of this book may be reproduced or transmitted in any form, by any means
without the prior written permission on the publisher.

이 책은 저작권법에 의해 보호를 받는 저작물이므로 어떠한 형태의 무단 전재나 복제도 금합니다.
본문 중에 인용한 제품명은 각 개발사의 등록상표이며, 특허법과 저작권법 등에 의해 보호를 받고 있습니다.

우리 집 똑똑한 수경텃밭

도시농부를 위한
수경재배기 만들기

혜지원

머리말

주말농장을 하려면 텃밭이 필요하듯이 수경재배를 하기 위해서는 수경재배기가 필요합니다. 이 책에서는 제가 개인적인 이유로 만든 수경재배기와 마을 활동을 하면서 만든 수경재배기를 소개합니다. 개인적인 이유로 만든 것은 저 자신이 집에서 먹을 채소와 열매를 소소하게 얻기 위해서, 수경재배의 갖가지 방식을 시험해 보기 위해서, 보기 좋은 재배기로 집안을 꾸며볼까 해서 만들었습니다. 만드는 사람도 저이고 쓰는 사람도 저이니까 선택의 범위가 넓어서 자유로운 영혼이 갈피를 잡지 못하고 방황하는 즐거움을 누리기도 했습니다. 반면 마을 활동을 하면서 만든 수경재배기는 환경과 여건의 제약이 있어 문제를 해결하기 위해 많은 고민을 한 것들도 있습니다. 그 과정에서 새로운 돌파구를 찾아 해결하는 기쁨을 누렸습니다.

이 책은 도시농부에게 적합한 기술을 적용한 수경재배기를 소개합니다. 수경재배의 원리는 같을지라도 용도가 다르기 때문에 여기서 다루는 수경재배기를 식물공장이나 시설재배에 적용하기에는 무리가 따릅니다. 그렇다고 해서 도시농부에게 적합한 수경재배기가 식물공장용 수경재배기에 뒤진다는 것을 뜻하는 것은 아닙니다. 환경이 다르기 때문에 문제 해결 방법이 다르다고 보는 것이 맞습니다. 같은 수경재배 방식을 적용하더라도 식물공장에 설치된 수경재배기와 수경텃밭[1]에 설치된 수경재배기는 다른 설계와 기술이 들어갈 수 있습니다. 마치 산업용 세탁기와 가정용 세탁기가 다른 것과 비슷합니다. 또 식물공장의 수경재배기는 기능에 초점을 맞추지만 수경텃밭용 수경재배기는 주변과의 조화를 생각해야 합니다. 즉 소음, 미관, 심리 등 생활하면서 겪게 되는 영향을 고려해야 합니다. 그러므로 건축학, 도시 공학, 실내 장식, 조경, 원예, 조형 예술 등의 분야와도 만나게 됩니다.

마을 활동이나 개인적으로 사용하기 위해 수경재배기를 만든다는 말은 실내뿐만 아니라 실외에도 설치해야 하고, 매일 돌보는 사람이 있는 상황뿐만 아니라 관리하는 사람이 없는 상황에서도 제대로 식물을 자라게 해야 함을 뜻합니다. 전기를 사용할 수 없는 상황도 있고 수돗물을 사용할 수 없는 상황도 있습니다. 그야말로 다양한 상황에서 식물이 잘 자랄 수 있도록 해야 합니다. 여름철 뜨거운 옥상에서는 일반적인 식물공장이나 스마트팜 기술을 적용하기에는 곤란합니다. 그만큼 창의적인 아이디어가 필요하다는 뜻이기도 하고, 식물공장이나 스마트팜의 기술과는 차별화된 기술이 필요하다는 뜻이기도 합니다. 즉, 도시농부에게 적합한 수경재배는 새로운 영역이라 할 수 있습니다.

---

[1] 수경텃밭: 토경재배를 적용하는 텃밭에 상대되는 말로, 인공 지반이나 실내, 천장, 지붕, 옥상, 벽 등에 수경재배 방식을 적용한 텃밭을 말한다. 앞으로는 '토경텃밭'과 '수경텃밭'이란 용어가 사용되기를 희망한다.

일손을 줄이기 위해서는 자동제어가 필요합니다. 이 책에서는 콘센트 타이머로 시간에 맞추어 전기를 ON/OFF하는 방법, 볼탭을 이용하여 자동으로 양액의 수위를 맞추는 방법, 아두이노를 이용한 자동제어를 다루었습니다. 사물 인터넷은 이 책에 다 담을 수 없어 소개 정도로 그쳤습니다.

이 책에서 다루는 수경재배기는 흔히 파이프팜을 만드는 데에 쓰이는 PVC를 사용하지 않습니다. 플라스틱 중 PVC는 위험도가 높고 페트와 섞이면 모두 재활용이 안 됩니다. 수경재배기에서 양액을 담는 용기와 일부 부품은 어쩔 수 없이 플라스틱을 사용하지만, 플라스틱 중에서 비교적 안전하고 재활용이 가능한 PE와 PP로 된 재료를 권합니다.

이 책을 쓰는 데에 많은 분의 도움이 있었습니다. 옥상에 수경재배텃밭을 꾸밀 수 있도록 기회를 주시고 함께 만들었던 장애인배움터 너른마당의 배미영 대표님과 선생님들, 교육 과정을 통해 실내용 수경재배기 제작에 협조해 주신 푸르메스마트팜 서울농원 장경언 대표님와 직원분들, 사진 촬영을 도와주신 남궁연정 님, 수경재배기 제작에 열정적으로 참여해 주신 조남강 님, 수경재배기를 전시할 공간을 내어 주신 송재홍 님께 감사드립니다. 또한 수경재배기를 만들고 설치할 수 있는 경험을 쌓을 수 있게 기회를 주신 성북수경재배네트워크, 성북정보도서관, 성북문화예술교육가협동조합 마을온예술, 마을서점 호박이넝쿨책, 석관동미리내도서관, 종암동새날도서관, 아리랑도서관, 강북구 송중동주민센터 등께 감사드립니다.

수경재배기를 만들 때 현재의 기술로 만들 수 없는 것을 목표로 하는 것도 문제이지만 뻔한 기술만 고집하는 것도 문제입니다. 계속 궁리하여 좋은 재배기를 만드는 여정에 이 책이 도움이 되기를 바랍니다.

2022년 4월
서울시 강북구 미아동 8번지 언덕에서

목차

머리말 · 4

1부
수경재배기를 만드는 데 필요한 지식과 기술

1장 수경재배기 개발의 개요 · 12

- Basic 01   수경재배의 원리 · 13
- Basic 02   수경재배의 방식 · 15
- Basic 03   도시농부용 수경재배기가 갖추어야 할 조건 · 16
- Basic 04   환경과 식물에 맞는 재배 방식을 택하는 요령 · 20
- Basic 05   수경재배기의 개발 과정 · 26
- Basic 06   수경재배기 부품의 명칭과 역할 · 36

2장 가공 기술 익히기 · 44

- Basic 01   많이 쓰는 공구와 소모품 · 45
- Basic 02   용기에 튜브 끼우기 · 57
- Basic 03   목재 프레임 만들기 · 61
- Basic 04   LED 램프 고정하고 타이머 맞추기 · 69
- Basic 05   전선 연결하기 · 74
- Basic 06   전기 부품 연결하기-납땜 · 80
- Basic 07   우드록에 포트용 구멍 뚫기 · 86
- Basic 08   수중 펌프에 폴리우레탄 튜브 끼우기 · 89
- Basic 09   스테인리스 관 꺾기, 자르기 · 90

3장 일손을 덜어 주는 기술 ·92

- Basic 01 자동화를 할 때 고려해야 할 점 ·93
- Basic 02 대기압을 이용하여 자동으로 양액을 공급하는 장치 ·95
- Basic 03 부력을 이용하여 자동으로 양액을 공급하는 장치 ·99
- Basic 04 원터치 피팅을 이용한 실외 재배기의 배수 ·101
- Basic 05 콘센트 타이머를 이용하여 자동으로 전원을 ON/OFF하는 방법 ·103

4장 마이크로컨트롤러를 이용한 자동화 ·106

- Basic 01 전자식 자동 제어 ·107
- Basic 02 스케치 설치하기 ·113
- Basic 03 호환 보드용 드라이버 설치 ·118
- Basic 04 간단한 프로그래밍으로 몸풀기 ·122

5장 사물 인터넷 개요 ·128

- Basic 01 사물 인터넷을 가능하게 하는 하드웨어와 소프트웨어 ·129
- Basic 02 인터넷에 대한 이해 ·131
- Basic 03 온습도 그래프를 스마트폰으로 받아 보기 ·133
- Basic 04 양액 부족 경고를 트위터로 받아 보기 ·138

2부
수경재배기 따라서 만들기

6장 화장품 병을 이용한 재배기 만들기 · 144
- Making 01 재배기 만들 준비하기 · 145
- Making 02 재배기 만들기 · 148

7장 신발장을 틀로 사용한 DWC 방식의 재배기 만들기 · 158
- Making 01 재배기 만들 준비하기 · 159
- Making 02 재배기 만들기 · 165
- Making 03 기르면서 관리하는 법 · 181
- Making 04 수확 후 청소하는 법 · 183

8장 신발장을 틀로 사용한 저면급액 방식의 재배기 만들기 · 186
- Making 01 재배기 만들 준비하기 · 187
- Making 02 만들기 및 관리법 · 190

9장 앵글 선반을 사용한 DFT 방식의 재배기 만들기 · 194
- Making 01 재배기 만들 준비하기 · 195
- Making 02 재배기 만들기 · 201
- Making 03 식물 옮겨 심고 키우기 · 219

 10장 옥상에 수경재배텃밭 만들기 ·224

Making 01 옥상의 환경 및 준비 ·225
Making 02 설계하기 ·227
Making 03 옥상에 텃밭 설치하기 ·232

 11장 양액 부족 알람 울리고 수중 펌프 전원 차단하기 ·236

Making 01 순서도 그리기 ·237
Making 02 프로그래밍을 위한 회로 연결 ·239
Making 03 업로드하고 시험하기 ·244
Making 04 인클로저에 조립하기 위한 준비 ·248
Making 05 인클로저에 조립하기 ·251
Making 06 재배기에 설치하고 동작 확인하기 ·258

부품 구입 안내 ·261
팁 빨리 찾기 ·263
참고문헌 ·264

1부

수경재배기를 만드는 데 필요한 지식과 기술

1장 수경재배기 개발의 개요
2장 가공 기술 익히기
3장 일손을 덜어 주는 기술
4장 마이크로컨트롤러를 이용한 자동화
5장 사물 인터넷 개요

1장

수경재배기 개발의 개요

이 장에서는 수경재배가 무엇인지 알아보고 수경재배기를 직접 개발하기 위해 갖추어야 할 이론적인 내용을 다룹니다. 여기서 다루는 수경재배기는 텃밭 활동을 하는 것과 같이 일반인을 위한 것입니다. 이 책은 수경재배기 만들기에 대한 책이므로 수경재배에 대한 장황한 설명보다는 수경재배기를 만드는 데에 필요한 부분만 추려서 설명하겠습니다. 적정 기술을 사용한 수경재배의 기초에 대해서는 『도시농부를 위한 수경재배』(박영기 저, 혜지원)를 참고 바랍니다.

토경재배[1]를 할 때 밭이나 상자텃밭이 있어야 하듯 수경재배를 하기 위해서도 수경재배기가 필요합니다. 수경재배기는 간단히 용기에 양액을 담은 것에서부터 자동화, 더 나아가 사물 인터넷을 적용한 것까지 다양한 것들이 있습니다. 하지만 잊지 말아야 할 것은 수경재배기는 식물을 키우기 위한 도구라는 점입니다. 온갖 기능을 다 갖추었지만 정작 식물은 잘 자라지 않는 재배기는 좋은 재배기라 할 수 없습니다.

아쉽게도 지면상 재배기 만드는 법을 다양하게 소개하지는 못했습니다. 하지만 재배기를 만들기 위한 지식과 기술을 충실히 다루었으니 책의 내용에 기반해 본인의 아이디어로 원하는 재배기를 만들 수 있을 것으로 생각합니다.

---

1) 토경재배: 흙을 이용하여 식물을 키우는 것을 말한다.

수경재배의 원리

흔히 수경재배가 물에서 식물을 키우는 것인 줄 잘못 알고 계신 분들이 있습니다. 하지만 수경재배는 식물을 물에만 넣어 기르는 것이 아닙니다. 아이비, 개운죽 같은 식물은 물만 주어도 물속에 들어 있는 양분으로 자랄 수 있지만, 콩을 그렇게 키운다면 콩이 가늘게 자라다가 점점 야위어 죽는 경험을 하게 됩니다. 빨리 자라면서 많은 양분을 필요로 하는 식물은 양분을 공급해 주어야만 계속 튼튼하게 자랄 수 있습니다. 그러므로 일반적으로는 물에 양분을 타서 식물을 기르게 되는데, 그것이 바로 수경재배입니다. 좀 더 자세히 살펴보겠습니다.

수경재배와 대비하여 흙에서 식물을 키우는 것을 토경재배라고 합니다. 수경재배가 무엇인지 알기 위해서는 토경재배와 비교해 보는 것이 좋은 방법입니다. 수경재배와 토경재배는 겉으로 보기에 뿌리 주변의 환경이 아주 다르기 때문에 이 부분에 초점을 맞추어 설명하겠습니다. 토경재배는 밭에서 식물을 기르는 방법을 대표로 했고, 수경재배는 양액에 뿌리를 담그는 방식을 대표로 했습니다.

토경재배에서는 식물을 심기 전에 거름을 주고 흙을 갈아 줍니다. 거름을 주는 것은 식물에 필요한 양분을 공급하기 위함이고, 흙을 갈아 주는 것은 흙에 공기가 잘 통하게 하기 위함입니다. 이후 식물을 심어 키우면서 물을 줍니다. 그러니까 토경재배는 흙이 양분와 공기를 공급하고, 흙에서만 얻기에 부족하기 쉬운 물을 외부에서 공급해 주는 방식입니다.

수경재배에서는 식물을 심기 전에 수경재배용 비료를 물에 녹여 양액을 만듭니다. 수경재배용 비료를 물에 녹이는 것은 식물에 필요한 양분을 공급하기 위함입니다. 양액에 식물의 뿌리를 담가 키우면서 에어 펌프로 공기를 공급해 줍니다. 그러니까 수경재배는 양액이 물과 양분을 공급하고, 양액에 부족하기 쉬운 공기를 외부에서 공급하는 방식입니다.

토경재배와 수경재배에서 뿌리에 공급하는 물질을 덧셈의 결합법칙[1])과 교환법칙[2])을 이용해서 요약하면 다음과 같습니다.

```
        토경재배            수경재배

        흙 + 물      =     양액 + 공기
     (공기 + 양분) + 물  =   공기 + (양분 + 물)
      공기 + 양분 + 물   =   공기 + 양분 + 물
```

즉, 토경재배와 수경재배는 모두 식물의 뿌리에 공기, 양분, 물을 공급하는 방법이라는 것을 알 수 있습니다.

---

1) 결합법칙(結合法則, associated law): 한 식에서 연산이 두 번 이상 연속될 때, 앞쪽의 연산을 먼저 계산한 값과 뒤쪽의 연산을 먼저 계산한 결과가 항상 같을 경우 그 연산은 결합법칙을 만족한다고 한다.
2) 교환법칙(交換法則, commutative law): 한 식에서 이항연산의 결과가 두 원소의 순서에 관계없이 항상 같을 때 그 연산은 교환법칙을 만족한다고 한다.

수경재배의 방식

앞에서 수경재배에서도 토경재배와 같이 뿌리에 물, 양분, 공기를 공급한다는 것을 보았습니다. 여기서 공기를 공급하는 것을 좀 더 정확히 이야기하자면 뿌리가 호흡하는 데 필요한 산소를 공급하는 것입니다. 그런데 식물에 따라 뿌리가 산소를 요구하는 양이 다릅니다. 양액에 뿌리를 담가 두는 것만으로도 잘 자라는 식물이 있는가 하면, 양액에 에어 펌프로 공기를 불어 넣어도 잘 자라지 못하는 식물도 있습니다. 이런 이유로 수경재배에서는 양분과 산소, 특히 산소를 어떻게 공급할까에 따라 여러 재배 방식이 개발되었습니다.

대체로 배지가 있는 방식은 간단한 구조를 가지면서도 산소 공급이 잘 됩니다. 또 배지가 단열재의 역할을 하기 때문에 강한 햇빛을 받는 곳에서 유리합니다. 대신 배지에 대한 비용이 들어갑니다.

배지가 없는 방식은 '순수수경'이라고도 하는데 양분 공급은 기본이고, 추가로 산소를 잘 공급하기 위해 여러 방식이 개발되었습니다. 대체로 산소가 잘 공급되는 방식이 구조가 복잡해서 재배기를 만드는 데에 돈이 많이 들어갑니다.

재배기의 여러 방식은 『도시농부를 위한 수경재배』(박영기 저, 혜지원) 1장을 참고 바랍니다.

도시농부용 수경재배기가 갖추어야 할 조건

이 절에서는 도시농부에 대해 알아보고, 도시농부에게 적합한 수경재배기가 어떤 조건을 갖추어야 되는지 알아보겠습니다.

1. 도시농업인과 도시농부

농림수산식품교육문화원이 만든 '모두가 도시농부[3]'라는 인터넷 사이트에는 '도시농부'라는 단어를 사용합니다. 도시농업 단체나 구청에서 하는 도시농부학교에도 도시농부라는 말을 씁니다. 그런데 언론 매체를 보면 어떤 기사는 '도시농부'라는 단어를 사용해 도시텃밭과 도시농부의 수를 실어 두었고, 어떤 신문에는 도시에 있는 농협에서 '도시농업인'의 안정적인 판로 확대와 소득 증진에 힘쓰겠다고 하는 내용의 기사가 실려 있습니다. 왜 어떤 곳에서는 도시농부라는 단어를 사용하고 어떤 곳에서는 도시농업인이라는 단어를 사용하는 것일까요? 이 둘의 차이를 살펴보자면 도시농업인은 수익을 위해 도시농업을 하는 사람이고, 도시농부는 수익을 목적으로 하지 않고 도시농업을 하는 사람이라고 할 수 있을 것 같습니다.

수경재배를 예로 들어보자면, 도시농업인은 도시에 식물공장을 가지고 식물을 키워서 파는 사람이고, 도시농부는 가정용 수경재배기를 사거나 만들어서 식물을 키워 먹는 사람입니다. 이와 같이 도시농업인과 도시농부를 나누어 본다면, 이 책은 도시농부를 위한 수경재배기를 만드는 방법을 다루고 있습니다.

---

[3] https://www.modunong.or.kr:449/

2 도시농부의 특징

식물 키우기와 관련하여 도시농부의 특징을 살펴보도록 하겠습니다.

❶ 다양한 식물을 다룬다.

돈을 벌기 위해 식물을 키우는 사람은 특정 작물 몇 가지를 선택하여 집중합니다. 이런 분들은 시장에서 다른 생산자와 경쟁을 해야 하기 때문에 식물이 잘 자라는 조건을 찾게 되면 변동을 주지 않고 그대로 지키려고 합니다. 공장에서 물건을 만들 때 제조 방법을 그대로 지키려는 것과 같은 이치입니다.

반면, 도시농부는 먹을 것, 관상용으로 기르는 것, 시험 삼아 길러보는 것, 선물 받은 것, 남이 하니까 같이 해 보는 것 등 여러 이유로 다양한 식물을 키우게 됩니다. 또 도시농업 공동체를 통해 씨앗나눔 등을 하다 보니 대부분 갖고 있는 씨앗에 비해 식물을 키울 장소가 부족한 형편이지요. 식물에 대해 잘 몰라도 어떻게 되는지 궁금해 일단 심어보는 분들이 많습니다.

❷ 농사를 망쳐도 웃을 수 있다.

생계를 위해 식물을 기르는 분들은 수익이 발생하지 않으면 곤란을 겪게 됩니다. 반면 도시농부는 농사를 망쳤다고 해서 크게 낙심하지 않습니다. 농사를 망쳤다고 가세가 기우는 것도 아니라, 모임에 나가서 이번 농사 망쳤다고 수다 떨며 위안을 받습니다. 호기심이 많고 실험 정신이 강하다 보니 실패를 많이 하지만 그것이 배우는 과정이라고 생각하며, 서로 가르쳐 주고 배우는 것에 거부감이 없습니다.

❸ 가능하면 주변 물품 사용을 원한다.

도시농업 활동을 하다 보면 자연히 생태계에 대한 공부를 하게 되고, 자연을 보호하기 위한 여러 활동을 지지하고 실천하게 됩니다. 그러다 보니 수경재배기를 만들 때도 가능하면 주변 물품을 재활용하기를 원하고, 만드는 과정에서 환경에 나쁜 영향을 주는 일을 멀리하게 됩니다. 주변 물품을 재활용하는 것은 환경을 보호할 뿐만 아니라 금전적으로도 부담을 줄여 줍니다.

❹ **너무 복잡한 것을 싫어한다.**

    도시농부는 식물을 기르는 일이 본업이 아닙니다. 그러다 보니 시간이 너무 많이 들거나 복잡한 것을 좋아하지 않습니다. 예를 들어 성능이 아주 좋은 수경재배기인데, 이를 제대로 활용하기 위해 두꺼운 매뉴얼을 봐 가면서 작업해야 한다면 도시농부에게 적합한 재배기라고 할 수 없습니다. 도시농부는 여러 종류의 식물을 키우기 때문에 한 종류의 식물에만 특화된 수경재배기는 적합하지 않습니다. 식물에 따라 공간을 바꾸어 줄 수 있고, 가능하면 재배 방식도 바꾸어 줄 수 있는 것이 좋습니다. 그러기 위해서는 직관적으로 이해할 수 있는 재배기가 적합합니다.

3 두 가지 형태의 수경재배기 비교

    무슨 물건이든 사용할 환경과 용도에 적합하게 만든 것이 사용하기에 좋습니다. 수경재배기 또한 그렇다고 할 수 있습니다. 앞에서 도시농부의 특징을 알아보았으니, 이제 어떤 재배기가 도시농부에게 적합할지 어느 정도 떠오르실 것입니다. 도시농부에게 적합한 수경재배기를 좀 더 자세히 알아보도록 하겠습니다.

1.1 어느 음식점에 설치된 수경재배기   1.2 지하방에 설치된 수경재배기

    위의 두 재배기를 비교해 봅시다. 그림 1.1은 어느 음식점에 설치되어 있는 수경재배기입니다. 채소를 직접 키워서 음식에 사용한다는 것으로 홍보 효과를 꾀하고 있습니다. 이러한 재배기는 재

배기 회사에서 와서 설치해 줍니다. 자동화되어 있기 때문에 음식점에서는 식물과 수경재배에 대한 지식이 별로 없더라도 회사가 가르쳐 준 대로 씨앗을 심고 수확하는 일만 하게 됩니다. 문제가 생기면 곧바로 회사로 연락하지요.

음식점이라는 사업 공간에 있기 때문에 키우는 식물에 변동이 생기면 곤란합니다. 변동은 곧 불량을 의미하기 때문에 필요한 식물을 정한 후, 잘 자라는 조건을 찾으면 변동을 주지 않고 똑같은 생산물이 나올 수 있게 합니다. 즉, 변하지 않음이 중요한 가치가 됩니다. 이런 상황에서는 호기심을 가지고 이것저것 바꾸어보기가 부담이 됩니다.

그림 1.2는 제가 지하 방에서 식물을 키우는 모습입니다. 높이 조절을 하기 쉬운 앵글 선반을 사용하였고, 전등도 끈으로 매단 형태라서 높이 조절을 할 수 있습니다. 또, 식물이 어릴 때는 식물이 자라는 용기를 다른 물건으로 받쳐서 식물이 전등에 가깝게 할 수도 있습니다. 재배 방식도 DWC와 저면급액법을 자유롭게 바꾸어가며 적용할 수 있습니다. 도시농업 활동을 하다 보면 행사에 수경재배기를 전시해야 할 때도 있는데, 그럴 경우에도 분해, 운반, 설치가 쉽습니다. 이런저런 상황을 고려한다면 도시농부에게는 오른쪽 사진의 재배기가 더 적합할 것입니다.

4 도시농부에게 적합한 수경재배기가 갖추어야 할 요소

앞서 이야기한 내용을 염두에 두면, 도시농부에게 적합한 수경재배기는 다음과 같은 요소를 가져야 할 것입니다.

① 주변에 있는 물건이나 기성품으로 값싸게 만들 수 있어야 한다.
② 직관적으로 동작을 이해할 수 있는 것이 좋다.
③ 조립, 분해, 이동, 변형이 쉬워야 한다.
④ 에너지 소비가 적어야 한다.
⑤ 친환경적이어야 한다.
⑥ 시각적으로 거부감이 적어야 한다.

환경과 식물에 맞는 재배 방식을 택하는 요령

1 어떤 재배기가 좋은 재배기인가?

토경재배에서 식물에 따라 흙, 고랑과 두둑, 물 주는 양 등을 다르게 합니다. 수경재배에서도 한 재배기가 모든 종류의 식물을 다 잘 키울 수 있는 것은 아니고 식물의 종류에 따라 적합한 수경재배 방식이 필요합니다. 또 식물의 용도를 고려하여 재배기를 맞추어 주어야 합니다. 예를 들어 잎을 따먹기 위해 키우는 상추와 씨앗을 받기 위해서 키우는 상추는 키가 다르기 때문에 공간을 달리 맞추어 주어야 합니다.

그러므로 좋은 재배기를 거론하기 전에 키우려는 식물의 특성과 용도에 대해 알고 있어야 합니다. 식물의 특성에 따라, 식물의 용도에 맞게 자랄 수 있는 환경을 갖추어 주는 것이 좋은 재배기의 가장 기본적인 조건이라 할 수 있습니다.

1.3 씨를 받기 위해 키우는 상추에는 적합하지 않은 재배기

1.4 어느 도시농업 단체가 파이프팜을 만드는 과정에서 PVC 가루가 발생한 모습

지금까지는 식물에 초점을 맞추었는데, 좀 더 시야를 넓혀 환경을 생각해 보아야 합니다. 재배기 속의 식물은 잘 자란다고 해도 재배기를 만드는 과정이나 사용하는 중에 환경에 해를 끼치면 곤란합니다. 소음, 분진, 냄새, 전기 사용량, 물 사용량, 식물을 키우는 과정의 용이함도 중요하게 따져 볼 만한 것들입니다.

❷ 수경재배 방식을 정할 때 고려해야 할 점

수경재배 방식은 배지를 기준으로 하거나 양액 순환의 방식을 기준으로 하여 분류하는 것이 일반적입니다. 이러한 분류법은 직업으로 식물을 키우는 분야에서 유래했기 때문에 대부분 비닐하우스나 식물공장 안에서 키우는 것을 전제로 합니다. 직업으로 식물을 키울 때는 전기나 물의 공급을 다 갖추어 놓는 것이 기본입니다.

그런데 취미나 소규모로 식물을 키우는 상황에서는 전기나 물을 공급받지 못하는 경우가 허다합니다. 예를 들자면, 도서관 옥상에 수경재배기를 설치하려는데 물도 전기도 공급되지 않고 관리할 사람도 없다는 식입니다. 이런 경우에는 물과 전기가 공급되는 것을 전제로 하는 수경재배 기술이 별 소용이 없게 됩니다.

흔히 대학교에서 공부하는 두꺼운 수경재배 책은 식물공장과 같은 환경이 갖추어진 것을 전제로 합니다. 그러므로 도시농부의 입장에서 수경재배로 식물을 키우려고 한다면 두꺼운 책을 내려놓고 창의력을 발휘하는 것이 더 중요합니다.

❶ 뿌리에 산소 공급

여러 가지 수경재배 방식이 있지만 뿌리에 산소를 얼마나 잘 공급하는가에 주목할 필요가 있습니다. 식물에 따라 뿌리에 산소가 필요한 정도가 다르기 때문입니다. 어떤 식물은 줄기를 잘라서 물에 꽂아 두기만 해도 며칠 만에 뿌리가 납니다. 이런 식물들은 어떤 방식을 사용하더라도 잘 자라기 때문에 구태여 복잡하고 비싼 재배기를 만들 필요가 없습니다. 반면 감자나 고구마 덩이는 물에 넣어 두면 처음에는 싹이 나지만 결국은 덩이가 부패하면서 식물 전체가 죽게 됩니다. 인삼 또한 새싹인삼으로 물에 담가 키울 동안은 싹이 나고 자라지만 새싹인삼 단계가 지나도록 계속 담가 두면 부패하기가 쉽습니다.

　이렇게 부패하는 원인의 핵심은 산소 공급에 있습니다. 산소가 부족하면 뿌리나 덩이를 이루는 세포가 호흡을 잘 하지 못해 약해지거나 죽게 됩니다. 이런 뿌리를 먹이로 세균이나 바이러스가 자라나게 됩니다. 부패하는 것이지요. 이와 같이 식물에 따라 뿌리에서 산소를 필요로 하는 정도가 다르기 때문에 식물에 맞추어 산소를 공급할 수 있는 재배기가 필요합니다.

　산소를 굉장히 잘 공급하는 재배기가 있으면 모든 것이 해결되지만 그런 재배기의 경우 비싸고 복잡하고 관리가 까다로울 수 있기 때문에 가능한 한 식물이 잘 자라는 범위에서 값싸고 간단한 재배기를 추구하게 됩니다. 그러다 보니 여러 방식의 수경재배기가 나타나게 되었습니다. 가장 좋은 재배기는 없고 가장 적합한 재배기가 있다고 할 수 있습니다.

❷ 뿌리 주변의 온도

　다음으로 고려해야 할 것이 온도입니다. 실외에서 재배할 때 겨울철에 추운 것은 온실을 만드는 등 일종의 '실내'를 만드는 방법 외에는 해결법이 없으니까 제외합니다. 그러고 나면 온도를 고려해야 할 상황으로 더운 여름철에 실외에서 재배하는 경우가 남습니다.

　노지에서 자라는 식물은 물만 부족하지 않다면 여름철 더위를 이기며 살아갑니다. 그러나 옥상에서 상자 텃밭이나 수경재배로 키우는 식물은 여름철 강한 햇빛에 며칠 가지 못하고 죽는 수가 있습니다. 이는 환경에 맞지 않는 재배 방식을 택했거나 열이 식물에 해를 주는 것을 방지하기 위한 적절한 조치를 하지 않았기 때문입니다. 여름철 옥상에서 식물을 키울 때는 뿌리가 열에 의한 피해를 받지 않도록 각별히 주의해야 합니다.

　실내에서는 키우는 식물은 사람과 온도를 공유하므로 큰 문제는 없습니다. 다만 사무실의 경우 겨울철 퇴근 후의 저온에 주의해야 합니다.

❸ 환경과 식물에 맞는 재배 방식

　위의 여러 상황을 종합하여 환경(실내, 실외)과 식물 종류별로 적합한 수경재배 방식을 정리했습니다. 여기서 실외란 직사일광을 받는 실외를 말합니다.

[실내(베란다 포함)에 적합한 재배 방식]

	잎채소	열매채소	허브	뿌리 식물
DWC	○	○	○	×
DFT	○	○	○	×
NFT	○	○	○	△
저면담배수법 (순수수경)	○	○	○	△
저면급액법 (고형 배지)	○	○	○	○
저면담배수법 (고형 배지)	◉	◉	◉	○

×: 식물이 죽거나 원하는 결과를 얻하지 못한다.
△: 안되는 것은 아니지만 수확량이 현저히 떨어질 수 있다.
○: 재배기 재료비가 적게 들면서 수확량도 좋다.
◉: 아주 잘 자라지만 재료비가 커진다.

[실외(옥상 포함)에서 적합한 재배 방식]

	잎채소	열매채소	허브	뿌리 식물
DWC	×	×	×	×
DFT	△	△	△	×
NFT	×	×	×	×
저면담배수법 (순수수경)	×	×	×	×
저면급액법 (고형 배지)	○	○	○	○
저면담배수법 (고형 배지)	○	○	○	○

×: 식물이 죽거나 원하는 결과를 얻하지 못한다.
△: 안되는 것은 아니지만 수확량이 현저히 떨어질 수 있다.
○: 재배기 재료비가 적게 들면서 수확량도 좋다.
◉: 아주 잘 자라지만 재료비가 커진다.

※ 직사일광에 노출되는 것을 전제로 했음. 다음의 경우는 개선됨.
① 재배용기를 바닥에서 띄운다. ② 재배용기에 반사시트를 붙인다. ③ 재배용기를 단열재로 감싼다. ④ 양액을 냉각한다.

3 뿌리 식물을 키울 때 고려해야 할 점

뿌리 식물의 비대한 뿌리는 부피에 비해 표면적이 작습니다. 그러므로 호흡을 잘하기 위해서는 주변에 산소가 많아야 합니다. 그런데 DWC(Deep Water Culture)나 DFT(Deep Flow Technique) 방식은 양액에 녹아 있는 산소에 의존하기 때문에 아무리 기포기로 산소를 불어 넣어도 한계가 있습니다.

뿌리 식물의 뿌리에 충분한 산소를 공급하기 위해서는 뿌리가 공기와 직접 접촉할 수 있는 방법을 사용하면 좋습니다. 실내에서는 NFT(Nutrient Film Technique)와 배지가 없는 저면담배수법으로도 뿌리 식물을 키울 수는 있지만, 실외에서는 어렵습니다. NFT의 관과 배지가 없는 저면담배수법의 재배용기 속 공기가 직사일광에 뜨거워지지 않게 단열재와 반사판을 확실하게 적용하면 실외에서도 뿌리 식물의 재배가 가능합니다.

4 고형 배지의 특징

고형 배지를 쓰는 방식은 실내든 실외든 모든 식물에 대해 우수한 특징을 나타냅니다. 그 이유를 알아보겠습니다.

❶ 산소 공급

고형 배지는 형태가 팝콘처럼 다공질로 되어 있거나 솜처럼 섬유질로 되어 있습니다. 이러한 형태 때문에 공기가 드나들 수 있는 공간이 많아 뿌리에 산소 공급을 잘할 수 있습니다.

❷ 단열

고형 배지는 단열재 역할을 합니다. 실제로 암면은 건축에서 단열재로 쓰이는 물질입니다. 그래서 고형 배지를 사용하면 여름철 땡볕으로 인해 재배기 표면의 온도가 올라가더라도 그 열이 뿌리까지는 잘 전달되지 않습니다. 여기에 재배용기를 단열재로 감싸 주거나 통풍이 잘되는 그늘을 만들어 주면 고온으로부터 뿌리를 보호하는 데에 더욱 좋습니다. 한여름 노지에서 자라는 식물이 뙤약볕을 이기고 살 수 있는 것도 흙이 열전달을 잘 하지 않기 때문입니다. 흙 표면은 뜨끈뜨끈하지만 흙을 파보면 습기도 있고 온도가 높지 않은 것을 볼 수 있습니다.

❸ 부패하는 물질의 고정

순수수경에서 감자 조각을 양액에 담가 싹을 내려고 하면 시간이 지날수록 양액이 뿌옇게 변하면서 악취가 나는 것을 볼 수 있습니다. 감자 조각의 즙이 양액으로 나오면서 미생물이 번성하기 때문입니다. 이러한 상황이 되면 양액 전체가 부패하면서 식물이 죽게 됩니다. 흙과 고형 배지에서는 부패하는 물질이 있더라도 물질이 이동하지 못하고 한 곳에 머무르기 때문에 떨어진 곳에 있는 식물에 해를 가하지 않습니다.

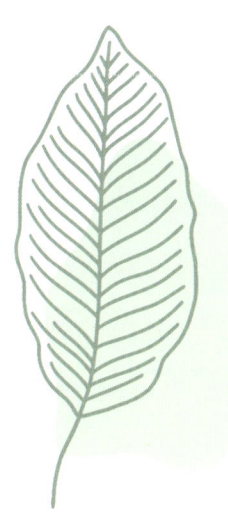

수경재배기의 개발 과정

지금쯤 이 책을 읽고 계신 분은 자신의 재배기를 만들 상상을 하면서 빨리 만들어 보고 싶다는 생각을 하실지도 모르겠습니다. 수경재배기를 장만하는 꿈을 꿀 때는 참 설렙니다. 물론 생각나는 대로 실행해 보는 것도 배우는 좋은 방법입니다. 저도 그렇게 하면서 터득한 것이 많습니다. 하지만 어느 정도의 지식을 갖추고, 불필요한 실수를 줄일 수 있다면 더 좋을 것입니다. 여기서는 제가 일련의 과정을 거치면서 알게 된 것들을 어느 정도 체계화하여 소개합니다. 특히 규모를 크게 만드실 분은 실수로 인한 손실을 줄이기 위해 수경재배기의 개발 과정을 살펴보신 후에 실행하는 것이 좋을 것이라고 생각합니다. 수경재배기의 개발 과정 중 앞부분이 공통적이고 중요하기 때문에 더 자세히 소개합니다.

괴물이 되었다고?

처음 설계한 대로 만드는 것이 중요합니다. 분명한 문제가 있을 때는 설계를 변경해야 하지만, 그냥 '이렇게 하면 더 좋을 것 같아서' 자꾸 바꾸게 되면 점점 더 '좋을 것 같은 것'을 좇아서 이것저것 적용하게 됩니다. 만들고 나서 보면 처음에 만들려고 했던 것과 딴판인 '괴물'이 만들어질 수 있습니다. 누군가와 계약을 맺고 만든다면 쉽게 바꾸지 못할 일이지만 혼자서 설계자, 제작자, 사용자가 다 되다 보니 이런 일이 생기는 것입니다.

떠오르는 아이디어는 메모해 두었다가 다음 재배기를 만들 때 적용하는 것이 좋습니다. 자신에게 한 약속을 지켜서 부디 오토바이를 만들면서 트럭의 엔진을 다는 것과 같은 일이 없기를 바랍니다.

수경재배기의 재료와 식물이 자라는 환경

주변에서 쉽게 구할 수 있는 재료로 수경재배기를 만드는 것이 의미 있는 일이지만, 키우는 환경에 맞는 재배법과 거기에 맞는 재료의 균형을 맞추는 일도 중요합니다. 키우는 환경을 무시하고 관심 있는 재료에만 집착하면 식물이 잘 자라지 않거나 관리하는 데 고생을 할 수 있습니다.

가령 PVC 파이프를 재료로 하고 양액이 순환하지 않는 DWC 방식으로 만든 재배기를 옥상에 갖다 놓으면 여름 뙤약볕에 양액의 온도가 올라가 식물이 죽게 됩니다. PVC 파이프로 재배기를 만들어 옥상에 두려면 양액이 순환하게 하고, 양액저장조는 그늘진 곳에 두거나 냉각 장치로 양액을 식혀야 합니다. 또는 최소한 심지관수라도 적용하여 뿌리가 뜨거워지는 것을 막아야 합니다.

여름철 낮에 옥상의 수도를 틀었을 때 호스로부터 나오는 수돗물이 얼마나 뜨거운지 경험해 보신 분은 실감이 나실 겁니다. 실내에서는 문제가 되지 않는 것이 옥상에서는 문제가 되는 것이지요.

미학적인 관점

쓰레기통이나 수납함으로도 훌륭한 수경재배기를 만들 수 있습니다. 쓰레기통이나 수납함은 저마다 다양한 용량을 가지고 있으므로 키우려는 식물에 맞게 골라 사용할 수 있습니다. 이외에 큰 과자 상자, 고추장 통 등도 이용할 수 있습니다. 의도적으로 다른 모양과 색깔을 가진 용기를 사용하는 것이 아니라면 같은 종류의 두세 가지 용기를 그룹 지어 사용하는 것이 보기에 정돈된 느낌을 줍니다.

1 요구 사항과 환경의 검토

수경재배기 개발에서 첫 단계는 요구 사항과 환경을 검토하는 일입니다. 이를 무시하고 만들면 고생은 했으나 사용하기에 적합하지 않은 곤란한 재배기가 될 수 있습니다.

요구 사항은 내가 왜 수경재배기를 만들어야 하는지에 대한 질문과 대답에서 나옵니다. 집에서 소소하게 잎채소를 길러서 먹고 싶을 수도 있고, 식물로 실내의 미세먼지를 줄이고 습도를 조절하고 싶을 수도 있습니다. 저같이 마을 활동을 하는 사람은 다른 사람의 요청에 의해 원하는 공간에 수경재배기를 설치해 주어야 할 때도 있습니다.

아래 항목은 제가 수경재배기 설치를 의뢰받았을 때 점검하는 항목입니다. 수경재배기를 개발할 때에도 마찬가지로 유용합니다.

❶ 식물의 특성

수경재배기는 식물을 키우기 위한 도구입니다. 수경재배기가 제 역할을 하기 위해서는 키울 식물에 대해 잘 아는 것이 아주 중요합니다. 아래처럼 조사해 두면 식물을 키울 때뿐만 아니라 수경재배기를 만들 때도 유용한 정보를 얻을 수 있습니다.

고추 재배조건

- 2019.02.24 박영기

식물명 고추(Capsicum annuum)
분류체계 속씨식물군(Angiosperms) > 진정쌍떡잎식물군(Eudicots) > 국화군(Asterids) > 가지목(Solanales) > 가지과(Solanaceae) > 고추속(Capsicum)
키 90cm
재식 거리 60~90cm
발아 온도 25~28℃
발아 기간 3~4일
생장 온도 낮: 25~30℃ / 밤: 18~20℃
양액 농도 850~1,050ppm
pH 6.0~6.5
광량 광포화점이 30,000lux

생장 과정

파종 2월 중순~3월 상순
이식 파종 후 약 70~80일 / 4월 하순~5월 상순
수확 풋고추는 꽃이 피고 15일 정도 / 홍고추는 45~50일 정도 지나서 6월 중순부터
특기 사항 (1) 열대 아메리카가 원산이다.
　　　　　　(2) 광포화점이 30klux로 다른 과채류보다 낮은 편으로 약광선에서도 잘 견딜 수 있는 작물이다.
　　　　　　(3) 습해에 약하다. 장마철에 이틀 이상 물에 잠겨 있으면 죽는다.
　　　　　　(4) 산성 토양에서 재배하면 역병이 발생하기 쉽다.

식물의 특성을 정리한 표. 식물 근처에 두어 쉽게 볼 수 있도록 하는 것이 좋다.

이 중 식물의 키와 재식 거리는 재배기의 치수를 정하는 데에 매우 중요합니다. 생장 온도는 식물을 키울 장소에 특별한 냉온방 장치가 필요할지를 결정할 수 있게 해 줍니다. 실내에서 키운다고 하더라도 계절에 크게 어긋나지 않게 키우는 것이 냉난방비를 줄이는 방법입니다. 광량은 실내에서 사용하는 재배기의 전등(주로 LED 사용)을 설계하는 데에 중요합니다. LED는 재배기의 재료비 중 큰 부분을 차지합니다.

어떤 식물을 어떤 용도로 키울지도 중요합니다. 식물에 따라 키와 옆으로 차지하는 공간이 다릅니다. 상추와 고추는 차지하는 공간이 다릅니다. 박과의 식물을 키운다면 공간을 특별히 크게 확보해야 합니다.

또, 같은 식물이라도 용도에 따라 재배기의 설계가 달라져야 할 때가 있습니다. 상추를 키운다고 했을 때, 식탁에 올리기 위해 키운다면 키가 20~30cm 정도 자랄 것을 예상하고 재배기를 설계하면 됩니다. 그런데, 상추의 씨앗을 받기 위해 키운다면 키가 60cm 이상 자라고 옆으로도 더 많은 공간을 차지한다는 것을 고려해야 합니다.

식물을 얼마나 많이 기르는가도 중요합니다. 많은 수를 기른다면 당연히 재배기의 크기가 커질 것이고, 그럴 경우 가능한 한 빛과 양액을 한꺼번에 공급하는 방식을 취하는 것이 경제적입니다.

❷ 재배기를 설치할 공간의 크기

텃밭에서 강의가 이루어지는 농부학교를 가 보면 식물을 심을 텃밭 공간은 부족한데 모종을 양손으로 많이 받아 오는 분이 있습니다. 다 욕심이지요. 심을 장소가 부족한데 아깝다고 따닥따닥 붙여서 심으면 수확하는 것 중에 제대로 된 것을 찾기가 어려워집니다.

수경재배에서도 재배기가 놓일 공간의 크기가 중요합니다. 거기에 맞추어 기를 수 있는 식물의 수가 정해집니다. 텃밭에서는 가로와 세로의 길이로 면적을 계산하지만, 수경재배에서는 쌓아 올리는 구조를 취할 수 있기 때문에 높이까지 측정합니다. 높이가 높은 공간에서는 층수를 늘려 키우면 식물의 수를 늘릴 수 있습니다.

❸ 빛

식물이 제대로 자라기 위해서는 충분한 빛이 필요합니다. 정확히 말하자면 하루 중 빛의 세기와 시간을 곱한 양이 충분해야 합니다. 그래서 식물이 자랄 곳의 빛과 관련한 정보가 필요합니다.

빛의 세기는 조도로 측정합니다. 스마트폰 앱으로 조도계가 많이 나와 있습니다. 조도계로 빛의 세기를 측정하고, 또 하루 중 빛이 재배기를 몇 시간이나 비추는지 기록해 둡니다. 또 빛이 약한 곳은 전등을 설치해야 할 수도 있기 때문에 콘센트가 어디 있는지도 알아 둘 필요가 있습니다. 재배기를 설치할 곳을 정했다면 재배기와 콘센트까지의 거리를 측정해서 기록해 둡니다.

❹ 양액 공급

양액을 자동으로 만드는 것은 복잡한 기계 장치와 큰 공간이 필요합니다. 이 책은 주택이나 사무실에서 식물을 키우는 것을 전제로 하기 때문에 양액은 사람이 만드는 것으로 가정했습니다.

양액 공급과 관련해서는 식물을 얼마나 자주 점검할 수 있는지가 중요합니다. 매일 점검할 수 있는지, 아니면 일주일에 몇 번 점검할 수 있는지, 아니면 아예 점검할 사람이 없는지 확인해 둡니다. 점검하는 횟수가 줄어들수록 자동화의 필요성이 커집니다. 또, 양액을 공급한다고 했을 때 직접 양액을 줄 사람이 있는지, 아니면 자동으로 주기를 원하는지도 확인해야 합니다.

다음으로 물은 수돗물을 쓰는지, 빗물을 쓰는지, 지하수를 쓰는지 확인합니다. 그리고 그 물을 어떻게 끌어올 것인지도 알아야 합니다. 호스로 연결할 것인지, 필요할 때 용기에 담아서 올 것인지도 결정해야 합니다.

❺ 온도

식물을 키우는 기간 동안 식물이 자랄 장소의 가장 더울 때의 온도와 가장 추울 때의 온도를 알아야 합니다. 가령, 옥상의 경우 겨울에는 너무 춥기 때문에 겨울 동안의 재배는 하지 않는 편입니다. 그러나 겨울에도 식물을 키워야겠다고 하면 하우스(비닐 또는 유리)와 보온 대책을 세워야 합니다. 반대로 한여름에는 옥상이 너무 뜨겁기 때문에 이에 대한 대책도 세워야 합니다.

가정집의 실내는 일 년 내내 너무 덥지도 않고 너무 춥지도 않기 때문에 식물이 자라기에 적합합니다. 사무실은 근무하는 시간에는 온도가 적절하지만 퇴근 후나 휴일에는 온도가 적합하지 않을 수가 있습니다. 특히 겨울철에는 퇴근 후나 휴일에 온도가 너무 내려가서 식물이 살기 어려운 경우가 있습니다.

❻ 통풍

공기의 흐름이 있는지도 확인해야 합니다. 창고와 같이 사람이 잘 드나들지 않고, 문을 닫아 두는 곳에서는 공기의 흐름이 거의 없어 통풍이 잘 되는 곳보다 재배에 불리합니다. 통풍이 잘 안 되는 곳에서는 인위적으로 공기의 흐름을 만들 필요가 있습니다.

❼ 수경재배기를 이용하여 진행하고 싶은 활동

개인적으로 먹을 식물이나 관상용 식물을 기를 수도 있지만 교육을 위해서 기를 수도 있습니다. 교육을 위한 재배기는 원리를 알기 쉽고, 식물의 뿌리를 볼 수 있는 구조가 좋을지도 모릅니다. 교육 또한 어느 것에 초점을 맞추는가에 따라 요구되는 내용이 달라질 수 있습니다. 또는 식물로 공간을 꾸미는 데에 수경재배를 이용할 수도 있습니다. 이때는 수경재배기의 미적인 면도 고려해야 합니다.

❽ 내 상황 검토

내 상황도 알아보아야 합니다. 재배기를 만들 돈이 충분한지를 살펴보아야 합니다. 돈이 충분하지 않다면 부품이나 재료를 다른 것으로 대체하거나, 재배기의 규모를 줄이거나, 반제품보다는 재료를 사서 직접 가공하는 등의 노력이 필요합니다. 때로는 아예 재배 방식을 바꾸는 것도 고려해야 합니다.

다음으로 내가 재배기를 만들 지식이 충분한지, 또는 공부하면서 할 수 있는지도 살펴보아야 합니다. 내가 어느 정도 알고 있고 조금만 공부하면 할 수 있겠다고 생각되는 것을 해야지, 거의 모르는 상태에서 의욕만 앞서 시작하면 긴 제작 기간과 많은 시행착오로 지치기 쉽습니다. 그럴 때는 만들어진 재배기를 사서 식물을 키우는 목적을 먼저 달성하고, 이후에 구입한 재배기를 살펴보며 책 등으로 공부하면 시행착오는 줄이고 지식을 쌓을 시간을 벌 수 있습니다. 쉽게 말씀드리자면 쉬운 것부터 하면서 실력을 늘리는 것을 권합니다.

시간도 중요한 요소입니다. 비록 충분한 돈, 지식, 손재주를 갖추었다고 하더라도 너무 바빠서 시간을 낼 수가 없다면 만드는 것보다 구입하는 것이 나은 답이 될 수 있습니다.

2 개념 설계

개념 설계 단계에서는 재배기의 주요 개념을 정합니다. 우선 조사했던 요구 사항을 살펴볼 필요가 있습니다. 가령 집에서 소소하게 채소를 길러 먹기 위한 재배기라면 모양은 좀 투박하더라도 들이는 돈에 비해 수확을 많이 할 수 있는 재배기로 목표를 잡을 수 있습니다. 또는 아끼는 식물이 최대한 예쁘게 보이도록 미적 감각을 살린 재배기가 목표가 될 수도 있습니다.

다음으로 환경을 살펴봅니다. 환경은 요구 사항을 충족시키도록 도와줄 수도 있고 방해할 수도 있습니다. 채소를 옥상에서 기른다고 했을 때 강한 햇살은 식물의 광합성에 도움을 주는 요소이지만, 뜨거운 옥상 바닥은 식물에 위협이 되는 요소입니다. 그러므로 목표 달성에 도움이 되는 환경은 잘 활용하고 제약이 되는 환경은 피하거나 대응책을 적용해야 합니다. 주어진 환경에서 목표를 달성하기 위한 노력이 창의적인 재배기의 밑거름이 됩니다.

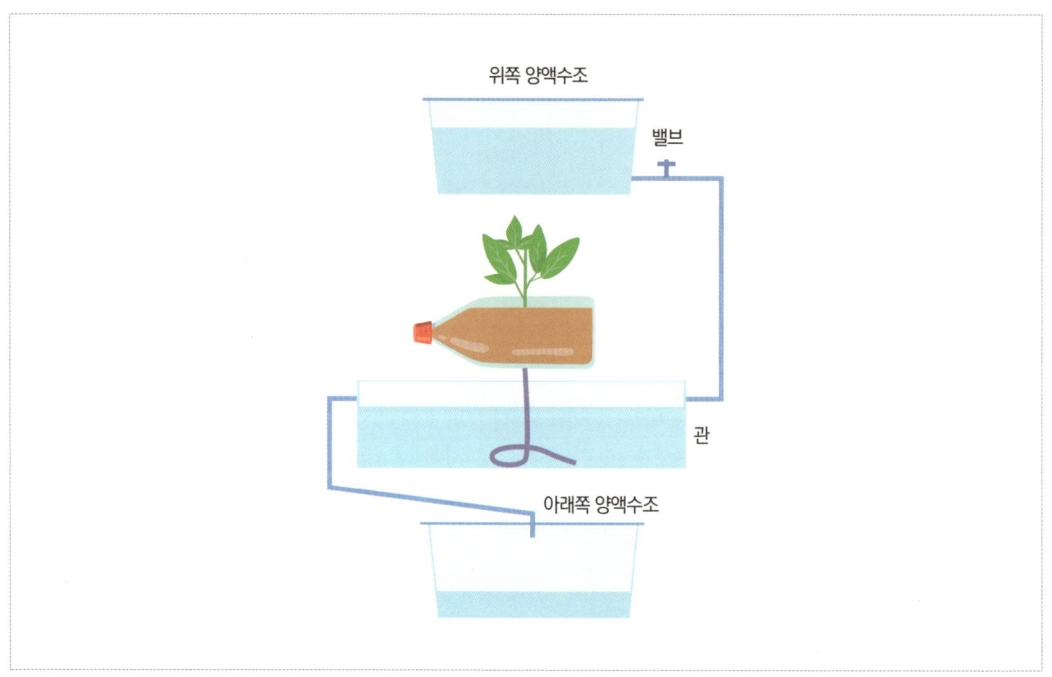

1.5 자주 돌볼 수 없는 상황을 해결하기 위한 방법

도서관에서 어린이들을 대상으로 하는 프로그램을 진행한 적이 있습니다. 작은 페트병에 식물을 심어 야외에 전시하려고 하니 잘 자라도록 재배기를 만들어 달라는 요구가 있었습니다.

환경을 살펴보니 물은 도서관 안으로 들어가서 담아 와야 하고, 야외라서 전기는 쓸 수 없다고 합니다. 식물은 장미허브, 애플민트, 스피어민트였는데, 빨리 자라고 물을 많이 소비하는 것들입니다. 작은 페트병에 심은 것이라 바람이 불고 햇빛이 나면 3일에 한 번은 물을 주어야 했습니다. 그렇다고 일주일에 두 번이나 물을 주러 갈 형편도 아니었습니다. 이 문제를 어떻게 해결했을까요?

점검하러 방문하는 주기를 최대한 길게 하기 위해 여러 가지를 고안했습니다. 식물이 사용하는 양액의 양보다 조금 더 많은 양액이 흘러나오도록 밸브를 달았습니다. 심지를 통하여 양액이 배지로 올라가도록 관에 양액을 담았습니다. 이렇게 하면 위쪽 양액수조의 양액이 고갈되더라도 관 속의 양액이 일정 기간 동안 양액을 공급하게 됩니다. 관 속의 양액이 고갈되더라도 배지 속의 양액이 식물에 공급됩니다. 이렇게 함으로써 2~3주에 한 번만 점검하면 되도록 했습니다.

위의 예는 요구 사항에 부응하도록 아이디어를 내어 독창적인 재배기를 만들 수 있다는 것을 보여 줍니다.

3 핵심 기술 확인하기

요구 사항을 실현하기 위해 반드시 필요한 기술이 있습니다. 가령 양액 수위를 자동으로 맞추기 위해 대기압을 이용한 수위 조절 장치를 쓴다고 하면 아래 그림 1.6과 같은 구성을 할 수가 있습니다.

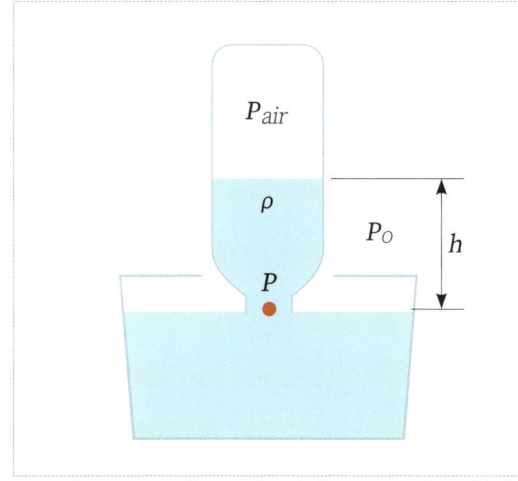

1.6 대기압을 이용한 양액 공급

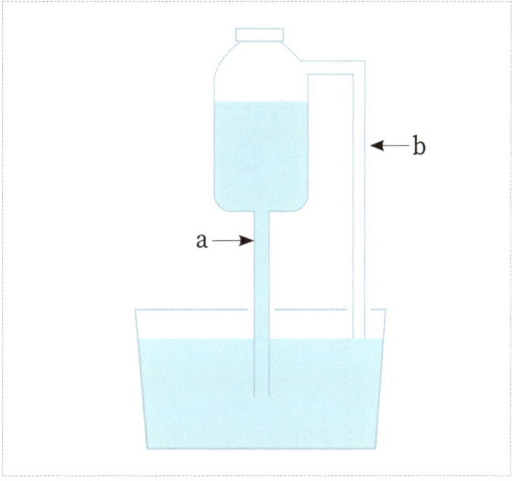

1.7 양액을 공급하는 용기가 높이 있을 때의 대처법

그런데, 어떤 이유로 양액을 주는 용기를 높은 곳에 두고자 했을 때는 용기의 입구에 호스를 연결하여 구성해야 합니다(그림 1.7의 호스 a. 아직 b는 없다고 가정). 원리적으로는 그림 1.6과 같으나 호스가 길 때는 수위가 호스 입구 아래보다 낮아지더라도 용기 속의 양액이 나오지가 않습니다. 양액이 빠져나오기 위해서는 공기가 용기로 빨려들어가야 하는데 가늘고 긴 호스가 이를 방해하는 것이지요.

이럴 경우에는 그림 1.7의 b와 같이 호스를 하나 더 연결하면 동작이 잘 됩니다. a는 양액이 나오는 호스이고 b는 수위를 결정하는 호스입니다. 수위가 b 호스 끝보다 아래로 내려가면 공기가 b 호스를 통해 위에 있는 용기로 들어가면서 a 호스를 통해 양액이 흘러나옵니다.

양액을 공급하는 용기를 높이 설치하기 위해서는 이러한 내용이 핵심 기술이 될 수 있습니다. 핵심 기술은 재배기를 만들기 전에 미리 가능성을 확인해야 합니다. 재배기를 만든 후에 문제가 되면 고치기가 훨씬 어려워지고, 해결 방법을 찾지 못하면 원래 적용하려던 방식을 포기하고 다른 방식을 적용하거나 더 나쁘게는 재배기를 포기해야 할 수도 있습니다.

어디까지 내가 만들고 어디까지 기성품을 활용할 것인지를 결정하는 것도 중요합니다. 모든 것을 내가 다 만들겠다고 하면 시간이 많이 걸리고 오히려 비용이 더 들어갈 수도 있습니다. 대체로 내가 해야만 목표가 이루어지는 것은 내가 하고, 그냥 사서 쓸 수 있는 것은 사서 쓰는 것이 빠르고 돈이 적게 듭니다.

예를 들어 태양 전지로부터 전기를 공급받겠다고 했을 때, 태양 전지에서 나오는 전압을 일정하게 유지하기 위해서는 레귤레이터(regulator)라는 장치가 필요합니다. 그런데 레귤레이터는 이미 시중에 많이 나와 있기 때문에 나에게 적합한 제품을 고르는 것이 전자 부품을 하나하나 사서 납땜하여 만드는 것보다 훨씬 시간과 비용을 줄이고 신뢰성을 높일 수 있는 방법입니다.

다만 주변에서 구하기 쉬운 재료들로 만들 수 있는 재배 용기 같은 경우라면 시중에서 사는 것보다 주변에서 구할 수 있는 물품을 재활용해 만드는 것이 더 좋습니다.

4 상세 설계

상세 설계는 구체적으로 어떤 부품을 쓸 것인지까지 정하는 단계입니다. 시중에 팔고 있는 선반을 검색하여 선반의 가로 길이, 세로 길이, 높이를 결정하는 것, 부품의 위치를 결정하는 것 등이 상세 설계에 속합니다. 외측 지름이 10mm인 폴리우레탄 튜브, 튜브에 맞는 원터치 피팅 PL10-02, 10W짜리 수중 펌프 등 구체적으로 만들거나 구입할 수 있는 규격을 정합니다. 규격을 정해 두면 혹시 부품이 단종되었더라도 같은 규격의 다른 제품으로 대체할 수 있습니다.

⑤ 부품 구입

부품은 매장에 직접 가서 살 수도 있고 온라인으로 구입할 수도 있습니다. 온라인으로 구매할 경우 같은 부류의 부품은 한 가게에서 몰아서 사면 배송료를 절약할 수 있습니다. 평소에 재배기에 필요할 것으로 예상되는 부품을 정리해 두면 부품을 구입할 때 시간을 절약할 수 있습니다.

⑥ 제작

실제로 수경재배기를 제작하는 단계입니다. 필요한 공구를 갖추고 있으면 만들기가 쉽고 결과물도 좋아집니다.

⑦ 적용하여 개선점 파악

수경재배기를 만들어 사용하면서 나타난 문제점이나 예상 외로 효과가 좋았던 점을 파악하여 메모해 두는 단계입니다. 문제점이 있으면 해결 방법을 찾고, 좋은 점은 적극적으로 활용하여 점점 더 좋은 재배기를 만들 수 있습니다.

수경재배기 부품의 명칭과 역할

수경재배기 부품의 명칭은 대학 교재에 나오는 시설농 위주 수경재배기의 장치나 부품과 일치하면 그대로 따르고, 그러한 수경재배기에는 없는 장치나 부품인 경우 이름을 지어서 붙였습니다.

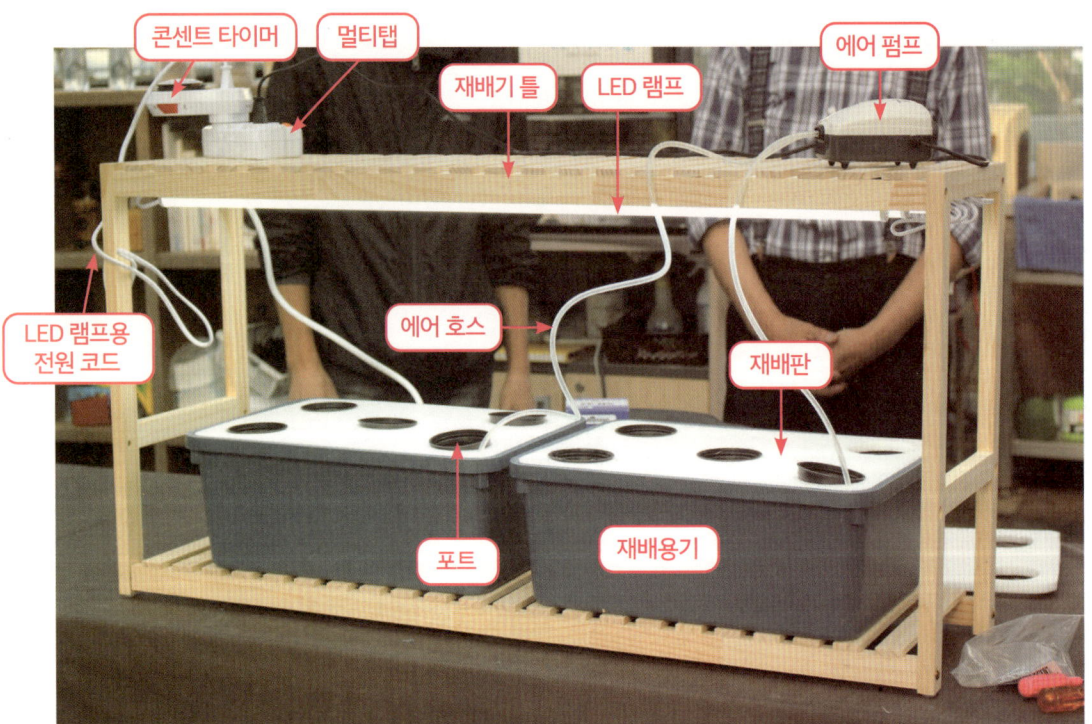

1.8 DWC 방식 수경재배기의 각 부 명칭

1.9 저면급액 방식 수경재배기의 각 부 명칭

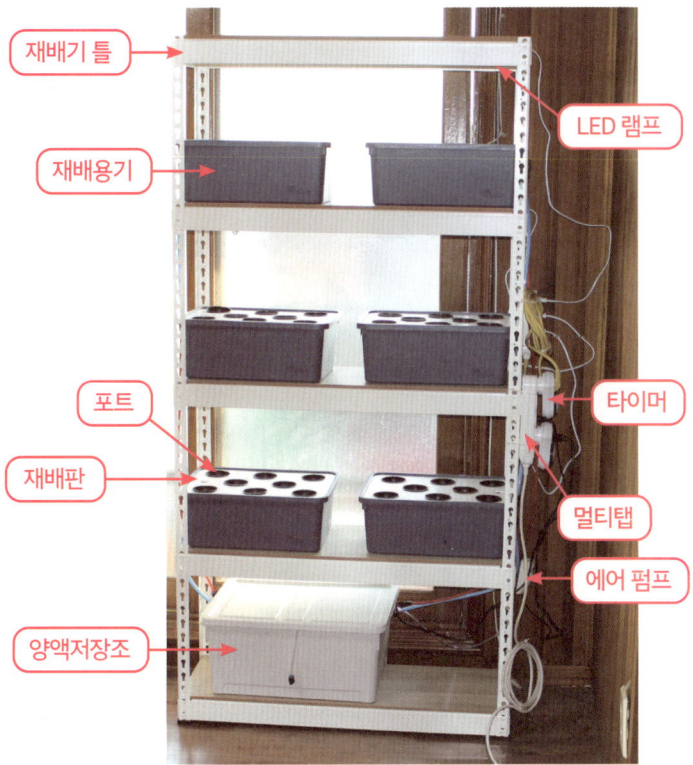

1.10 DFT 방식 수경재배기의 각 부 명칭

1 재배기 틀

재배기 틀은 선반 역할을 하여 여러 부품을 얹어 놓을 수 있습니다. 기둥에 부품을 고정하기도 합니다.

> **층과 단**   단은 판 하나로 된 것을 말합니다. 그림 1.8의 틀은 2단으로 되어 있고, 그림 1.10의 틀은 5단으로 되어 있습니다. 층은 단과 단 사이의 공간을 말합니다. 그림 1.8의 틀은 한 층으로 되어 있고, 그림 1.10의 틀은 4층으로 되어 있습니다. 즉, 층의 수는 단의 수에서 1을 뺀 값입니다.

2 재배용기 관련 부품

01 재배용기

배지나 양액을 담아서 식물을 키우는 용기입니다.

1.11 재배용기

02 재배판

양액만으로 키우는 방식에서 포트를 고정하는 역할을 합니다. 구멍이 뚫려 있어 포트를 구멍에 끼웁니다. 구멍 중심 사이의 거리가 식물 사이의 거리를 결정합니다. 두꺼운 우드록을 가공해서 만들 수 있습니다.

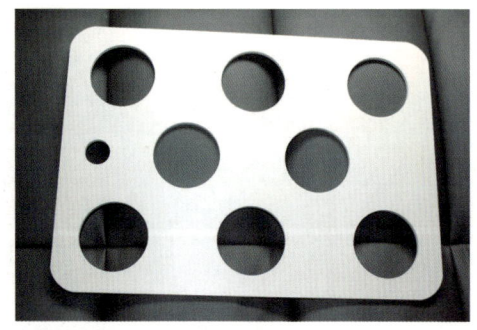

1.12 재배판

03 포트

양액만으로 키우는 방식에서 식물의 뿌리를 담는 역할을 합니다. 구멍이 뚫려 있어 뿌리가 구멍 밖으로 뻗어 나갑니다. 위치를 잡기 위해 재배판의 구멍에 끼웁니다.

1.13 포트

04 트레이

저면급액 방식에서 배지에 흡수될 양액을 일시적으로 보관하는 역할을 합니다. 트레이에 양액을 부으면 재배용기 아래에 뚫린 구멍을 통해 양액이 배지로 스며듭니다.

1.14 재배용기를 담고 있는 트레이

3 양액 순환 관련 부품

01 양액저장조

양액을 순환하는 방식에서 양액을 저장하는 역할을 합니다. 보통 튼튼한 큰 수납함을 이용하여 만듭니다.

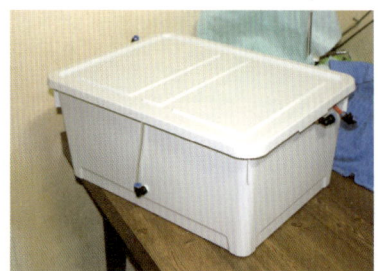

1.15 양액저장조

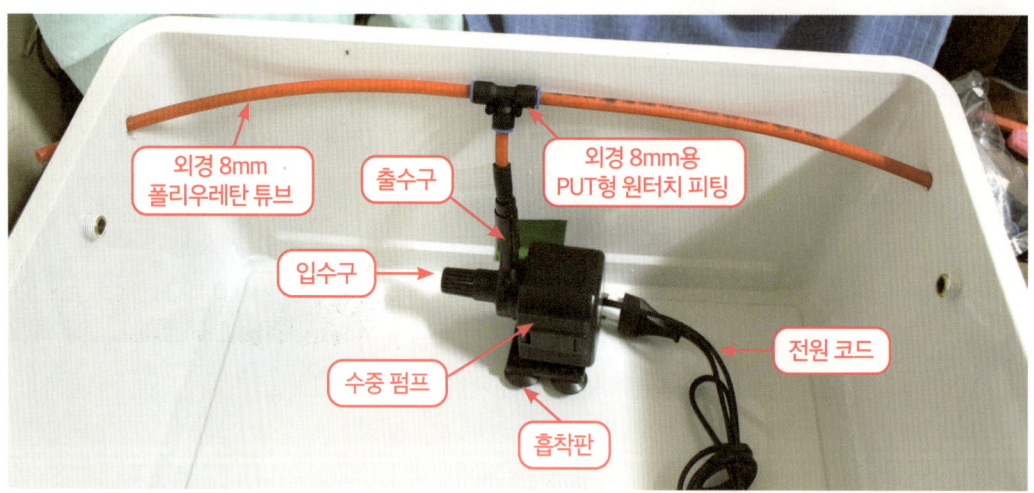

1.16 양액저장조 내부 부품의 명칭

02 수중 펌프

출수구에 폴리우레탄 튜브를 연결하여 양액저장조 속의 양액을 재배용기나 트레이로 보내는 역할을 합니다.

03 폴리우레탄 튜브

양액이 흐르는 길을 만들어 줍니다.

04 원터치 피팅

폴리우레탄 튜브와 용기를 연결하는 데 또는 폴리우레탄 튜브끼리 연결하는 데에 사용합니다.

4 공기 공급 관련 부품

공기를 불어 넣는 것은 산소를 공급하기 위함입니다. 관련된 부품으로는 에어 펌프, 에어 호스, 에어 스톤이 있습니다.

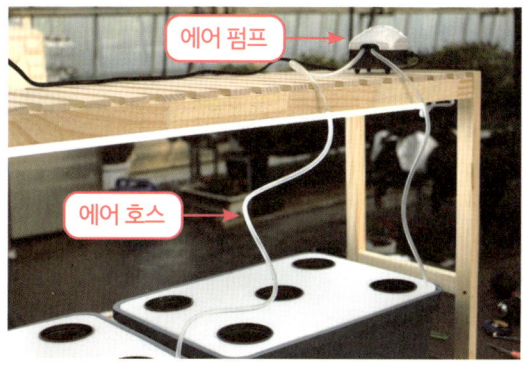

1.17 에어 펌프와 에어 호스

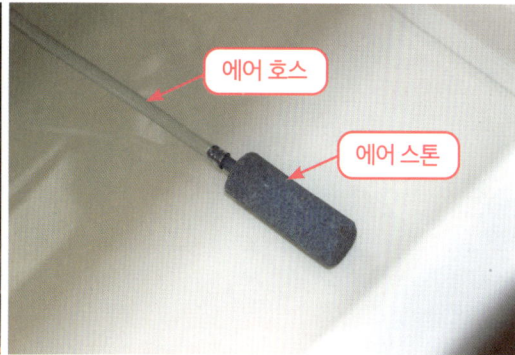

1.18 에어 호스와 에어 스톤

01 에어 펌프

공기를 불어 넣는 역할을 합니다. 주로 출구가 1개인 것과 2개인 것이 있습니다.

02 에어 호스

공기가 흐르는 통로 역할을 합니다. 비닐로 된 것과 실리콘으로 된 것이 있습니다. 비닐로 된 것은 뻣뻣하고 실리콘으로 된 것은 부드럽습니다.

03 에어 스톤

공기를 작은 기포로 바꾸어 줍니다. 같은 양의 공기라도 작은 기포가 되면 표면적이 넓어져서 산소가 양액에 더 잘 녹습니다.

5 조명 관련 부품

1.19 LED 램프와 클립

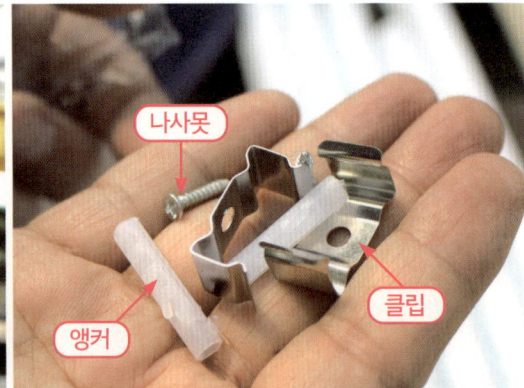

1.20 LED 램프를 고정하기 위한 부품

01 T5형 LED 램프

전기를 공급하여 빛을 냅니다. 주광색, 전구색, 주백색이 있습니다. 주광색이 백색에 가장 가깝습니다.

T5라고 하는 것은 막대형 LED 램프의 두께를 나타내는 규격을 나타냅니다. 'T'는 두께를 뜻하는 'thickness'의 머리글자입니다. 막대형 LED 램프에서 플라스틱으로 싸여 빛을 내는 부분은 대체로 반원기둥 모양이며, 그렇기 때문에 LED 램프의 크기를 직경과 길이로 나타냅니다.

직경은 8인치를 기준으로 합니다. T5는 5/8인치, T12는 12/8인치가 됩니다. 1인치가 25.4mm이니까 T5의 경우는 5/8 × 25.4=15.9mm가 됩니다. 즉, 빛이 나오는 플라스틱의 직경이 약 16mm입니다.

02 클립

LED를 물어 고정하는 역할을 합니다. 그림 1.19는 LED 램프와 클립이 어떻게 결합하는지를 보여주기 위함입니다. 실제로는 클립을 재배기 틀에 나사못으로 고정한 후 LED 램프를 끼웁니다.

03 나사못

LED 램프용 클립을 고정하는 데 사용합니다.

04 앵커

벽과 같이 단단한 곳에 나사못을 박을 때 나사못이 빠져나오지 않도록 고정하는 데에 사용합니다. 수경재배기를 만들 때는 거의 사용할 일이 없습니다.

05 연결 코드

LED 램프끼리 연결하는 코드입니다.

06 전원 코드

LED 램프를 전원에 연결하는 코드입니다. 전원 코드의 끝에는 플러그가 있습니다. 플러그를 콘센트나 멀티탭에 꽂아서 전원을 공급합니다. 실제로는 자동으로 ON/OFF 하기 위해 콘센트 타이머에 꽂아서 사용하는 경우가 많습니다.

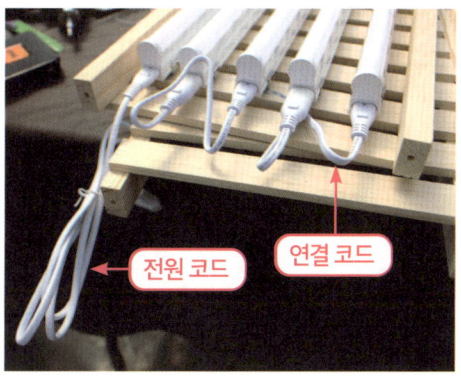

1.21 연결 코드와 전원 코드

2장

가공 기술
익히기

    간단한 수경재배기의 경우 자와 칼과 같은 문구류만 있으면 만들 수 있는 것도 있지만 규모 있는 재배기를 만들기 위해서는 여러 가지 가공이 필요합니다. 여기서는 수경재배기를 만들 때 자주 사용되는 가공 기술을 소개합니다. 수경재배기를 벽에 고정하는 등의 일은 집수리와 관련된 책을 참고하시기 바랍니다.

많이 쓰는 공구와 소모품

수경재배기를 만들 때 공통적으로 많이 쓰이는 공구와 소모품 중에 설명이 필요한 것들을 소개합니다.

1 전동 드릴 드라이버

나사(못)를 박거나 구멍을 뚫기 위해서는 전동 드릴 드라이버를 사용합니다. 드릴 기능과 드라이버 기능을 함께 갖춘 것입니다. 특히 플라스틱에 구멍을 뚫을 때는 천천히 돌아야 플라스틱이 깨지는 것을 막을 수 있으므로 회전력과 속도 조절이 되는 것이 필요합니다.

그림 2.1은 가정에서 사용하기 쉬운 전동 드릴 드라이버의 예입니다. 드라이버와 드릴 겸용이고, 배터리가 작아 가벼운 것이 좋습니다.

2.1 가정에서 사용하기 쉬운 전동 드릴 드라이버

2.2 돌려서 기능을 선택할 수 있는 링

전동 드릴 드라이버의 앞부분에 어떤 작업에 사용할지 선택하는 스위치가 있습니다. 링 모양으로 되어 있어 돌려서 선택할 수 있습니다. 링 아래쪽에 작은 삼각형이 있습니다. 원하는 작업의 그림을 삼각형에 맞춰 돌려 놓습니다. 드라이버, 드릴, 해머 드릴을 선택할 수 있습니다.

2.3 회전력을 20으로 놓은 모습

회전력(토크: torque)은 얼마나 세게 돌아가는가 하는 정도입니다. 숫자로 표시된 링이 토크 설정 링입니다. 숫자가 클수록 전달하는 회전력이 큽니다. 이 숫자까지의 힘만 전달하고 그 이상의 힘이 들어가면 헛돌게 되어 과한 회전력이 가해지지 않도록 합니다.

2.4 드릴 비트나 드라이버 비트를 끼우는 척

2.5 척의 최대 직경

전동 드릴 드라이버에는 척이라는 장치가 있습니다. 앞에서 보아 시계 방향으로 돌리면 점점 조여지고 반시계 방향으로 돌리면 풀어집니다. 반시계 방향으로 최대로 돌렸을 때의 직경이 척에 쓰여 있습니다. 드릴 비트의 끼우는 부분이 이보다 작아야 척에 물릴 수 있습니다.

회전 방향 스위치는 돌아가는 방향을 선택하는 스위치입니다. 화살표가 앞쪽을 향하는 버튼을 누르면 나사를 잠그는 방향으로 선택되고, 뒤쪽으로 향하는 버튼을 누르면 푸는 방향으로 선택됩니다. 어느 쪽도 누르지 않은 중립에 놓으면 방아쇠를 당겨도 회전하지 않습니다.

회전 방향 스위치를 누른 후 방아쇠를 당기면 회전합니다. 방아쇠는 단순히 스위치 기능을 하는 것도 있고, 속도 조절 기능이 있는 것도 있습니다.

2.6 회전 방향 스위치　　　　　　　　　　　2.7 전원/속도 조절 방아쇠

2 드릴 비트(drill bit)

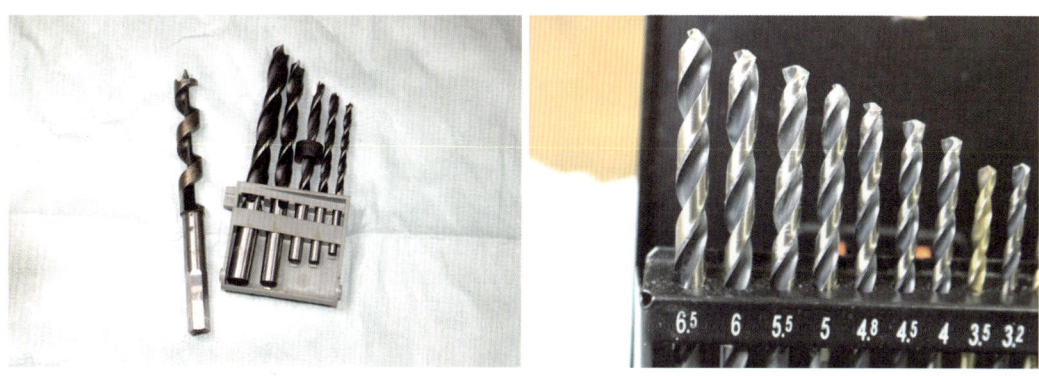

2.8 목재용 드릴 비트　　　　　　　　　　　2.9 철재용 드릴 비트

드릴 비트는 대상 재질에 따라 크게 콘크리트용, 철재용, 목재용으로 분류됩니다. 다룰 재료가 ABS[4]와 같이 무른 플라스틱인 경우 철재용 드릴 비트가 가장 빠르고 깨끗하게 잘 뚫을 수 있기 때문에 철재용 드릴 비트를 사용합니다.

---

4) ABS 수지(acrylonitrile butadiene styrene copolymer): 아크릴로나이트릴(acrylonitrile), 부타디엔(butadiene), 스티렌(styrene) 세 가지 성분으로 이루어진 수지이다. 내충격성과 인성이 큰 것이 특징이다.

재료가 PP[5]일 경우 작은 구멍은 철재용 드릴 비트로 깨끗하게 뚫을 수 있으나 큰 구멍은 깨져서 금이 가기 쉽습니다. PP 재질에 원터치 피팅을 끼울 만큼의 큰 구멍을 뚫을 때는 목재용 드릴 비트를 회전 속도를 낮게 하여 사용합니다.

플라스틱의 성질과 구멍의 크기에 따라 가장 적합한 드릴 비트를 선택하는 과정이 필요합니다. 큰 직경의 드릴 비트를 구입할 때는 척에 들어갈 수 있는지 확인해야 합니다. 만약 드릴 비트의 직경이 척의 최대 직경보다 크면 그림 2.9와 같이 척에 들어가는 부분인 '샹크'를 가늘게 만든 비트를 구입하시기 바랍니다.

3 카운터 싱크(countersink)

구멍을 뚫고 나서 거친 부분이 남아 있으면 카운터 싱크로 다듬어 줍니다. 구멍을 키울 때도 사용합니다.

2.10 카운터 싱크

4 니퍼(nipper)

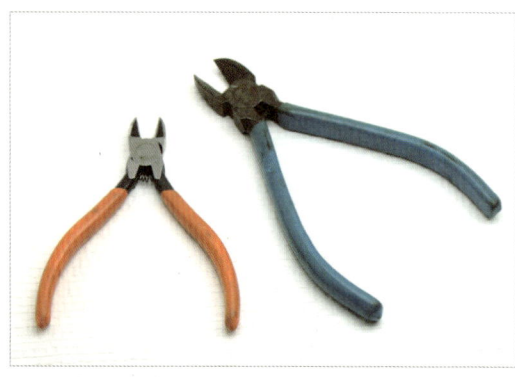

2.11 크기가 다른 니퍼

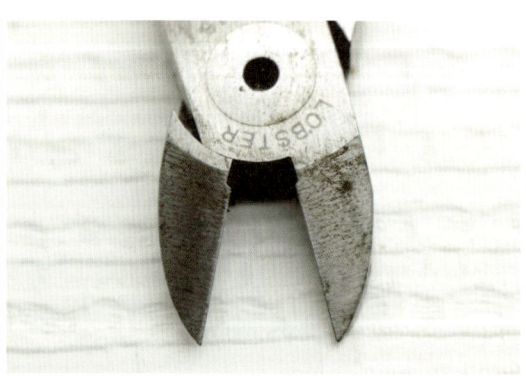

2.12 니퍼의 날 부분

---

5) PP(Polypropylene): 폴리프로필렌

니퍼는 전선을 자르는 데에 적합한 도구입니다. 작은 것과 큰 것 두 개를 갖추어 놓으면 편리합니다. 작은 것은 전자 회로의 전선과 같이 작은 힘으로 자를 수 있는 것에 적합합니다. 큰 니퍼는 전기 배선을 위한 굵은 전선을 자르거나 케이블 타이 작업 후 필요 없는 부분을 자르는 일, 플라스틱에 구멍을 뚫고 남은 찌꺼기를 잘라 내는 일, 폴리우레탄 튜브를 자르는 일 등에 적합합니다.

5 롱노우즈 플라이어(long nose pliers)

2.13 롱노우즈 플라이어

2.14 입 부분을 확대한 롱노우즈 플라이어

일명 라디오 펜치라고 불리는 롱노우즈 플라이어는 뾰족한 입을 가져서 작은 것을 집기가 좋습니다. 또 날을 가진 부분이 있어 니퍼처럼 자르는 데에도 쓰입니다. 전자 부품의 다리를 자를 때나, 납땜할 때 전자 부품의 다리를 잡고 있기 편합니다.

6 와이어 스트리퍼(wire stripper)

전선의 피복을 자주 벗겨야 한다면 와이어 스트리퍼를 갖추는 것이 좋습니다. 피복을 벗기는 용도 외에 전선을 자르는 데에도 쓸 수 있습니다. 전선을 악어 이빨같이 생긴 홈에 물린 다음 잡아당기면 피복만 끊어져 나갑니다.

홈에는 전선의 굵기가 표시되어 있습니다. 'AWG'는 전선 굵기를 표시하는 규격입니다. 마주 보는 쪽에는 mm 단위로 전선의 직경이 표시되어 있습니다. 여기서 말하는 전선의 굵기란 피복 안의 구리선의 굵기를 말합니다. 전선의 굵기 표시는 굵은 전선에는 피복에 쓰여 있고, 가는 전선은 전선을 감아놓은 보빈[6]에 씌어 있습니다.

굵기를 잘 모르는 전선의 피복을 벗길 때는 큰 홈에서부터 넣고 당겨 봅니다. 전선 굵기에 비해 홈이 크면 피복이 벗겨지지 않고 긁히기만 합니다. 그러면 좀 더 작은 홈으로 옮겨서 해 봅니다. 그러다 보면 피복이 벗겨지는 곳을 알 수 있습니다. 전선을 자를 때에는 홈이 만들어져 있지 않은 가장 안쪽을 사용합니다. 가위와 같이 되어 있어 전선을 자를 수 있습니다.

2.15 전선의 피복을 벗기는 데에 사용되는 와이어 스트리퍼

2.16 입 부분을 확대한 와이어 스트리퍼

7 멍키 스패너(monkey spanner)

2.17 멍키 스패너

2.18 입 부분을 확대한 멍키 스패너

---

6) 보빈(bobbin): 실을 감아놓는 실패같이 생긴 것을 전기 및 전자 분야에서는 보빈이라고 한다. 보빈에 에나멜선을 감아 전자석을 만들기도 하고, 전선을 감아 두기도 한다.

멍키 스패너는 입 부분의 크기를 조절할 수 있어 큰 나사를 잠그거나 푸는 데에 편리합니다. 수경재배기를 만들 때는 원터치 피팅을 돌려서 고정하는 데에 사용합니다.

8 원터치 피팅(one-touch fitting)

원터치 피팅은 PC10-02 또는 PL10-1/4와 같은 식으로 표시합니다. 앞의 10은 원터치 피팅에 꽂을 튜브의 바깥지름을 말합니다. 뒤의 02 또는 1/4은 나사의 외경을 뜻합니다. 나사 외경의 규격은 아래와 같습니다.

2.19 원터치 피팅. 왼쪽 것은 PC형, 오른쪽 것은 PL형

01(또는 1/8): 나사 외경 9.73mm
02(또는 1/4): 나사 외경 13.08mm
03(또는 3/8): 나사 외경 16.68mm
04(또는 1/2): 나사 외경 20.78mm

여러 치수의 공구를 사용하는 것을 피하기 위해 원터치 피팅의 나사 외경은 한 가지로 통일해서 사용하는 것이 좋습니다. 저는 02(나사 외경 13.08mm)로 통일해서 사용하고 있습니다. 낱개로 또는 열 개 단위 등으로 인터넷에서 쉽게 구입할 수 있습니다.

9 폴리우레탄 튜브(polyurethane tube)

폴리우레탄 튜브는 폴리우레탄이라는 물질로 만든 튜브입니다. 화학 약품에도 잘 견디고 대량생산되고 있어 구하기 쉽습니다. 색상은 빨강, 파랑, 노랑, 초록, 검정, 투명 등으로 몇 가지가 있고, 모양은 곧은 것과 스프링형이 있습니다. 대체로 뻣뻣하고, 한번 휘어지면 잘 펴지지 않는 것이 흠

인데, 더 부드러운 종류도 판매되고 있습니다.

폴리우레탄 튜브 표면에는 그림 2.21과 같이 규격을 적어 놓습니다. 'PU-TUBE'에서 'PU'는 폴리우레탄을 뜻합니다. '0805'는 바깥지름이 8mm이고 안지름이 5mm란 뜻입니다. '17 07 04'는 2017년 7월 4일에 제조했다는 뜻이고, 뒤에 어느 나라에서 제조했는지가 적혀 있습니다. 제품에 대해 이렇게 잘 적혀 있는 것을 사기 바랍니다.

2.20 폴리우레탄 튜브

2.21 폴리우레탄 튜브 겉면에 쓰여 있는 정보

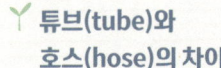

튜브(tube)와 호스(hose)의 차이

용도는 비슷하지만, 바깥지름을 중시하는 것이 튜브이고 안지름을 중시하는 것이 호스입니다. 폴리우레탄 튜브는 원터치 피팅과의 결합을 위해 바깥지름을 중시합니다.

10 테플론 테이프(teflon tape)

플라스틱 용기에 구멍을 뚫고 원터치 피팅을 끼울 때 원터치 피팅의 나사와 구멍 사이에 틈이 생기면 양액이 새어 나올 수가 있습니다. 이를 방지하기 위해 원터치 피팅의 나사에 테플론 테이프를 감은 다음 구멍에 끼웁니다. 테플론 테이프는 두께가 아주 얇기 때문에 여러 번 감아서 틈을 메꾸기에 적합합니다. 철물점이나 인터넷에서 낱개로 500~1,000원에 팔고 있습니다.

2.22 테플론 테이프

2.23 뚜껑을 뺀 테플론 테이프

11 납땜 도구

전기인두는 전기를 공급하여 납땜에 적합한 온도까지 온도를 높여 주는 도구입니다. 그림에서 오른쪽으로 전선이 나와 있는 것이 전기인두입니다. 모양에 따라 스틱형과 권총형이 있고, 온도 조절 기능에 따라 공랭식과 온도제어식이 있습니다. 보통의 작업을 위해서는 공랭식 스틱형 전기인두가 가장 많이 쓰입니다. 보통 '세라믹 전기인두'라는 이름으로 많이 판매되고 있습니다. 보통 30W 내외의 것이면 적당합니다.

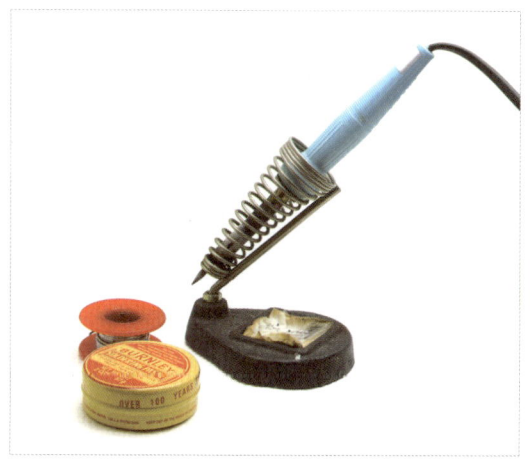
2.24 실납, 페이스트, 스탠드, 전기인두(왼쪽부터)

다. 요즘에는 인두 세트를 저렴하게 팔고 있으니 처음 사용하시는 분은 세트로 구입하는 것도 좋은 방법입니다.

그림 2.24에서 빨간색 보빈(bobbin)에 감겨 있는 것이 실납입니다. 일반적인 실납은 대략 납 40%와 주석 60%로 이루어진 합금으로, 약 183℃에서 녹기 시작합니다. 보통은 실납 안에 납땜

이 잘되도록 플럭스가 대롱 모양으로 들어 있습니다.

구두약같이 생긴 통에 들어 있는 것은 플럭스라 불리는 물질입니다. 납땜하려는 금속이 산화되어 있을 때 산화막을 제거하고 녹은 땜납이 잘 퍼지도록 하는 역할을 합니다. 대부분 페이스트형의 플럭스이기 때문에 흔히 '페이스트'라고 부릅니다.

전기인두를 안전하게 꽂아 두는 용구를 스탠드라고 합니다. 안전하게 납땜하기 위해서는 꼭 있어야 하는 용구입니다.

납땜에는 숙련이 필요하기 때문에 납땜 방법은 뒤에 자세히 설명하겠습니다.

⑫ 열 수축 튜브

2.25 다양한 열 수축 튜브

2.26 열 수축 튜브 세트

납땜을 하고 나면 납땜한 부분이 노출되어 있습니다. 회로 기판의 경우에는 문제가 없지만, 전선끼리 연결한 것은 움직이다가 다른 부품과 닿아 문제를 일으킬 수 있어 절연이 필요합니다. 이럴 때 열 수축 튜브를 사용하면 편리합니다. 열 수축 튜브는 열을 가하면 수축하는 고무로 만들어져 있습니다. 크기가 여러 가지 필요할 것이니 세트로 되어 있는 것을 구입하시는 편이 좋습니다. 납땜하기 전에 적당한 크기로 잘라 먼저 전선에 끼워두었다가 납땜 후에 납땜한 곳으로 옮겨 인두의 굵은 부분으로 열을 가하면 오그라들면서 납땜한 곳을 감싸게 됩니다. 열 수축 튜브가 없으면 절연 테이프로 감는 방법도 있습니다.

13 바이스(vise)

물건을 물리는 데 사용합니다. 모루[7]와 함께 있는 것이 사용하기 좋습니다.

2.27 모루가 함께 있는 바이스

14 세공용 등대기톱

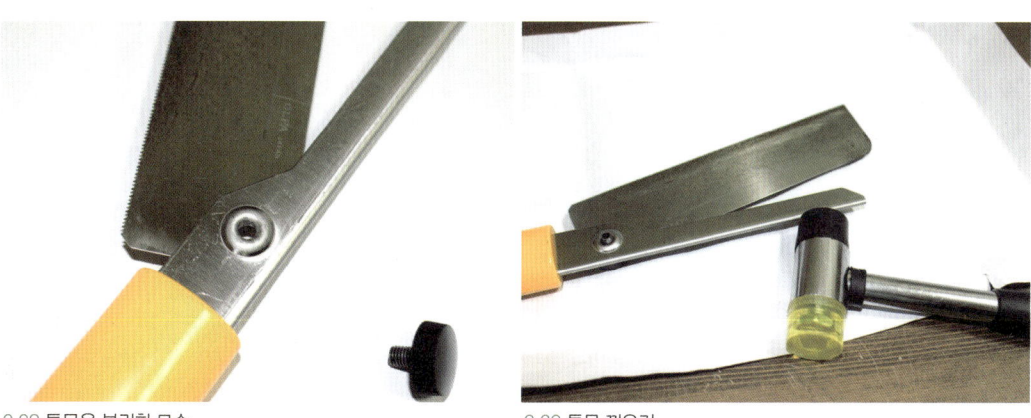

2.28 톱몸을 분리한 모습   2.29 톱몸 끼우기

 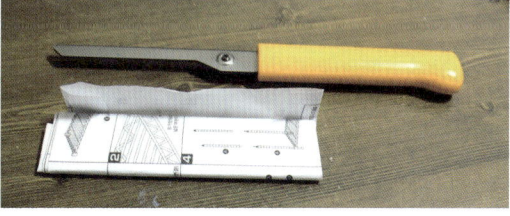

2.30 길이 약 30cm의 세공용 톱   2.31 오래 보관할 때

나무를 정밀하게 자르는 데 사용합니다. 톱몸[8]을 분리할 수 있습니다. 톱몸을 끼울 때는 나사

---

7) 모루(anvil): 무언가를 올려놓고 두들기기 위한 도구이다. 대장일을 할 때 주로 쓰이며, 강철이나 주철로 만든다.
8) 톱몸: 톱니를 제외한 쇠판 부분

로 고정하는 부분을 먼저 헐겁게 고정한 다음 고무망치로 등을 가볍게 치면 톱몸이 조금씩 들어갑니다(그림 2.29).

오래 보관할 때는 날을 분리한 뒤 기름을 칠하고 종이에 싸서 보관하면 녹스는 것을 막을 수 있습니다(그림 2.31). 톱몸만 따로 구입하여 교체할 수도 있습니다. 한 가지 단점은 두꺼운 목재를 자를 수 없다는 것입니다. 두꺼운 목재를 자르다 보면 톱의 등이 닿아 더 이상 자를 수 없게 됩니다. 판재를 직선으로 자르기에 적합합니다.

15 실톱

톱몸이 아주 가늘어서 곡선으로 자를 때 유용합니다. 자르는 재료에 따라 톱몸을 바꾸어 끼워 사용합니다. 금속으로 된 프레임 끝에 톱몸을 걸어서 프레임이 당기는 힘으로 톱몸을 팽팽하게 유지합니다. 톱몸에는 걸 수 있는 핀이 있고, 프레임 끝에는 핀을 걸 수 있는 부품이 있습니다(그림 2.34). 곡선으로 자를 때는 유리하지만 직선으로 자르기가 어렵습니다.

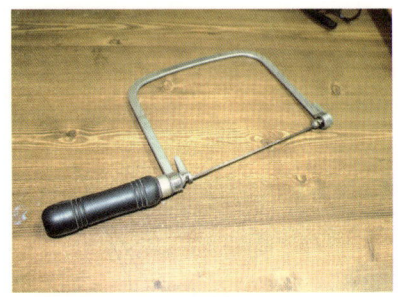

2.32 실톱

2.33 실톱을 분해한 모습

2.34 톱몸을 분리한 모습

용기에 튜브 끼우기

2.35 원터치 피팅에 투명 튜브를 꽂은 모습

2.36 PL10-02 규격인 원터치 피팅

양액을 순환시키기 위해 튜브를 사용하는데, 튜브를 용기에 연결하기 위해 원터치 피팅을 흔히 사용합니다. 그림 2.35는 원터치 피팅에 투명한 폴리우레탄 튜브를 꽂은 모습입니다. 그림 2.36은 용기에 끼우기 전의 원터치 피팅의 모습입니다. 원터치 피팅을 용기에 고정하는 방법을 설명드리겠습니다.

원터치 피팅에 폴리우레탄 튜브 끼우고 빼기

원터치 피팅은 잠금장치가 있어 튜브를 밀어 넣은 후에는 당겨도 빠지지 않습니다. 그림 2.36에서 슬리브(sleeve)라는 파란색 링이 잠금장치와 연결되어 있는데, 검은색 몸체와 꼭 붙어있지 않고 약간의 간격을 가진 것을 볼 수 있습니다.

슬리브를 몸통 쪽으로 밀면 들어갔다가 놓으면 다시 나오는 것을 확인할 수 있습니다. 튜브가 들어가면 잠금장치가 이빨로 무는 것처럼 튜브를 물고 있게 됩니다. 슬리브를 누르면 튜브를 물고 있던 잠금장치가 풀리게 되어 튜브를 뺄 수 있습니다. 튜브를 먼저 당기면서 슬리브를 누르면 잘 빠지지 않으므로 슬리브를 확실히 누른 다음 튜브를 당깁니다.

 필요한 부품

01 원터치 피팅을 끼우려는 플라스틱 용기

플라스틱 용기는 잘 깨지지 않는 무른 재료로 만들어진 것을 선택합니다. 다행히 시중에 파는 대부분의 수납함은 잘 깨지지 않는 재료로 만들어져 있습니다. 또 용기의 두께가 두꺼운 것이 좋습니다. 용기가 너무 얇으면 깨지거나 양액이 샐 수 있습니다.

02 원터치 피팅과 폴리우레탄 튜브

규격이 서로 맞는 것을 준비합니다.

2 필요한 도구

네임펜, 막대자, 목재용 드릴 비트, 전동 드릴 드라이버, 카운터 싱크, 큰 커터 칼, 테플론 테이프, 멍키 스패너, 큰 니퍼

3 가공 방법

01 구멍 뚫을 위치 표시

막대자와 네임펜으로 구멍을 뚫을 위치를 표시합니다. 구멍의 위치를 정할 때 기준을 정해서 지키는 것이 중요합니다. 용기의 윗부분을 기준으로 치수를 재면 안과 밖의 치수가 같지만, 용기 바닥을 기준으로 재면 바깥쪽 치수는 안쪽 치수에다 용기 바닥의 두께와 굴곡으로 인한 값을 더해 주어야 같은 위치를 표시하게 됩니다.

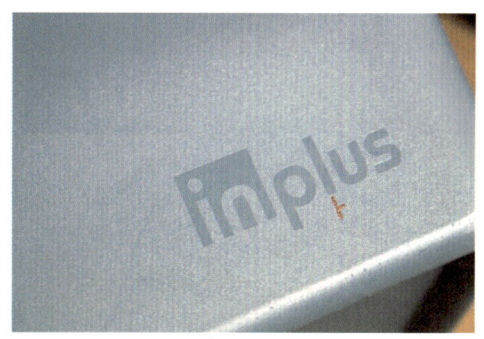

2.37 구멍 뚫을 곳을 표시한 모습

02 구멍 뚫기

구멍의 직경은 원터치 피팅의 나사 치수보다 조금 작게 뚫습니다. 예를 들어 원터치 피팅으로 PL10-02를 쓴다면 나사 외경이 13.08mm입니다. 이 나사를 끼우기 위해서 구멍의 크기는 12.0mm로 뚫습니다. 이렇게 해서 끼워 보고 구멍이 너무 작아 잘 들어가지 않으면 카운터 싱크로 조금 넓혀서 끼웁니다.

작은 구멍은 조금씩 크게 하면 되지만 너무 크게 뚫은 구멍은 쓸 수가 없게 됩니다. 구멍을 너무 크게 뚫었으면 방수 테이프를 붙이고 다른 곳에 구멍을 뚫어야 합니다.

드릴 비트의 선택

철재용 드릴 비트와 목재용 드릴 비트 두 가지를 비교해 보았습니다.

철재용 드릴 비드를 사용할 때 처음부터 굵은 드릴 비트를 사용하여 구멍을 뚫으려면 드릴 비트가 용기의 표면에서 미끄러지기도 하고 잘 파고 들어가지도 않습니다. 작은 드릴 비트로 구멍을 뚫으면 잘 미끄러지지도 않고 구멍도 쉽게 뚫립니다.

이렇게 한 다음 큰 드릴 비트로 구멍을 뚫으면 구멍이 빗나가지 않지만 어느 순간 크게 힘이 걸리면서 플라스틱이 깨지는 수가 있습니다. 그러므로 철재용 드릴 비트는 작은 구멍을 뚫을 때에만 적합하다고 할 수 있습니다.

목재용 드릴 비트를 사용하면 처음부터 구멍 크기에 맞는 드릴 비트를 사용하여 한 번에 뚫을 수 있지만 구멍이 매우 거칠어지기 때문에 카운터 싱크로 다듬어야 합니다. 이 방법대로 하여 새는 일이 별로 없었습니다.

철재용과 목재용 드릴 비트 중 어떤 것이 좋은지는 플라스틱의 무르기와 두께에 따라 달라지니 처음에는 물이 새는 것과 관계없는 높은 위치에 시험으로 구멍을 뚫어 보고 좋은 방법을 택하시기 바랍니다.

03 원터치 피팅에 테플론 테이프 감기

원터치 피팅에 테플론 테이프를 10회 정도 잘 펴진 상태로 감습니다. 이때 감는 방향은 나사를 구멍에 돌려 넣을 때 풀리지 않는 방향으로 합니다. 감는 부위는 나사뿐만 아니라 나사 머리까지 살짝 걸치도록 해 줍니다. 나사를 끝까지 돌려 잠그면 나사 머리의 면이 플라스틱 용기의 면과 만나게 되는데, 여기에 테플론 테이프가 감겨져 있으면 나사 머리와 용기면 사이가 잘 밀폐됩니다.

2.38 원터치 피팅에 테플론 테이프를 감는 방향

04 원터치 피팅 돌려 끼우기

구멍에 원터치 피팅을 돌려 넣습니다. 이때 수직이 잘 유지되도록 합니다. 나사가 구멍에 잘 들어가지 않을 경우 테플론 테이프를 감지 않은 원터치 피팅을 돌려 넣었다 빼내어 나사의 홈을 만든 후에 넣으면 좀 더 쉽게 들어갑니다. 그래도 잘 들어가지 않으면 카운터 싱크로 구멍을 조금 키웁니다. 손으로 어느 정도 돌려 넣은 후에는 멍키 스패너로 돌리면 힘이 적게 듭니다.

05 튜브를 원하는 길이로 자르기

큰 니퍼로 폴리우레탄 튜브를 필요한 길이만큼 자릅니다.

06 튜브 끼우기

원하는 길이로 자른 폴리우레탄 튜브를 원터치 피팅에 끼웁니다.

목재 프레임 만들기

　수경재배기에 들어가는 프레임은 가능하면 시중에 나와 있는 선반 등을 사용하는 것이 돈과 시간을 절약해 줍니다. 프레임의 재질은 재배기가 사용될 환경에 맞는 것으로 선택해야 합니다.

　실내에 재배기를 둘 경우는 플라스틱·금속·나무 모두 문제가 없지만, 비를 맞는 실외에서는 아무래도 금속은 피하는 것이 좋습니다. 금속을 쓸 경우에는 스테인리스 스틸을 사용하거나 페인트칠을 하여 녹스는 것을 막아야 합니다.

　목재는 실내뿐만 아니라 실외에서도 사용 가능합니다. 다만 실외에서는 자외선과 비를 맞으면서 약해지기 때문에 계속 보수해야 합니다. 흔히 쓰는 PE, PP와 같은 플라스틱은 비에는 강하지만 강한 햇빛에 노출되면 딱딱해지고 표면이 부스러집니다. 오래 노출되면 약해져서 조그만 힘에도 부서집니다. 결국 플라스틱보다 나무가 더 오래 견디는 것을 알 수 있습니다.

　크기로 본다면, 크기가 작은 것은 시중에 화분대로 나와 있는 플라스틱 제품을 살펴보시기 바랍니다. 중간 크기의 것은 나무 재질로 되어 있고 쉽게 조립할 수 있는 신발장이 있습니다. 큰 것은 신발장을 쌓아서 만들 수도 있고, 메탈 선반이나 조립식 앵글 선반을 사용할 수도 있습니다. 하지만 재질이 목재로 된 것을 원한다거나, 공간의 특징 때문에 시중에 나와 있는 제품이 맞지 않을 때는 직접 만들어야 합니다.

　나무로 만드는 프레임은 전동 드릴 드라이버와 나사못을 사용해 손쉽게 만드는 것 위주로 설명합니다. 가구처럼 아름답고 품질이 좋은 목재 프레임을 만드는 방법은 별도의 목공 기술과 도구가 필요하기 때문에 목공예 관련 책을 보시기 바랍니다.

1 목재 조립의 기초

❶ 결합 부품

목재와 목재를 나사못으로 결합할 때 과학적인 원리를 적용하면 힘이 적게 들고 튼튼하게 만들 수 있습니다.

우리가 흔히 사용하는 결합 부품은 그림과 같이 볼트와 너트(bolt and nut), 그리고 나사못(screw)이 있습니다. 볼트는 나사산이 깎여 있는 재료에 박거나 나사산이 없는 재료를 관통한 다음 너트로 조이는 방법으로 결합합니다. 반면, 나사못은 나사산이 없는 재료에 나사산을 만들면서 파고들어 갑니다.

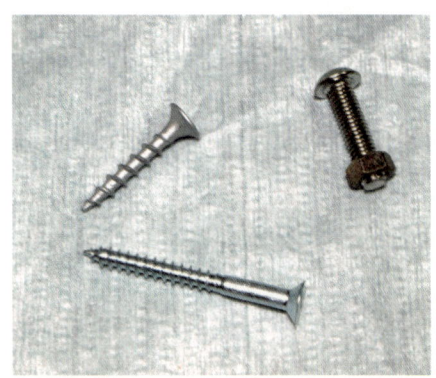

2.39 볼트와 너트, 그리고 나사못

플라스틱이나 나무에 나사를 박는다고 하면 대부분 나사못을 사용하는 것을 볼 수 있습니다. 무른 플라스틱이나 나무에 나사산을 스스로 만들면서 파고들어 갈 수 있기 때문입니다. 목재로 수경재배기 틀을 만들 때는 나사못을 사용하는 것이 편리합니다.

❷ 결합의 원리

같은 재료를 쓰더라도 튼튼하게 고정되기도 하고 약하게 고정되기도 합니다. 먼저 두 개의 각목을 나사못으로 결합하는 경우를 생각해 보겠습니다. 아래 그림은 나무로 틀을 만들면서 가장 흔하게 조립하는 형태입니다.

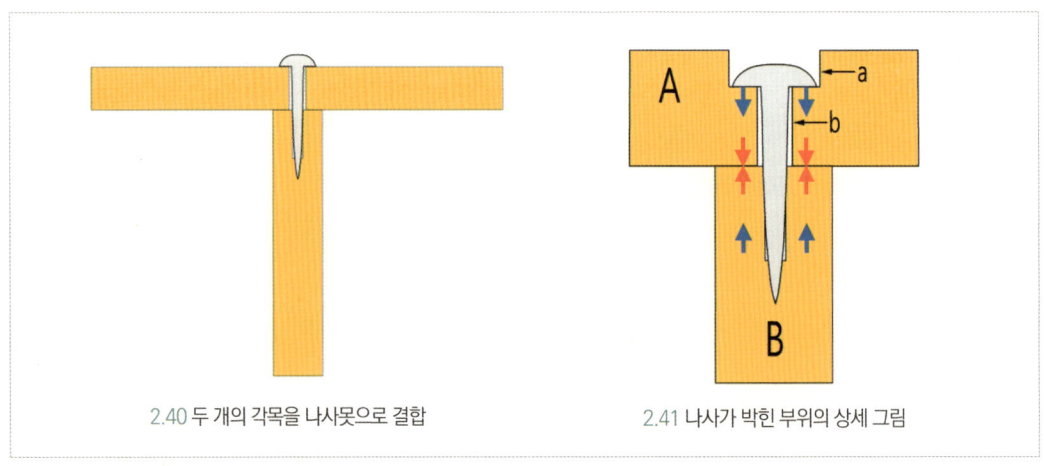

2.40 두 개의 각목을 나사못으로 결합   2.41 나사가 박힌 부위의 상세 그림

그림 2.40은 두 개의 각목을 나사못으로 결합한 모습입니다. 그림에서는 가로로 있는 목재가 좌우로 뻗어 있지만, 한쪽이 잘리면 프레임의 모서리가 됩니다. 가로로 있는 목재가 두꺼울 경우 나사못이 길어야 하고 결합력이 약해질 수 있습니다. 그럴 경우 그림 2.41과 같이 나사 머리가 들어갈 수 있는 크기의 구멍을 추가로 더 파서 결합할 수 있습니다.

결합 부위를 크게 나타낸 그림 2.41을 보면, 목재 A와 B가 결합하는 것은 나사못에 의해 목재 A와 B가 당겨지기 때문이라는 것을 알 수 있습니다. 두 목재가 당겨져 맞닿으면 닿은 면에 힘이 가해져서 마찰력이 커집니다. 마찰력이 크므로 두 목재는 서로 잘 움직이지 않게 됩니다.

파란색 화살표는 나사못이 목재에 가하는 힘을 나타내고, 그 힘이 전달되어 빨간색 화살표로 나타나 있습니다. 목재 A와 B가 접하는 곳에서 빨간색 화살표가 반대 방향으로 만나는 것을 볼 수 있습니다. 빨간색 화살표가 나타내는 힘이 클수록 목재는 단단히 결합하게 됩니다.

그러면 나사못으로 어떻게 빨간색 힘을 만들 수 있을까요? 목재 A에서는 나사못의 머리 부분이 목재를 누르는 힘을 만듭니다. 목재 B에서는 나사못에 난 나사산이 그 역할을 합니다. 여기서 잘 보아야 할 것은 목재 A에서는 나사산의 역할이 없다는 것입니다. 실제로 목재 A에는 나사산이 목재와 결합하지 않도록 b와 같이 나사의 직경보다 큰 구멍을 뚫습니다. 그렇게 하지 않으면 힘들게 나사못을 박아 빡빡하게 되었는데도 목재 B는 힘을 덜 받아서 덜렁거리기 쉽습니다.

목재 B에는 나사못이 목재를 파고 들어가면서 벌리는 힘을 작용하기 때문에 목재가 갈라지기 쉽습니다. 이럴 때는 나사못보다 조금 가는 구멍을 뚫어 준 다음 나사못을 박습니다. 구멍의 직경이 너무 크면 나사산이 목재를 붙드는 힘이 약해집니다.

❸ 목재의 가공면

그림 2.41과 같이 목재를 결합한다고 했을 때, 맞닿는 부분의 평탄도가 중요합니다. 목재 A의 측면부는 대부분 대패로 가공이 되어 있어 평평합니다. 목재 B의 끝('마구리'라고 합니다)은 재단한 것을 구입하면 직각이 잘 맞게 잘려져 있습니다.

그러나 구입 후 길이를 맞추기 위해 톱으로 자르면 수직이 잘 맞지 않을 수도 있고, 면에 굴곡이 생길 수도 있습니다. 이런 상태에서 목재를 결합하면 결합이 약해져서 목재 B가 기우뚱거리기 쉽습니다.

그러므로 필요한 목재를 미리 계산하여, 파는 곳에서 재단한 면을 그대로 사용하시기 바랍니다. 인터넷에서는 구매자가 원하는 길이로 목재를 재단하여 판매하고 있습니다. 몇 가지 크기로 미리 재단하여 파는 것은 재단비가 적거나 없어 비용을 줄일 수 있습니다.

❹ 필요한 강도의 목재

수경재배기 프레임으로 사용하기 위해서는 튼튼한 목재가 필요합니다. 15L 재배용기를 DWC 용으로 사용할 경우, 2/3 정도의 양액을 담으면 약 10kg중[9]의 무게가 됩니다. 선반에 이런 재배용기 두 개를 올려놓으면 약 20kg중의 무게가 됩니다. 그러니까 20kg중 쌀 포대를 올려놓고 오랜 시간을 두더라도 견디는 목재가 필요합니다.

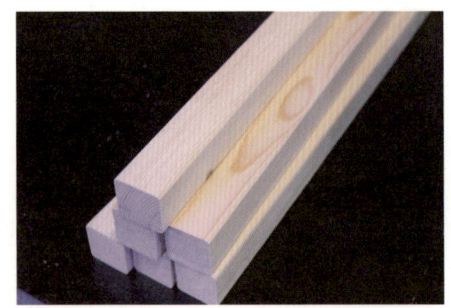

2.42 38×38mm 구조목. 길이를 재단하여 판매한다.

목재 중에 큰 힘을 견디는 용도로 사용하는 것이 구조목입니다. 시중에 나와 있는 구조목 중 한 변이 38mm인 정사각형 단면의 구조목으로 틀을 만들었더니 무거운 재배기를 올려 놓고 비 맞는 곳에 두어도 1년이 지나도록 잘 지탱했습니다.

2 신발장 개조하기

그림 2.43은 시중에 팔고 있는 신발장을 이용하여 2층으로 쌓아서 만든 재배기입니다. 신발장은 고급 나무는 아니지만, 원목으로 되어 있고 가벼워서 다루기가 쉽습니다. 이미 뚫려 있는 구멍으로 나사못 8개를 박으면 완성되기 때문에 아주 쉽게 만들 수 있습니다. 다만 수경재배기 틀로 쓰기 위해서는 약간의 개조가 필요합니다.

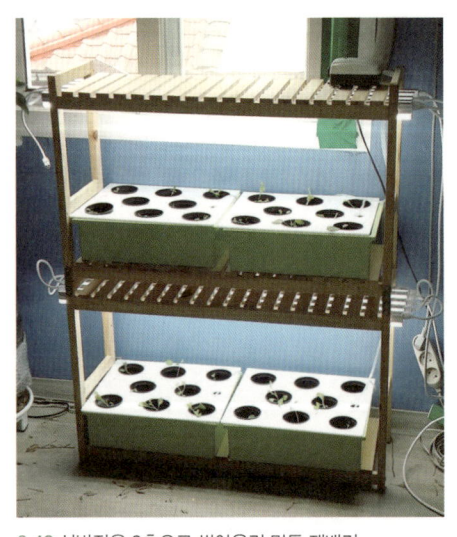

2.43 신발장을 2층으로 쌓아올려 만든 재배기

---

9) 무게(weight)는 힘(force)의 크기이고, 단위는 kg중 또는 kgf이다. kg은 질량(mass)의 단위이다.

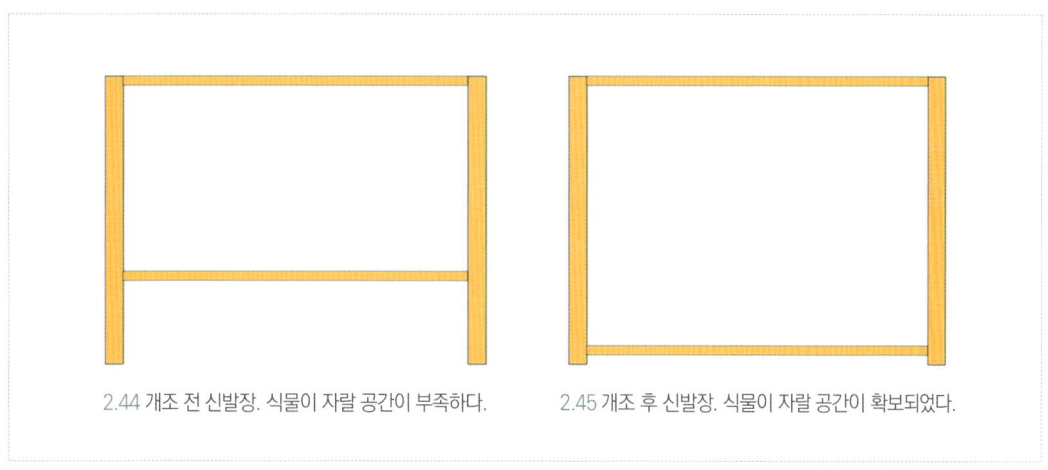

2.44 개조 전 신발장. 식물이 자랄 공간이 부족하다.   2.45 개조 후 신발장. 식물이 자랄 공간이 확보되었다.

    그림 2.44는 신발장을 산 그대로 조립했을 때의 모습입니다. 아래쪽 선반과 위쪽 선반 사이의 공간이 부족합니다. 그림 2.45는 아래쪽 선반을 더 아래로 내려서 고정한 모습입니다. 이렇게 하면 식물이 자랄 공간을 늘릴 수 있습니다. 아래쪽 선반의 위치를 바꾸기 위해서는 선반의 다리마다 구멍 하나씩, 총 4개의 구멍을 아래쪽에 새로 뚫어야 합니다.

3 목재 프레임 직접 만들기

2.46 옥상에 설치된 목재 프레임

시중에 팔고 있는 프레임으로는 크기가 맞지 않을 경우, 또는 나무로 만들어진 틀로 수경재배기를 꾸미고 싶을 경우에는 나무로 프레임을 직접 만드는 방법이 있습니다. 여기서는 목공 기술과 도구가 없는 분들을 전제로 전동 드릴 드라이버와 나사못을 이용하여 수경재배기용 프레임을 만드는 방법을 소개합니다. 실내에서 사용할 재배기라면 목공방에서 목공을 배우면서 개인 작품으로 수경재배기 프레임을 만드는 것도 좋은 방법이라고 생각합니다.

그림 2.46과 같은 틀을 만들려고 합니다. 우선 사진에서 개선해야 할 부분부터 소개하고 시작하겠습니다. 사진에서는 틀의 아랫부분 가로 목재가 옥상 바닥에 닿아 있습니다. 경험해 보니 좋지 않은 구조였습니다. 비가 온 뒤에 바닥에 닿아 있는 가로 목재가 빗물을 가두어 두는 역할을 했습니다. 그 결과 목재가 오랫동안 빗물에 젖어 있게 되었습니다.

목재는 젖은 채로 오래 있으면 약해집니다. 이를 개선하기 위해선 틀을 놓을 때 주춧돌 역할을 하는 받침을 두는 것이 좋습니다. 또는 빗물을 가두지 않도록 바닥의 가로 각재를 조금 높여서 고정하는 것이 좋습니다. 짧은 다리가 있게 만드는 것이지요.

01 놓을 장소 확인하기

재배기를 놓을 장소를 확인하고 치수를 재어 놓습니다. 여러 대를 설치할 때는 다닐 길도 확인해 둡니다.

02 설계하기

생각한 것을 그림으로 그려 봅니다. 어렴풋한 것이 구체화되면서 실수를 미리 방지할 수 있습니다.

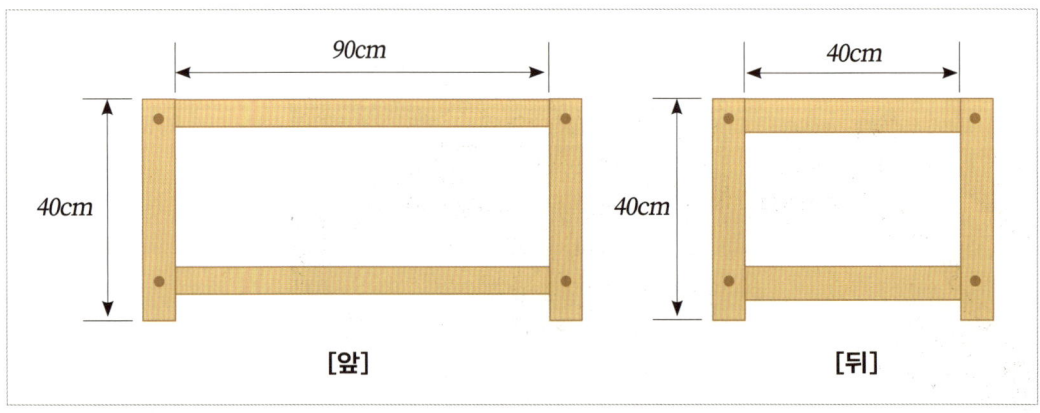

2.47 재배기 프레임을 설계한 그림

위와 같이 완성된 모습을 그려 봅니다. 펜으로 종이에 그리거나 CAD로 도면을 작성합니다. 나사못을 박을 위치도 표시합니다. 만들 때는 그림을 보면서 하면 실수를 방지할 수 있습니다.

03 목재 주문

목재를 파는 곳에 직접 가서 살 수도 있고, 인터넷으로도 구매가 가능합니다. 인터넷으로 구매할 때는 목재의 종류와 치수를 기입하면 자동으로 계산해 주는 곳이 있으니 그런 곳을 활용하시기 바랍니다. 또, 목재를 미리 재단해 두는 것이 있는데, 그러한 것을 '표준 규격'이라고 합니다. 표준 규격을 선택하면 재단비가 없거나 적기 때문에 비용을 줄일 수 있습니다.

04 구멍 뚫기

앞 그림 2.41을 생각하면서 나사를 박을 구멍의 위치를 표시하고 구멍을 뚫습니다. 구멍을 뚫을 위치를 표시할 때는 나사못이 나무 속에서 서로 닿지 않게 해야 합니다. 그러기 위해서는 약간씩 빗겨서 구멍을 뚫습니다. 아래 그림을 참고하세요.

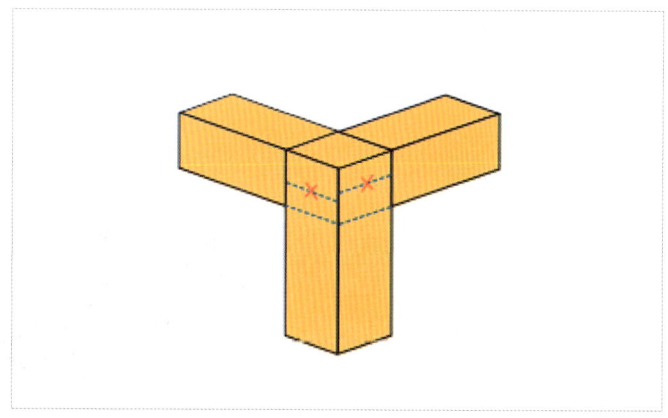

2.48 나사못의 높이 차를 준 결합부

05 나사 박기

목재가 수직으로 잘 결합하도록 각을 맞춘 다음에 나사를 박습니다. 삐딱하게 된 상태로 나사를 박은 다음에는 다시 각을 맞추어 박으려 해도 잘못된 방향으로 유도되어 들어갑니다. 그러므로 처음 박을 때 삐뚤어지지 않도록 각도를 잘 잡는 것이 중요합니다.

06 평철 고정

나사를 박는 것만으로는 충분히 튼튼하지 않을 때 평철로 보강합니다. 평철 또한 나무 속에서 나사끼리 닿지 않도록 위치를 잡아 줍니다.

2.49 평철로 보강한 모습

07 설치하기

비를 맞는 실외에 수경재배기를 설치할 경우에는 주춧돌 역할을 하는 것을 받치면 더욱 좋습니다. 돌이나 벽돌, 플라스틱처럼 물이 잘 빠지는 것이 좋습니다. 흙과 같이 물을 머금는 바닥 위에 둘 때는 더욱 주춧돌이 필요합니다. 옥상과 같이 바닥이 물을 머금는 성질이 없는 곳이더라도 약간의 높이차로 인해 물이 고이는 곳이 있습니다. 이런 곳은 주춧돌로 받쳐 놓지 않으면 고인 물 때문에 목재가 빨리 썩을 수 있습니다.

08 재배용기 올려놓기

재배틀 위에 목재를 가로로 몇 개 걸친 다음에 트레이와 재배용기를 올려 놓습니다. 이렇게만 해도 충분히 튼튼하게 지탱됩니다. 가장 기본적인 것만 나사못을 이용하여 만들고, 나머지는 여지를 남겨 두면 상황에 따라 손쉽게 대처할 수 있습니다.

2.50 가변성을 높이기 위해 걸쳐 놓기만 한 각재

LED 램프 고정하고 타이머 맞추기

실내에서 식물을 키울 경우 대부분 빛이 부족합니다. 빛을 보충하기 위해서는 전등을 달아 주면 되는데, LED 램프가 효율이 좋고 설치가 편리합니다. 여기서는 대량 생산되어 가격이 저렴하고 설치가 편리한 T5형 LED 램프의 설치에 대해 설명하겠습니다. 재배기 틀로는 인터넷으로 쉽게 구입할 수 있는 목재 신발장을 선택했습니다. 이 방법을 익히면 다른 틀에 고정하는 것도 쉽게 응용할 수 있을 것으로 생각합니다.

1 필요한 LED 램프의 수 결정하기

실내에서 LED로 빛을 공급할 때, 빛이 많이 필요한 식물은 조도가 식물의 위치에서 약 8,000 럭스 이상이 나와야 합니다. 이 정도의 조도가 나오기 위한 LED 램프의 개수를 예측하고 싶으면 아래 자료를 참고하세요. 조도는 '조도계'라는 검색어로 앱을 찾아 스마트폰에 쉽게 설치할 수 있습니다.

인공 조명을 설계하는 자료

엑셀에 값을 넣으면
필요한 LED 램프의 개수를 자동으로 계산하는 자료

왼쪽 QR코드는 인공 조명을 설계하는 자료, 오른쪽 QR코드는 엑셀에 값을 넣으면 필요한 LED 램프의 개수를 자동으로 계산하는 자료로 연결됩니다.

한 전원 코드로 연결할 수 있는 최대 LED 램프의 개수가 정해져 있습니다. 대개 5개 정도까지입니다. 정해진 개수가 넘어갈 때는 전원 코드를 추가해 별도로 전기를 공급해야 합니다.

2 T5형 LED 구입하는 법

조명 가게나 온라인에서 구입할 수 있습니다. 'T5형 LED'라는 이름으로 찾습니다. 색깔은 '주광색'을 선택합니다. W(와트) 수나 길이로 따지는데, 와트 수는 메이커마다 조금씩 다르므로 길이로 이야기하는 편이 편리합니다. 대개 300mm, 600mm, 900mm, 1200mm 길이 제품이 판매되고 있습니다.

01 LED 램프 길이 결정

LED 램프 끝에는 연결선이나 전원 코드를 꽂아야 하기 때문에 여유 공간을 두어야 합니다. 아래 그림에서 만약 LED 램프가 선반 끝에 바짝 붙어 고정된다면 LED 램프에 연결 코드나 전원 코드를 꽂을 수 없거나 연결 코드가 재배기 밖으로 튀어나온다는 것을 알 수 있습니다.

2.51 연결 코드를 꽂기 위한 여유 공간

02 전원 코드 구입

LED 램프를 구입할 때 유심히 살펴보아야 할 부품이 전원 코드입니다. 구입할 때 전원 코드를 함께 또는 따로 살 수 있는지 확인합니다. 제조사마다 전원 코드가 다르므로 반드시 LED 램프와 맞는 것을 구입합니다. 같은 제조사의 것이더라도 구멍이 2개인 것과 3개인 것이 있으니 확인해야 합니다.

2.52 LED 램프용 전원 코드

전원 코드는 옵션으로 구매할 수 있는 곳도 있고, 별도로 파는 곳도 있습니다. 5개의 LED 램프를 산다고 할 때, 전원 코드를 옵션으로 파는 곳에서는 LED 램프 4개를 옵션 없이 장바구니에 넣고 나머지 1개는 전원 코드를 옵션으로 선택해 장바구니에 넣으면 LED 램프 5개와 전원 코드 1개를 구입할 수 있습니다. 별도로 파는 곳에서는 LED 램프 5개와 전원 코드 1개를 장바구니에 넣습니다.

3 T5형 LED의 구성

T5형 LED 램프를 사면 클립, 나사못 등이 함께 들어 있습니다. LED 램프를 설치할 곳에 나사못으로 클립을 끼운 후, LED 램프를 클립에 끼우는 것으로 간단히 설치가 됩니다.

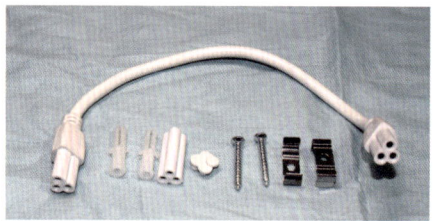

2.53 LED 램프를 구입하면 함께 들어 있는 부품들

4 필요한 도구와 추가 부품

01 펜

클립을 고정할 위치를 표시하는 데에 사용합니다. 원목에는 연필을 써도 되지만 칠한 목재나 플라스틱에는 네임펜을 써야 표시가 잘됩니다.

02 송곳(못)과 망치

재질이 딱딱하면 나사못이 파고 들어가지 못하고 미끄러지기 쉽습니다. 그러다 보면 나사못이나 클립을 잃어버릴 수가 있습니다. 펜으로 표시한 곳에 송곳이나 못을 대고 망치로 가볍게 쳐서 홈을 만듭니다.

03 전동 드릴 드라이버

LED 램프 하나 고정하는 데에 나사못을 2개 박아야 합니다. LED 램프가 5개이면 10개를 박아야 합니다. 손으로 돌리는 드라이버로 하기에는 손도 아프고 시간도 많이 걸리므로 전동 드릴 드라이버를 권합니다.

04 와셔

얇은 목재에 나사못을 박으면 반대쪽으로 나사못의 끝이 뚫고 나오는 수가 있습니다. 이럴 경우, 와셔를 대고 나사못을 박으면 나사못의 끝이 나무를 뚫고 나오는 것을 피할 수 있습니다. 와셔는 제품에 포함되어 있지 않습니다. 인터넷에서 '고무 와셔'라는 키워드로 쉽게 찾을 수 있습니다. 구멍의 직경, 바깥 직경, 두께를 선택할 수 있습니다. 와셔를 쓰지 않고 길이가 맞는 나사못을 별도로 구입하여 사용하는 방법도 있습니다.

5 조립하는 법

01 배치하고 나사 위치 표시

선반을 뒤집어 놓고 LED 램프를 적절하게 배치해 봅니다. 배치할 때는 LED 램프끼리 연결될 수 있는 거리인지, 연결 코드나 전원 코드를 꽂는 데 문제가 없는지 확인합니다. 문제가 없으면, 클립을 고정할 위치에 펜으로 표시합니다. 이 일은 아주 정밀하게 해야 하는 일은 아니므로 대충 해도 무방합니다.

02 얕은 구멍 내기

클립을 고정할 나사못이 잘 들어갈 수 있도록 송곳(또는 못)과 망치를 이용하여 나사못이 들어갈 자리에 홈을 냅니다. 또는 전동 드릴 드라이버로 나사못보다 직경이 작은 구멍을 내어도 좋습니다.

03 클립 고정

고정할 물체에 클립을 통과하여 나사못을 박습니다. 고정할 물체가 얇을 때에는 나사못이 반대쪽으로 뚫고 나올 수 있으므로 고무 와셔를 끼우거나 짧은 나사못을 별도로 구하여 사용합니다. 뚫고 나온 반대쪽에 패드 등을 붙이는 방법도 있습니다.

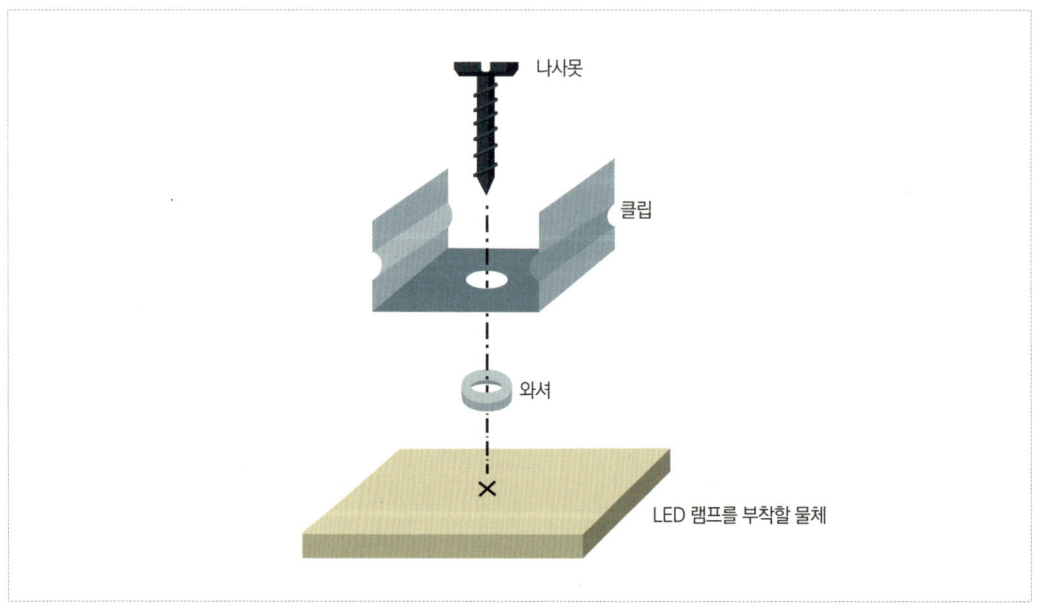

2.54 클립을 고정하는 방법

04 LED 램프 끼우기

클립에 LED 램프를 눌러 끼우면 간단히 고정이 됩니다. 이때 LED 램프는 각각 엇갈리는 방향으로 끼워야 연결 코드를 끼울 수 있습니다.

05 전원 코드, 연결 코드 끼우기

재배기를 둘 곳과 전기를 공급받을 곳의 위치를 고려하여 전원 코드의 위치를 정하여 꽂습니다. 이후 전원 코드를 기준으로 하여 연결 코드를 순차적으로 연결합니다. 마지막에 연결 코드 하나가 남는 것이 정상입니다.

06 전원 코드 끼우고 빛의 세기 확인하기

콘센트에 가까운 곳에 있는 LED 램프의 끝에 전원 코드를 끼우고 플러그를 콘센트에 끼워 봅니다. 전체 LED 램프가 켜지는 것을 확인한 후 스마트폰 조도계로 조도를 측정해 봅니다. 식물이 있을 것으로 예상되는 곳에서 8,000럭스 이상이 나오면 적당합니다.

07 콘센트 타이머 세팅하기

3장의 **5. 콘센트타이머를 이용하여 자동으로 전원을 ON/OFF하는 방법**을 보시기 바랍니다.

전선 연결하기

수경재배기를 만들다 보면 전기 전자 부품을 다룰 때가 있습니다. 전기 전자 부품은 전기적인 연결을 해야 합니다. 꽂기만 해도 전기적 연결이 되면 좋지만 그렇지 못할 경우 직접 해야 할 필요가 있습니다. 도구가 필요 없거나 간단한 도구를 이용하는 것은 여기에서 설명하고, 설명할 것이 많은 납땜은 뒤에서 다루겠습니다. 여기서는 전등을 켠다거나 펌프를 돌리는 것과 같은 경우의 단순한 전선 연결을 다루겠습니다. 전자 회로의 전선 연결은 제어부를 설명할 때 다루겠습니다.

1 필요한 공구와 소모품

① 전동 드릴 드라이버와 십자드라이버 비트(또는 수동 십자드라이버)
② 니퍼(nipper)
③ 롱노우즈 플라이어(long nose pliers)
④ 와이어 스트리퍼(wire stripper)
⑤ 가위
⑥ 열 수축 튜브

2 와이어 스트리퍼를 사용하여 전선 피복 벗기기

전선의 굵기에 맞는 홈에 전선을 끼우고 와이어 스트리퍼를 누른 다음 전선을 당기면 쉽게 피복이 벗겨집니다. 전선의 규격을 알고 있으면 맞는 홈에 끼우면 되지만 전선의 규격을 모를 때는 큰 구멍에서부터 넣어 봅니다. 피복이 긁히기만 하고 안 벗겨지면 더 작은 홈으로 옮겨서 해 봅니다.

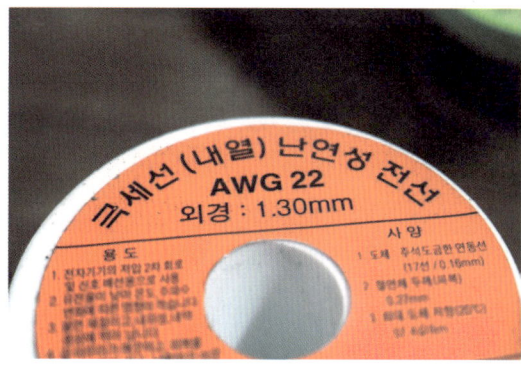

2.55 보빈에 적혀 있는 전선 규격

2.56 규격에 맞는 구멍에 물리기

 전선끼리 연결하기

전선끼리 연결하는 방법으로 전선의 피복을 벗기고 구리선끼리 꼰 다음 절연 테이프로 감는 방법과 납땜하는 방법이 있습니다. 요즘에는 전선끼리의 연결을 빠르고 깔끔하게 할 수 있는 부품이 많이 개발되어 있기 때문에, 이 방식 위주로 설명해드리겠습니다. 여기서 소개하는 방식 외에도 전선끼리 연결하는 많은 부품들이 시중에 나와 있습니다. '전선 연결 커넥터'라는 검색어로 찾아보세요.

❶ 피복을 벗겨서 연결하는 방법 – 꽂음형 전선 연결 커넥터

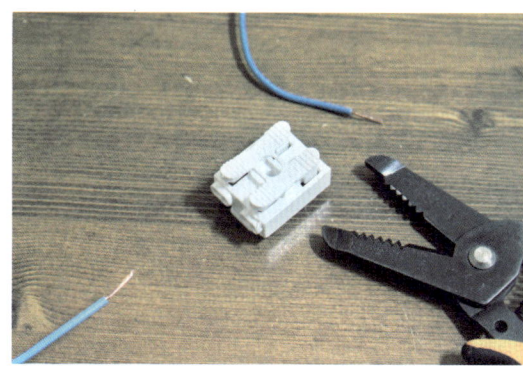

2.57 전선 피복 벗기기

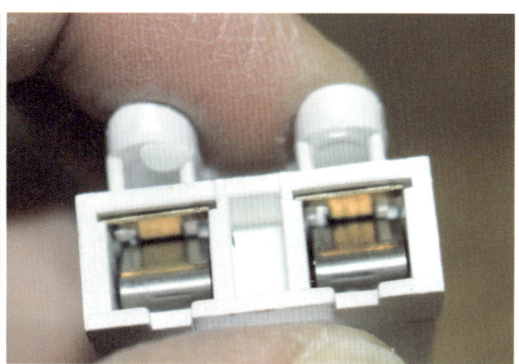

2.58 레버를 누르지 않았을 때

2.59 레버를 눌렀을 때

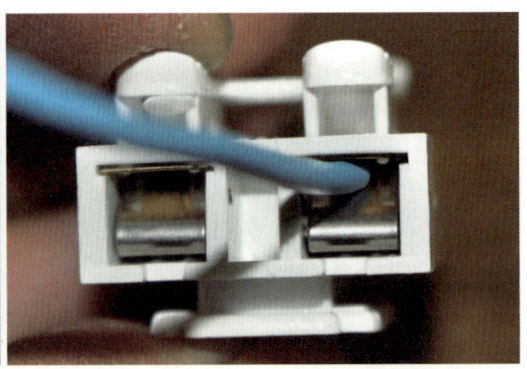
2.60 눌렀던 레버를 놓으면 금속 조각이 전선을 물게 된다.

2.61 나사못 구멍이 있어 연결 후에 움직이지 않도록 고정할 수 있다.

 꽂음형 전선 연결 커넥터는 전선의 피복을 벗겨서 연결하는 방식입니다. 커넥터의 레버 안쪽에 탄력 있는 금속 조각이 휘어 있어 레버를 누르면 철편이 눌려 틈이 생깁니다(그림 2.59). 여기에 피복을 10mm 정도 벗긴 전선을 넣고 레버를 놓으면 금속 조각이 펴지면서 전선의 구리 부분이 금속 조각 사이에 끼게 됩니다(그림 2.60). 커넥터 안에는 금속으로 연결되어 있어 마주 보는 전선끼리 연결됩니다.

 몇 가닥의 전선을 연결하느냐에 따라 1P, 2P, 3P 등으로 부릅니다. 그림 2.61은 좌우 2개의 구멍을 가졌기 때문에 두 가닥의 전선을 각각 연결할 수 있어 2P라고 표현합니다. 한쪽에 하나의 전선을 꽂고 반대쪽에는 두 개의 전선이 연결되는 방식도 있으니 필요한 것으로 구입하시기 바랍니다.

 전선을 연결한 후에 벽과 같은 곳에 고정할 수 있도록 나사 구멍이 만들어져 있는 것도 있습니다(그림 2.61). 이 부품의 가격은 몇백 원 단위로 저렴합니다. 구멍에 전선이 들어가기만 하면 연결할 수 있기 때문에 다양한 굵기의 전선을 연결할 수 있습니다.

❷ 피복을 벗기지 않고 연결하는 방법 – 무탈피 전선 연결 커넥터

2.62 무탈피 전선 연결 커넥터

2.63 전선 피복을 파고 들어가는 부품

2.64 피복을 벗기지 않는 방식으로 연결한 모습

무탈피 전선 연결 커넥터를 이용하면 피복을 벗기지 않고 전선을 연결할 수 있습니다. 커넥터 속에 이빨 같은 금속 조각이 있어 전선을 넣고 누르면 금속 조각이 피복을 뚫고 들어가 전선 속의 구리선과 접촉합니다.

커넥터 속에 구리선과 접촉하는 이런 부품이 서로 연결되어 있습니다. 이 방식은 전선의 치수에 맞게 적용해야 합니다. 전선의 굵기에 비해 작은 커넥터를 쓰면 금속 조각이 구리선까지 자르게 됩니다. 전선의 굵기에 비해 큰 커넥터를 쓰면 금속 조각이 구리선에 충분히 접촉하지 못하게 됩니다. 커넥터의 표면에 적합한 전선 굵기 규격이 표시되어 있습니다.

4 나사로 전선을 고정하는 방식

전원 플러그, 콘센트, 전기 기기의 터미널에 직접 전선을 연결해야 할 때가 있습니다. 방법은 비슷하니 콘센트에 전선을 고정하는 것을 대표로 설명하겠습니다.

❶ 콘센트의 나사못을 풀어 커버를 분리합니다.

❷ 전선의 피복을 약 3cm 벗기고, 자른 쪽에서 보아 시계 반대 방향으로 꼬아 둡니다.

2.65 전선의 피복을 벗기고 꼬아 둔다.

❸ 전선을 감을 나사를 풉니다.

❹ 나사에는 대부분 와셔가 끼워져 있습니다. 와셔와 콘센트의 금속 사이에 구리선이 위치할 수 있도록 구리선을 와셔의 아래쪽에 감습니다. 감는 방향은 나사를 조였을 때 풀리지 않는 방향으로 감습니다. 남는 구리선은 구리선끼리 꼬아 둡니다.

2.66 나사 주위로 전선을 감는다.
와셔가 있는 것은 와셔 아래쪽에 감는다.

❺ 수동 십자드라이버로 콘센트에 나사를 잠급니다. 전동 드릴 드라이버를 사용할 경우 회전력을 가장 낮은 단계에 맞추어 나사가 잠기면 헛돌도록 합니다.

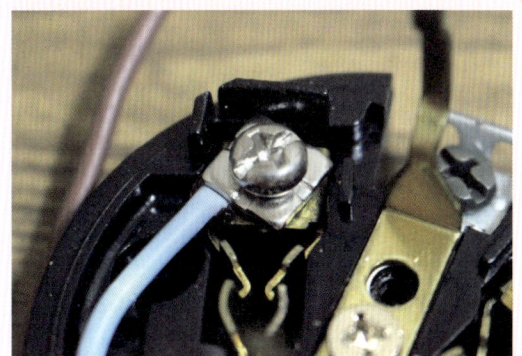

2.67 나사를 콘센트 금속에 잠근다.

❻ 전선을 당겨 보아 빠지지 않는지, 삐져나온 구리 가닥이 없는지 확인합니다.
❼ 커버를 씌우기 전, 콘센트를 부착할 곳에 나사못을 이용하여 고정합니다.
❽ 커버를 씌우고 나사못으로 잠급니다.

2.68 커버를 씌운다.

콘센트를 분리하지 않고 전선을 밖에서 끼우는 방식도 있습니다.

전기 부품 연결하기
– 납땜

전기 부품의 연결부가 쉽게 연결할 수 있게 되어 있지 않으면 납땜이 필요할 수가 있습니다. 올바른 방법으로 납땜할 수 있도록 이론과 방법을 설명하겠습니다.

1 납땜을 적용한 예

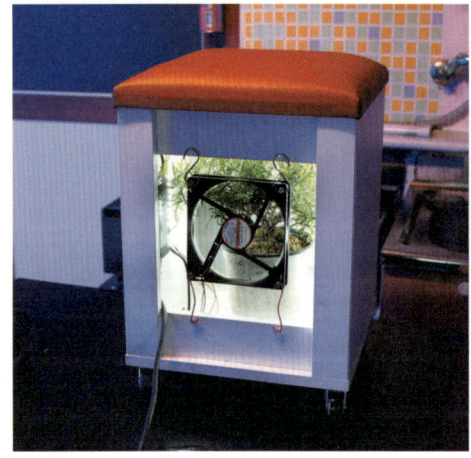

2.69 2019년 서울도시농업박람회에 전시했던 의자 공기 청정기

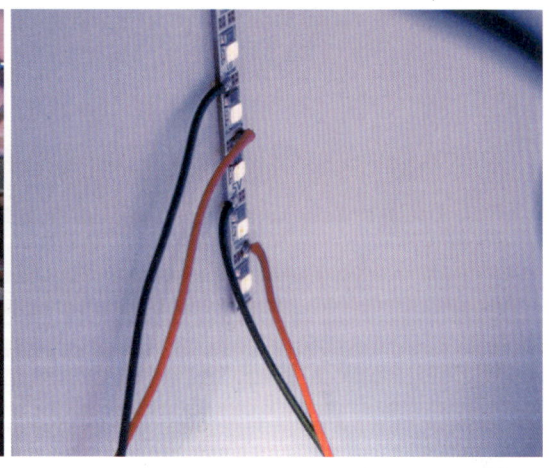

2.70 LED 바에 전선을 납땜한 모습

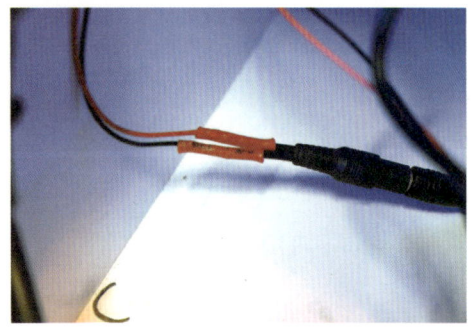

2.71 잭에 전선을 연결한 모습

그림 2.69는 2019년 서울도시농업박람회에 전시했던 '의자 공기 청정기'라는 작품입니다. 의자 속 빈 공간에 식물을 키우면서 팬으로 공기를 흐르게 하여 공기를 깨끗이 하게 되어 있습니다.

식물에 빛을 공급하기 위해 LED 바를 사용했고, 공기를 흐르게 하기 위해 팬을 사용했습니다. 전원 장치로부터 LED 바에 전기를 공급하기 위해 그림 2.70과 같이 LED 바에 전선을 납땜해야 합니다. 또, 팬에 전기를 공급하기 위해서 그림 2.71과 같이 잭에 전선을 납땜해야 합니다. 잭에 연결된 전선은 납땜 후에 서로 닿을 수가 있기 때문에 열 수축 튜브를 씌웠습니다. 빨간색으로 나란히 두 개 있는 것이 열 수축 튜브입니다.

2.72 2018년 서울도시농업박람회에 만들기 체험으로 사용했던 USB화분

전선끼리 연결할 필요가 있을 때는 서로 꼬아서 연결하거나 전선끼리 연결하는 부품을 이용할 수도 있지만 납작한 구리판에 전선을 연결하는 것은 납땜 외에는 별 방법이 없습니다. 그림 2.72는 2018년 서울도시농업박람회에서 만들기 체험으로 사용했던 'USB화분'이라는 작품입니다. 여기서도 LED 바와 마이크로 USB 커넥터 모듈(USB 케이블을 꽂는 부품)을 집에서 미리 납땜하여 가져갔습니다.

2 납땜의 이론

구리판에 납땜을 한다고 했을 때, 구리판을 뜨겁게 한 다음에 땜납을 가져다 대면 열에 의해 녹은 땜납 중 일부가 구리 표면에 침투하여 얇은 금속 화합물이 생깁니다. 이것을 식히면 구리판과 땜납 사이가 전기적으로 연결되고 기계적으로도 튼튼한 접합이 생기게 됩니다. 이러한 원리를 적용하여 전선과 전선을 연결하거나 회로 기판에 전자 부품을 연결할 수 있습니다.

납땜과 용접의 차이
납땜에서는 연결하려는 금속은 녹지 않고 땜납이 녹아서 서로 연결됩니다. 용접에서는 연결하려는 금속이 함께 녹았다가 식으면서 고정됩니다.

금속과 금속 산화물의 성질
금속은 열과 전기가 잘 통하지만, 금속이 산소와 결합한 금속 산화물은 열도 전기도 잘 통하지 않습니다. 인두를 가열한 채 오래 두면 납땜이 잘되지 않는 이유도 인두 팁을 싸고 있던 납이 뜨거운 열로 산화되어 납의 산화물이 되어 있기 때문입니다. 산화된 납으로 둘러싸인 인두 팁은 부품에 열을 잘 전달하지 못합니다.
금속 산화물을 잘 활용하는 분야도 있습니다. 반도체를 만들 때 절연이 필요한 곳에는 반도체 재료의 산화물을 이용합니다.

3 납땜 순서

납땜은 금속을 전기 및 기계적으로 결합하는 것이지만, 우리가 납땜할 것은 쇳조각 같은 금속이 아니고 전선이나 전자 부품입니다. 그래서 '금속'이라고 표현하지 않고 '부품'이라고 표현하겠습니다. 플럭스 또한 일반적인 수동 납땜에서는 페이스트형 플럭스를 많이 쓰고, 통상 '페이스트'라고 부르기 때문에 여기서도 페이스트라고 말하겠습니다.

납땜 순서는 아래와 같습니다.

① 납땜하려는 부품 표면을 깨끗이 한 후 페이스트를 바릅니다.
② 납땜할 때 움직이지 않도록 부품을 고정합니다.

③ 납땜이 되어야 할 부품들이 동시에 골고루 가열되도록 인두를 갖다 댄 후 곧바로 부품에 실납을 갖다 댑니다. 작은 부품은 즉시 뜨거워져서 실납이 곧바로 녹고, 큰 부품은 녹는 데 몇 초의 시간이 걸립니다.

④ 실납이 녹아 부품들 표면으로 퍼지도록 계속 납을 공급하면서 녹여 줍니다. 회로 기판에 꽂은 부품을 납땜하는 데는 실납을 수 mm도 채 녹이지 않는 것이 대부분이지만, 굵은 전선끼리 연결할 때에는 수 cm를 녹일 수도 있습니다.

⑤ 납이 부품 표면에 골고루 퍼졌으면 납과 인두를 떼고 납이 굳을 때까지 기다립니다.

부품에 인두를 대고 5초 이상 있어야 납이 녹는다면 인두의 전력이 작은 것입니다. 계속해서 그런 식으로 사용해야 한다면 와트(W) 수가 더 큰 인두를 구입하시기 바랍니다.

4 회로 기판에 전선이나 부품 연결

전선끼리의 연결은 시중에 나와 있는 부품으로 손쉽게 할 수 있지만 회로 기판에 전선을 연결하는 것은 연결하기 위한 부품이 마련되어 있지 않을 때는 난감한 일이 됩니다. 이럴 때 구멍을 뚫고 나사를 이용하여 전선을 연결할 수도 있지만, 회로 기판의 면적이 작을 때에는 납땜이 거의 유일한 방법입니다. 아래 설명은 전선을 회로 기판에 납땜하는 방법입니다.

① 전선의 피복을 벗깁니다.
② 기판과 전선에 페이스트를 바릅니다. 깨끗한 상태이면 생략 가능합니다.
③ 인두와 납으로 기판 표면에 납이 퍼지게 합니다.
④ 전선의 피복을 벗긴 부분도 납이 스며들게 합니다.
⑤ 납이 스며든 전선을 납이 씌워져 있는 기판에 가져다 대고 인두로 열을 가해 납땜합니다.

5 납땜 불량의 원인과 대책

2.73 납땜 불량. 전자 부품의 다리와 기판의 납이 분리되어 있다.

❶ 부품이 충분히 가열되지 않았다.

만약 구리판을 달구지 않은 채로 인두에 납을 잔뜩 녹여 구리판에 갖다 대었다면 납이 구리판과 합금을 이루지 못하고 그냥 살짝 붙어 있는 상태가 됩니다. 이렇게 되면 겉보기에는 납땜이 된 것 같지만 전기가 잘 통하지 않고 작은 힘에도 납이 떨어져 버립니다. 납땜하려는 금속을 가열한 후 납을 금속에 직접 대어 녹여야 합니다.

❷ 부품 표면에 이물질이 많다.

부품 표면에 이물질이 많으면 녹은 납과 부품이 만나는 것에 방해가 됩니다. 이물질 중에 대표적인 것이 금속의 산화막입니다. 오래된 부품은 금속 표면이 산화되어 있습니다.

금속은 열과 전기가 잘 통하지만, 금속 산화물은 열과 전기 모두 잘 통하지 않습니다. 오래되어 산화된 금속은 납땜하려고 인두를 갖다 대어도 금속의 온도가 잘 올라가지 않으며, 산화막 때문에 납이 침투하지 못하고 방울지어 떨어지게 됩니다.

심하지 않은 금속 산화막은 페이스트를 바른 후 인두로 가열하면 제거됩니다. 심하게 산화된 금속은 긁어낸 후 페이스트를 바릅니다. 깨끗한 금속 표면일지라도 인두를 갖다 대어 공기 중에 오래 있으면 고온으로 인해 급격히 산화됩니다. 그러므로 금속이 뜨거워지면 즉시 납을 녹여 금속을 덮어야 합니다.

❸ 납땜이 된 후에도 오랫동안 인두를 대고 있었다.

납땜이 제대로 된 후에 인두를 떼지 않고 계속 부품에 대고 있으면 납이 산화되어 푸석푸석해집니다. 이렇게 된 납은 전기 저항도 클 뿐만 아니라 기계적인 강도가 약해져서 충격이 가해지면 금이 가거나 부품으로부터 이탈하게 됩니다. 또한 반도체와 같이 열에 약한 부품은 인두를 오래 대고 있으면 손상을 받습니다. 납땜할 때 납이 충분히 퍼진 것을 확인하면 곧바로 인두를 부품에서 떼어야 합니다.

❹ 식는 동안 부품을 움직였다.

납이 식을 동안 부품을 움직이면 납에 균열이 생깁니다. 그러면 전기도 잘 통하지 않고 기계적 강도도 약해집니다. 납이 식는 동안에는 부품이 움직이지 않도록 주의해야 합니다.

우드록에 포트용 구멍 뚫기

2.74 수경재배용 포트

수경재배용 포트는 식물을 심어서 재배기에 고정하는 부품입니다. 식물의 뿌리가 나올 수 있도록 많은 구멍이 나 있습니다. 포트를 고정하기 위해서 재배판에 포트가 들어갈 구멍을 뚫어야 합니다. 값비싼 수경재배기는 재배판에 스테인리스 스틸이나 플라스틱 등을 사용하지만 그런 재료를 사용하면 포트가 들어갈 큰 구멍을 뚫기가 어렵습니다.

가공하기 쉬운 우드록을 사용하면 포트 지지용 구멍을 쉽게 뚫을 수 있습니다. 재배용기의 크기에 따라 두께 5~10mm인 우드록을 사용하여 충분히 튼튼한 재배판을 만들 수 있습니다.

1 펜형 우드록 커터기 사용

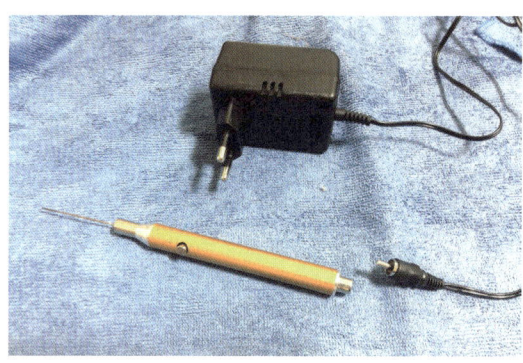

2.75 펜형 우드록 커터기

2.76 펜형 우드록 커터기로 구멍 뚫기. 옆에서 본 모습

2.77 펜형 우드록 커터기로 구멍 뚫기. 위에서 본 모습

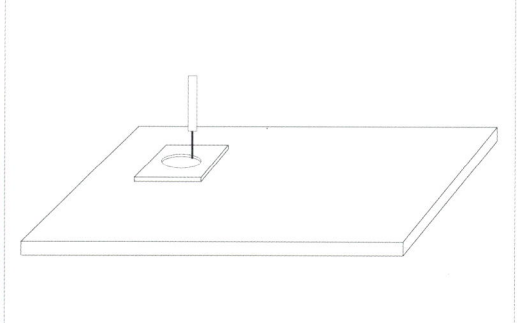

2.78 구멍 뚫은 판재를 사용하는 방법

    펜형 우드록 커터기는 주삿바늘처럼 생긴 가는 금속 튜브 안에 열선이 들어 있습니다. 연필로 그림 그리듯이 자유롭게 우드록을 자를 수 있습니다. 구멍을 몇 개만 뚫을 때는 포트를 받쳐 놓고 뚫을 수 있습니다만 아무래도 불편하고 구멍을 깨끗하게 뚫기가 어렵습니다(그림 2.76, 2.77).

    여러 개의 구멍을 뚫을 때는 열에 강한 판재로 본을 뜬 다음, 본을 우드록 위에 놓고 구멍을 뚫을 수 있습니다(그림 2.78). 우드록의 두께는 10mm까지 무난히 가공할 수 있습니다.

2 열선 커터기로 구멍 뚫는 법

시중에 팔고 있는 열선 커터기의 원리를 이용하는 방법이 있습니다. 우드록 판에 열선을 통과하여 반지름이 유지되도록 잘라 내는 방법입니다. 열선으로는 니크롬선을 사용합니다. 전원 공급 장치는 충분한 전류를 흘릴 수 있는 것을 사용합니다.

그림 2.80은 3A의 전류를 흘릴 수 있는 전원 공급 장치입니다. 짧은 연필이나 자른 나무 젓가락 등을 원의 중심에 꽂고, 구부린 클립으로 원의 반지름을 맞춥니다(그림 2.81). 클립은 2개를 사용하여 우드록 양편에 있게 하여 반지름을 유지합니다. 니크롬선을 클립의 삼각형 부분에 넣어 바깥쪽으로 당기면서 돌립니다.

한번 반지름을 맞추어 놓으면 정확한 구멍을 계속 뚫을 수 있습니다. 글로 설명하기가 어려우니 구멍을 뚫는 모습은 동영상이 포함된 QR코드 자료를 보시기 바랍니다.

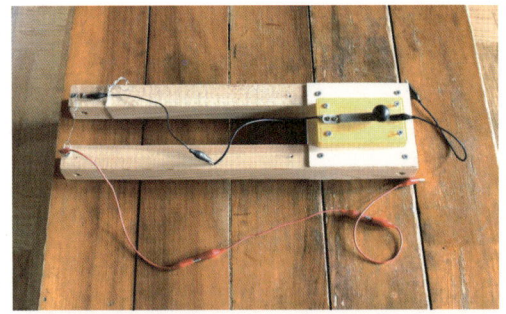
2.79 자작한 열선 커터기

2.80 전원 공급 장치

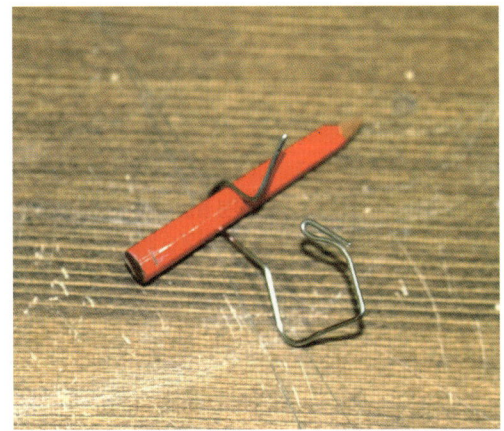
2.81 원의 중심과 반지름을 유지하기 위한 도구

구멍을 뚫는 모습

수중 펌프에 폴리우레탄 튜브 끼우기

외경 10mm인 폴리우레탄 튜브를 10W 수중 펌프 배출구에 꽂으면 맞는 듯 하지만 약간 헐렁합니다. 이대로 양액저장조에 넣고 켜 보면 양액이 틈으로 새어 나오게 됩니다. 조금만 더 큰 튜브가 있으면 좋겠지만 폴리우레탄 튜브 중에 수중 펌프 배출구에 꼭 맞는 것이 없습니다. 이럴 때 배출구와 튜브 사이를 신축성이 좋은 실리콘 튜브로 연결하면 해결됩니다.

2.82 수중 펌프의 배출구와 폴리우레탄 튜브 사이의 틈

실리콘 튜브는 신축성이 좋아 크기가 다른 튜브와 연결이 쉽습니다. 실리콘 튜브는 외경 11mm인 것을 사용합니다(그림 2.83). 그림 2.84와 같이 3~5cm 정도 되게 자른 후 한쪽 끝을 펌프 배출구에 눌러 넣습니다. 반대쪽 끝은 폴리우레탄 튜브를 밀어 넣습니다. 이렇게 하면 구멍 크기가 맞지 않는 문제를 간단히 해결할 수 있습니다.

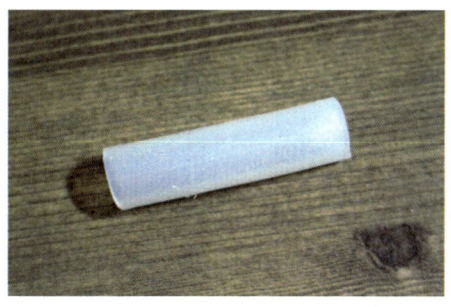

2.83 외경 11mm 실리콘 튜브 조각

실리콘 튜브는 1m 단위로도 판매하고 있습니다. 수중 펌프에서 실리콘 튜브가 빠지는 것을 막기 위해 절연 테이프로 감으면 더 튼튼해집니다.

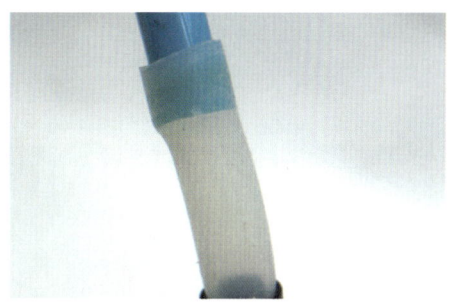

2.84 실리콘 튜브로 연결

스테인리스 관 꺾기, 자르기

01 자를 곳의 위치를 표시합니다.

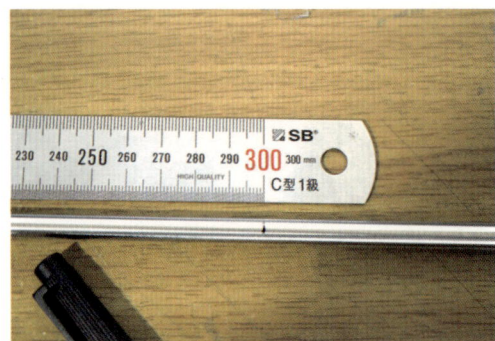

2.85 자를 위치 표시

02 탁자 모서리에 대고 꺾은 후 반대 방향으로 꺾으면 스테인리스 관이 끊어지기 시작합니다. 이후부터는 손에 든 채로 몇 번 꺾으면 끊어집니다.

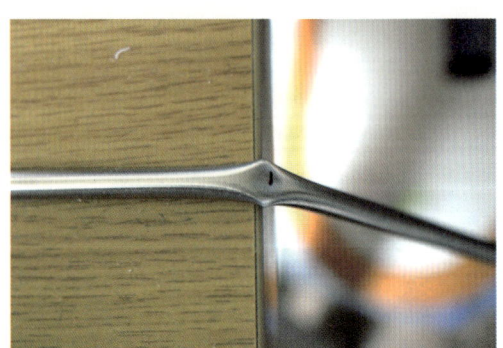

2.86 각진 모서리에 대고 누르기

2.87 꺾기

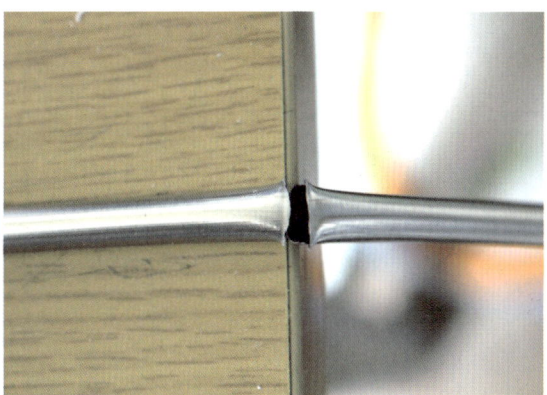

2.88 반대 방향으로 꺾기

03 끊어진 부위는 날카롭습니다. 롱노우즈 플라이어로 다듬어서 동그랗게 만듭니다.

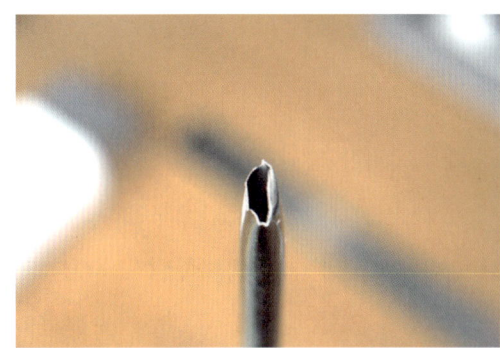

2.89 끊어진 부위

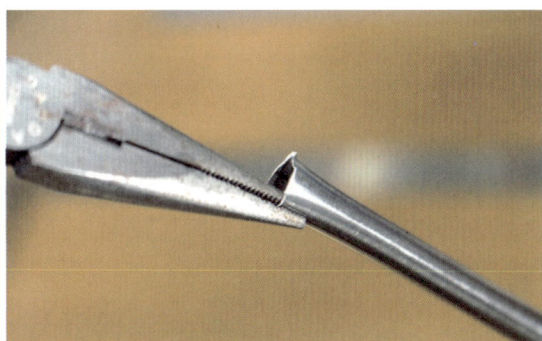

2.90 거친 부분 다듬기

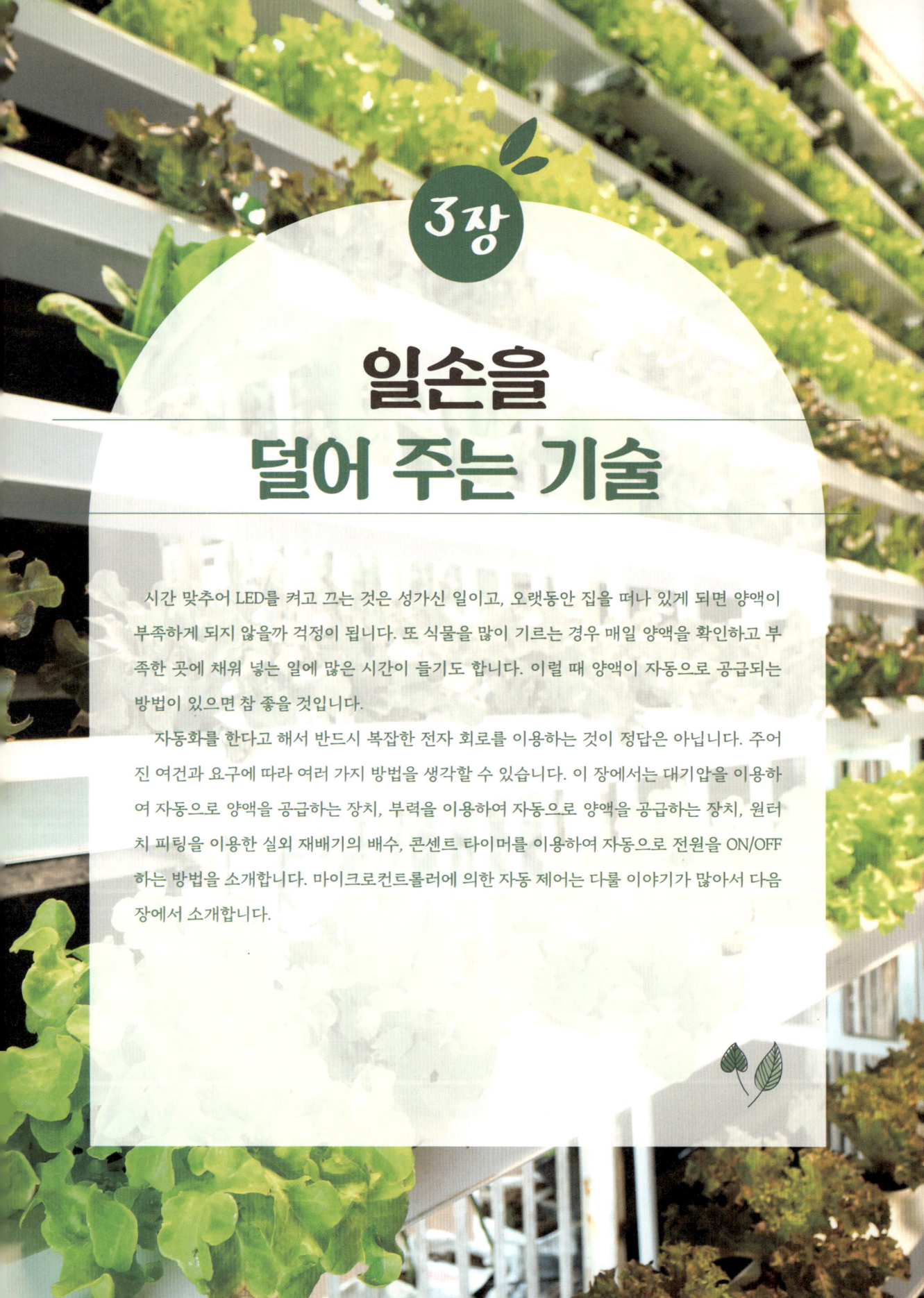

3장
일손을 덜어 주는 기술

시간 맞추어 LED를 켜고 끄는 것은 성가신 일이고, 오랫동안 집을 떠나 있게 되면 양액이 부족하게 되지 않을까 걱정이 됩니다. 또 식물을 많이 기르는 경우 매일 양액을 확인하고 부족한 곳에 채워 넣는 일에 많은 시간이 들기도 합니다. 이럴 때 양액이 자동으로 공급되는 방법이 있으면 참 좋을 것입니다.

자동화를 한다고 해서 반드시 복잡한 전자 회로를 이용하는 것이 정답은 아닙니다. 주어진 여건과 요구에 따라 여러 가지 방법을 생각할 수 있습니다. 이 장에서는 대기압을 이용하여 자동으로 양액을 공급하는 장치, 부력을 이용하여 자동으로 양액을 공급하는 장치, 원터치 피팅을 이용한 실외 재배기의 배수, 콘센트 타이머를 이용하여 자동으로 전원을 ON/OFF 하는 방법을 소개합니다. 마이크로컨트롤러에 의한 자동 제어는 다룰 이야기가 많아서 다음 장에서 소개합니다.

자동화를 할 때 고려해야 할 점

재배용기에 양액을 보충하는 일을 사람이 하게 된다면, 재배용기의 양액의 양을 확인한 후 부족하면 양액저장조에 있는 양액을 용기에 담아 와서 재배용기에 부어 주면 됩니다. 공간이 좁으면 양액저장조를 다른 곳에 옮겨 놓을 수도 있습니다. 양액을 옮기는 용기를 임시로 다른 일에 쓸 수도 있고, 잃어버렸더라도 다른 용기로 쉽게 대체가 가능합니다.

이 일을 자동으로 하게 된다면, 재배용기에 수위 센서를 달아 양액의 양을 측정해야 하고, 양액의 양이 부족하면 양액저장조에 설치되어 있는 펌프를 켜서 양액을 저장조에서 재배용기로 보내 주어야 합니다. 센서도, 펌프도, 호스도 제자리에 설치되어 있어야 합니다.

이처럼 자동화를 하게 되면 여러 장치들이 연결되어 복잡해지고, 장치들은 연결된 채로 있어야 하기 때문에 다른 데에 사용하기가 곤란합니다.

자동화가 되었다고 항상 좋은 것은 아닙니다. 수경재배에서 본다면, 자동화가 된다는 말은 식물을 키우는 데에 사람이 임의로 조작할 수 있는 여지가 줄어든다는 것을 뜻합니다. 자동화되었으면서도 사람의 의도대로 조작할 수 있게 하려면 장치가 더욱 복잡해지기 시작합니다. 자동 제어 장치가 다른 장치를 통제하고 있는데, 사람이 끼어들어 주도권을 잡으려고 하니까 자동 제어 장치와 사람 사이의 복잡한 문제가 생기는 것이라 볼 수 있습니다.

자동화할 때는 자동화할 범위를 잘 정하는 것이 중요합니다. 자동화 시설이 고장나면 장치들이 연결되어 있기 때문에 마음대로 대응하기가 곤란하고, 고치는 데에 시간과 비용이 들어갑니다. 그러므로 가장 힘든 부분을 장치가 대신해 주는 것이 자동화의 효과가 가장 클 것이라 생각합니다.

제가 회사에 다닐 때, 문제 해결 기법 교육 중에 알게 된 이야기를 하나 해 드립니다.

공장에서 사용하는 가연성 액체가 있는데, 법으로 일정량 이상을 공장 내에 둘 수 없어 도로 건너에 있는 창고에서 매번 일정량을 덜어 가져와야 했습니다. 많이 쓰지도 않아서 하루에 한 번 가져오면 되었습니다. 창고에는 이 물질을 큰 용기에 넣어 두고 수도꼭지처럼 밸브를 달아 필요한 만큼 담아 가는 방식을 사용하고 있었습니다. 그런데 보관하는 곳이 창고이다 보니 깨끗하게 관리가 되지 않아 밸브 끝에 먼지가 묻어 있다가 액체를 받아갈 때 액체에 먼지가 섞여 들어가는 문제가 있었습니다.

이 문제를 해결하기 위해 여러 사람이 모였는데, 그중 제시된 한 방법은 창고에서부터 공장까지 땅을 파고 파이프를 묻고, 펌프를 설치하고, 센서를 설치하고… 이렇게 해서 액체가 부족하면 자동으로 일정량이 공급되도록 하는 것이었습니다. 하지만 이 방법은 탈락하고 다른 방법이 선택되었습니다.

선택된 방법은 다음과 같습니다. "액체를 작은 용기 여럿에 미리 담아서 창고의 큰 통 속에 넣고 뚜껑을 덮어 둔다. 필요할 때 뚜껑을 열고 작은 용기 하나를 들고 간다." 굉장히 간단한 방법이지요? 공장의 사정을 자세히는 모르겠지만, 무작정 자동화를 하려고 하면 돈과 시간이 많이 들어갈 수 있다는 것을 알려 주는 것 같았습니다. 고장이 나면 문제는 더욱 커지게 됩니다.

Basic 02 대기압을 이용하여 자동으로 양액을 공급하는 장치

대기압을 이용하여 수위를 유지하는 예가 생수통을 올려놓는 냉온수기입니다. 냉온수기는 물을 데우거나 차게 하기 위해서는 전기를 사용하지만 물의 수위를 맞추기 위해서는 전기를 사용하지 않습니다. 어째서 별 장치 없이 물의 수위를 자동으로 맞추는지 원리를 알아보고 수경재배에 적용할 수 있는 방법을 알아보도록 하겠습니다.

1 냉온수기의 수위 유지 원리와 적용 예

❶ 냉온수기에서 일어나는 일

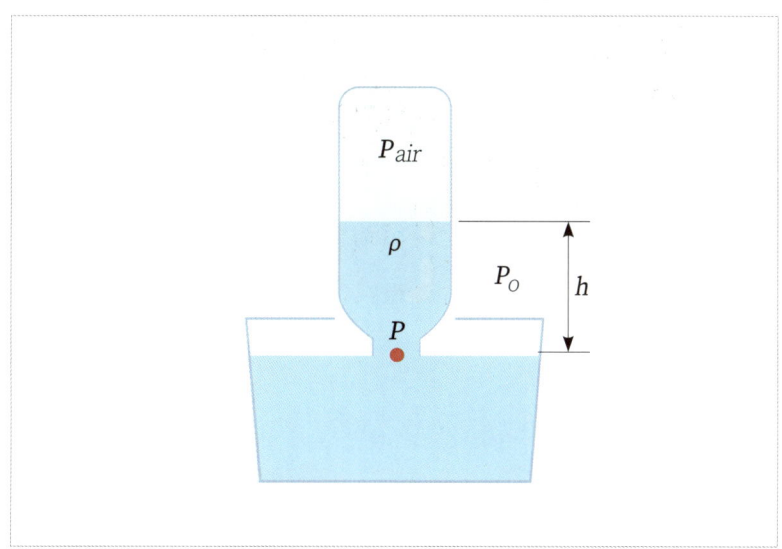

3.1 냉온수기 수위 유지의 원리. 대기압을 이용한다.

냉온수기에서 물이 부족해지면 꾸룩꾸룩 소리를 내며 생수통의 물이 채워지는 원리를 알아보겠습니다.

그림에서 위쪽 용기 속의 물이 더 내려오지 않는 것은 빨간 점으로 표시된 용기의 입구에서 압력의 균형을 이루기 때문입니다. 아래쪽 용기의 수면에서 대기에 의한 압력은 P_O입니다. 위쪽 용기 속의 공기와 물이 아래로 가하는 압력은 $P_{air} + \rho gh$입니다. 여기서 ρ는 물의 밀도, g는 중력 가속도를 나타냅니다. 용기의 입구에서 두 압력이 크기가 같기 때문에 물이 정지해 있습니다. 즉 $P_O = P_{air} + \rho gh$의 관계가 유지됩니다.

여기서 위쪽 용기 속의 공기의 압력은 $P_{air} = P_O - \rho gh$로, 물기둥이 높을수록 주변 공기의 압력보다 작아지는 것을 알 수 있습니다. 실제로 얇은 용기를 사용하면 용기가 안쪽으로 찌그러지는 것을 볼 수 있습니다.

❷ 대기압을 이용한 양액 공급의 예

3.2 수납함과 물통을 이용한 양액 공급

위 그림은 수납함과 물통을 이용하여 화분을 담아 놓은 용기(트레이)에 양액을 공급하는 모습입니다. 물통의 아래쪽 옆면에 원하는 수위에 맞추어 직경 약 5mm의 구멍을 뚫어 놓았습니다.

물통의 뚜껑을 열고 양액을 넣은 다음 뚜껑을 닫고 수납함에 넣습니다. 수납함의 양액이 부족하면 물통의 구멍으로부터 양액이 나와 구멍의 위치까지 수납함의 수위가 올라갑니다. 수납함과 트레이는 튜브가 연결되어 있어 트레이의 수위는 수납함의 수위와 같게 됩니다. 옥상에는 바람이 잘 불어 물통의 양액이 소모되면 쓰러지게 되므로 양액을 보충할 때를 쉽게 알 수 있습니다.

❸ 입구가 좁고 길 때의 문제점

3.3 목을 길게 한 수위 유지 장치

세련된 디자인을 위해 양액을 넣은 용기를 높은 위치에 두고 목을 길게 내려서 양액을 공급할 생각으로 그림과 같이 설치해 보았습니다. 원리상으로는 호스의 끝에 맞게 수위가 유지되어야 하는데, 수위가 그 이하로 낮아져도 양액이 흘러나오지 않습니다.

양액이 나오기 위해서는 바깥에서 공기가 들어가 주어야 하는데, 양액으로 채워진 길고 좁은 호스가 공기가 들어가는 것을 방해합니다. 이 문제는 양액이 나오는 호스와 공기가 들어가는 호스를 따로 만들면 어느 정도 해결됩니다.

❹ 두 개의 호스를 이용하는 방법

다음 그림과 같이 호스를 두 개 연결하여 a는 양액이 흘러나오는 호스로 사용하고, b는 공기가 들어가는 호스로 사용합니다. 수위는 b로 맞춥니다. 호스 b에는 공기만 들어 있으므로 공기는 호스 b를 통해 쉽게 위로 올라갈 수 있고, 호스 a에는 양액이 들어차 있으므로 양액은 호스 a로 쉽게 빠져나올 수 있습니다.

이 구조를 사용하면 양액을 저장하는 통의 위치를 자유롭게 변경할 수 있게 됩니다. 실제로는 호스 a에 밸브를 연결합니다. 밸브를 잠그고, 양액을 넣은 뒤, 뚜껑을 닫고 밸브를 여는 순서로 양액을 보충합니다. 양액을 넣을 때는 수위가 호스 b 이상이 되지 않도록 합니다. 이 방법도 호스가 아주 길면 잘 작동하지 않으니, 호스의 길이가 호스 내경의 100배 이하인 것이 좋습니다. 반드시 실험을 해 본 다음 재배기에 적용하시기 바랍니다.

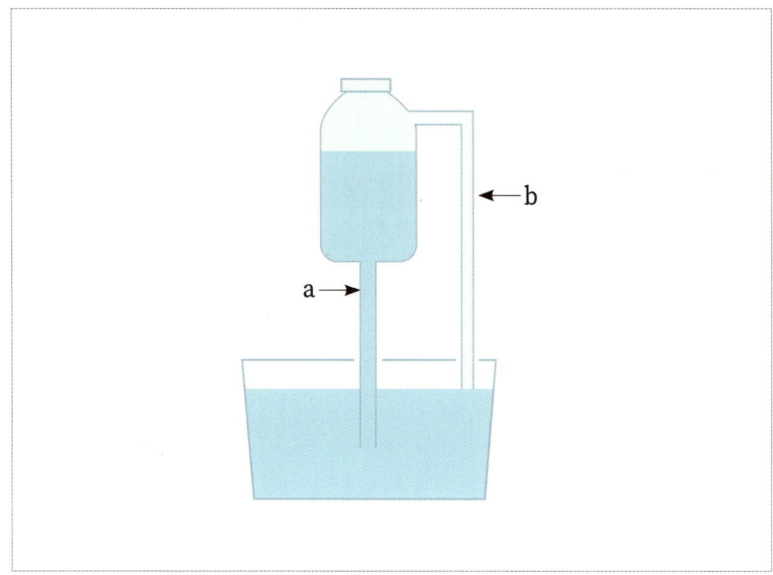

3.4 두 개의 호스를 가진 수위 유지 장치

부력을 이용하여 자동으로 양액을 공급하는 장치

부력을 이용하여 양액의 수위를 조절할 수 있습니다. 부력을 이용하여 수위를 조절하는 대표적인 예가 양변기입니다. 양변기의 레버를 내리면[10] 레버에 연결되어 있는 마개가 열려서 담아 놓았던 물이 변기로 내려갑니다. 물이 다 내려가면 변기로 내려가는 마개가 닫힙니다. 물의 수위가 내려가면 부표가 아래로 이동하면서 볼탭(balltap)의 밸브가 열려 수돗물이 물을 저장하는 곳으로 들어갑니다. 물이 충분히 들어가면 부표의 위치가 높아져서 밸브를 막아 수돗물이 들어오지 못합니다. 이런 원리를 그대로 적용하여 양액의 수위를 유지할 수 있습니다.

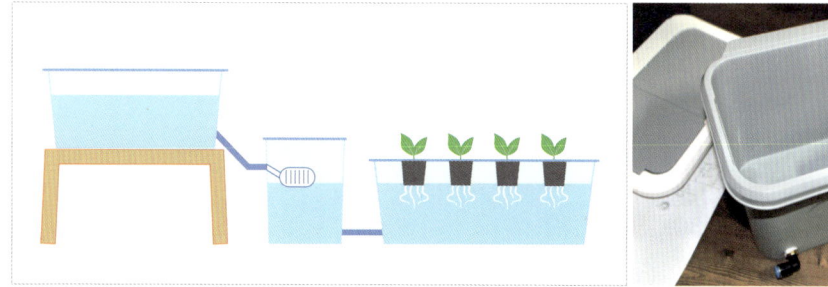

3.5 볼탭을 이용한 자동 양액 공급   3.6 수위 유지 장치의 볼탭. 부표(가운데), 밸브(오른쪽)

그림 3.5에서 오른쪽에 있는 재배용기와 가운데에 있는 수위 유지 장치는 호스로 연결되어 있어 둘의 수위가 항상 같게 유지됩니다. 오른쪽의 재배용기에서 식물이 양액을 흡수하여 수위가 낮아지면 가운데의 수위 유지 장치의 수위도 함께 낮아집니다. 그러면 물에 떠 있는 부표도 위치가 내려가게 됩니다.

---

10) 레버를 내리는 방식과 버튼을 누르는 방식이 있다.

부표의 위치가 낮아지면 밸브가 열려 왼쪽 높은 곳에 올려둔 양액저장조로부터 양액이 흘러 들어옵니다. 흘러들어온 양액은 오른쪽의 재배용기로 흘러 들어갑니다. 수위 유지 장치 속 양액의 수위가 올라가면 부표의 위치도 올라갑니다. 부표의 위치가 높아지면 밸브가 잠겨 양액저장조로부터 양액이 흘러들지 않게 됩니다. 이렇게 하여 일정한 수위를 유지할 수 있습니다.

원터치 피팅을 이용한 실외 재배기의 배수

　실외에서 식물을 기를 때는 직사광선에 의한 뿌리 온도 상승을 억제하기 위해 고형 배지가 있는 방식을 많이 사용합니다. 가장 쉽게 구현할 수 있는 방법이 저면급액법입니다. 저면급액법에서는 배지에 양액을 공급하기 위해 트레이를 사용합니다. 그런데 실외에서는 비가 많이 오게 되면 빗물이 트레이에 차게 됩니다. 이렇게 되면 필요 이상으로 수위가 높아지면서 식물의 뿌리가 양액에 잠기게 되어 뿌리의 호흡이 어려워질 수 있습니다.

　이 문제를 해결하는 방법으로 트레이 옆면에 구멍을 뚫어 놓습니다. 그러면 양액이든 빗물이든 이 구멍 이상으로는 트레이에 고이지 않게 됩니다. 이렇게 하여 비가 올 때 트레이에 빗물이 과잉으로 차는 것을 막을 수 있습니다.

　반대로 뙤약볕이 내리쬐는 날씨에는 식물의 증산량이 많아져서 양액이 빨리 줄어들게 됩니다. 어떤 때는 아침에 준 양액이 저녁이 되기 전에 다 소모되는 경우가 있습니다. 이럴 경우에는 트레이가 양액을 보관하는 양이 많았으면 좋겠다는 생각이 듭니다. 하지만 위에서 말한 것처럼 구멍만 뚫어 두면 그 구멍 높이 이상으로는 양액을 담아 놓을 수 없습니다.

　비가 올 때는 구멍 위치가 낮으면 좋고 뙤약볕일 때는 구멍 위치가 높으면 좋은 상황입니다. 구멍의 위치를 수시로 바꿀 수 있으면 좋겠지만 그럴 수가 없습니다. 이 문제를 해결하는 방법은 구멍에 ㄱ자 모양인 PL형 원터치 피팅을 끼워서 원터치 피팅의 입구의 위치를 바꾸는 것입니다.

3.7 원터치 피팅의 입구를 아래로 하여 빗물을 빼내고 있다.

위 그림은 원터치 피팅을 이용하여 빗물을 빼내는 모습입니다. 원터치 피팅의 입구를 아래로 돌리면 빗물이 원터치 피팅을 고정하기 위해 뚫어 놓은 구멍 이상으로는 차지 않습니다.

만일 뙤약볕이 들어 너무 자주 양액을 주어야 된다면 원터치 피팅을 위로 향하도록 돌리고 양액을 원터치 피팅으로 빠져나오지 않을 만큼 줍니다. 원터치 피팅의 입구가 위로 향하면 양액의 수위는 원터치 피팅의 입구까지 높일 수 있어 담아 놓을 수 있는 양액의 양이 많아지게 됩니다.

양액이 너무 빨리 마르는 것은 뿌리가 양액을 흡수하는 양에 비해 배지의 양이 적기 때문입니다. 트레이와 재배용기를 크게 하여 충분한 양의 배지를 사용하는 것이 근본적인 해결 방법입니다. 이런 경험을 가지고 다음번에는 더 큰 재배용기와 트레이에 심도록 합니다.

또, 순따주기나 가지치기를 하여 식물이 무분별하게 무성히 자라는 것을 막는 것도 하나의 방법입니다. 순따주기나 가지치기를 잘하면 큰 열매를 얻을 수 있는 장점도 있습니다.

Basic 05
콘센트 타이머를 이용하여 자동으로 전원을 ON/OFF하는 방법

시간에 맞추어 전원을 ON/OFF하는 것은 콘센트 타이머[11](concentric plug timer)를 사용하여 간단히 자동화할 수 있습니다. 콘센트 타이머는 콘센트와 타이머가 결합된 제품입니다.

타이머는 24시간 시계와 여러 개의 작은 스위치로 구성되어 있어 LED나 수중 펌프를 시간에 맞추어 켜고 끌 때 편리하게 사용할 수 있습니다. 그림에서 둥근 모양으로 눈금이 매겨져 있는 부분이 시계를 나타냅니다. 낮은 흰색으로, 밤은 검은색으로 구분되어 있습니다. 콘센트 타이머를 콘센트나 멀티탭에 꽂으면 이 시계가 밖의 파란색 링과 함께 하루에 한 바퀴씩 돌아갑니다.

3.8 콘센트 타이머

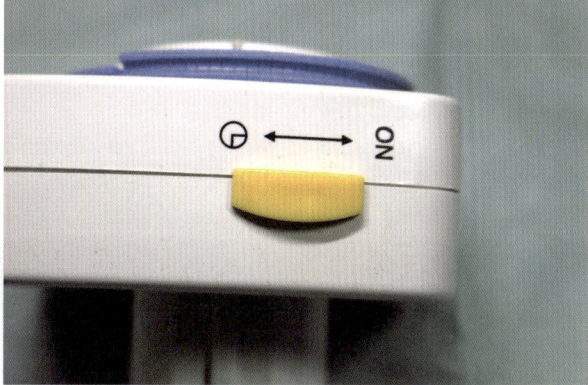

3.9 기능선택 스위치

---

11) 콘센트: 원래는 'concentric plug'처럼 쓰던 말이었는데, 일본을 거쳐 들어오면서 '콘센트'로 바뀌어 쓰고 있다. concentric은 중심이 일치한다는 뜻이다. 플러그(plug)와 소켓(socket)이 둥근 모양으로 중심이 일치해서이다. 우리가 흔히 쓰는 콘센트는 영어로는 outlet이나 socket이라고 한다.

고리의 안쪽을 자세히 보면 빨간색 삼각형이 있습니다. 이 삼각형은 현재의 시각을 표시합니다. 바깥의 파란색 링은 작은 조각들로 되어 있는데, 이것들은 작은 스위치들입니다. 이 작은 스위치들은 시계와 함께 돌아갑니다. 그림의 콘센트 타이머는 한 시간에 4개의 조각이 있어 한 조각이 15분을 맡게 됩니다.

그림에서 보면 일부는 눌려 있고 일부는 그대로 있는 것을 볼 수 있습니다. 눌려 있는 것은 스위치를 켜겠다는 뜻입니다. 빨간색 화살표가 있는 곳에 스위치가 눌러져 있다면 스위치가 켜집니다.

콘센트 타이머의 옆에는 ON과 시계 모양의 그림을 선택하는 스위치가 있습니다. ON은 일반적인 스위치처럼 켜는 동작을 합니다. 콘센트 타이머에 연결한 전기 제품이 제대로 동작하는지 확인할 때 편리합니다. 이것으로 확인 후 시계 방향으로 선택하면 타이머가 작동하게 됩니다.

콘센트 타이머를 설치하는 방법은 다음과 같습니다.

① 타이머의 시계 눈금을 보면서 시간 설정용 작은 스위치로 ON/OFF를 설정합니다. 누르면 ON이 되고 올리면 OFF가 됩니다.
② 시계 링을 손으로 돌리면 시각이 커지는 방향으로만 돌아갑니다. 링을 돌려 빨간 삼각형에 현재의 시각을 맞춥니다.
③ 타이머를 전원을 공급하는 콘센트나 멀티탭에 꽂습니다. 이때부터 시계가 작동합니다.
④ 타이머의 콘센트에 사용하려는 전기 기구의 플러그를 꽂습니다.

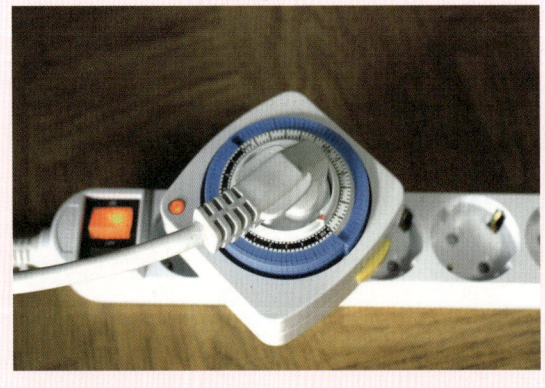

3.10 사용 중인 콘센트 타이머

⑤ 전환 스위치를 ON으로 놓아 전기 기구에 전원이 들어가는지 확인합니다. 그림에서 노란 스위치가 전환 스위치입니다. 문제가 없으면 전환 스위치를 타이머로 놓아 타이머가 동작하게 합니다. 그림에서 시계 모양의 그림이 타이머로 동작한다는 뜻입니다.

4장
마이크로컨트롤러를 이용한 자동화

앞에서 양액의 수위를 일정하게 유지하는 법과 시간에 맞추어 ON/OFF하는 콘센트 타이머로 간단한 자동화를 실현하는 법을 보았습니다. 좀 더 복잡한 동작은 전자식 자동 제어로 실현할 수 있습니다. 마이크로컨트롤러를 이용하면 프로그램을 작성하여 폭넓은 자동 제어를 할 수 있습니다.

이 장에서는 마이크로컨트롤러로 널리 사용되고 있는 아두이노를 이용하기 위한 준비 과정을 소개합니다.

전자식 자동 제어

앞에서 살펴본 자동화는 물리 법칙과 간단한 전기 및 기계 장치로 구성되어 있습니다. 좀 더 복잡한 동작이 필요할 때에는 전자식 자동 제어로 자동화를 실현할 수 있습니다. 전자식 자동 제어는 다양한 하드웨어와 소프트웨어로 실현할 수 있습니다.

이 중 초보자도 쉽게 접근할 수 있는 하드웨어로 '아두이노'라는 마이크로컨트롤러가 있습니다. 아두이노를 동작시키기 위해 '스케치'라는 프로그램을 사용합니다. 아두이노를 이용한 자동 제어를 소개합니다.

1 전자식 자동 제어에 필요한 것들

❶ 마이크로컨트롤러(microcontroller)

마이크로컨트롤러는 전기밥솥, 세탁기, 에어컨, 전자레인지 등에 들어 있습니다. 원하는 바를 입력하면 자동으로 뭔가를 하는 성격의 기기에는 마이크로컨트롤러가 들어 있습니다. 다양한 물리량[12]을 센서로 감지하여 다양한 동작을 하도록 하려면 마이크로컨트롤러를 이용한 전자 제어를 이용하는 것이 좋습니다.

4.1 마이크로컨트롤러로 널리 쓰이는 아두이노 보드

---

12) 물리량: 온도, 농도, 무게, 조도, 길이, 속도, 가속도 등과 같이 물리에서 다루는 대상의 양.

자동 제어를 하기 위해서는 센서로부터 입력을 받아 미리 프로그래밍한 대로 동작을 하는 장치가 필요합니다. 아두이노는 그러한 동작을 하는 마이크로컨트롤러입니다.

'마이크로'란 말은 거대한 컴퓨터 장치가 아니고 작은 전자 기판 하나로 되어 있다는 뜻입니다. 그림 4.1은 아두이노의 여러 종류 중에서 가장 많이 사용되는 아두이노 우노(위)와 아두이노 나노(아래)라는 마이크로컨트롤러입니다.

아두이노는 2005년 이탈리아의 IDII(Interaction Design Institute Ivrea)에서 하드웨어에 익숙지 않은 학생들이 자신들의 디자인 작품을 손쉽게 제어할 수 있도록 하기 위해 개발한 것입니다. 용도에 따라 다양한 계열의 상품이 개발되어 있습니다.

아두이노는 오픈 소스로 되어 있습니다. 회로를 공개하여 누구나 회로를 보고 상품을 만들 수 있도록 했다는 것이지요. 이런 이유로 이탈리아 원 제품보다 호환품이 훨씬 더 많습니다.

우리나라에도 우리나라에서 개발한 제품과 중국에서 개발한 제품이 여럿 유통되고 있습니다. 호환품은 정품과 칩셋(chipset)[13]이 다를 수 있습니다. 이때는 장치 드라이버(device driver)[14]를 설치해 주어야 합니다. '아두이노'라는 키워드로 쉽게 구입할 수 있습니다.

❷ USB 케이블

4.2 USB 타입B

4.3 미니USB(5핀) 타입B

---

13) 칩셋(chipset): 함께 작동하는 일군의 집적 회로 칩.
14) 장치 드라이버(device driver): 특정 하드웨어나 장치를 제어하기 위한 프로그램.

컴퓨터로 코딩한 내용을 아두이노 보드에 업로드하기 위해서 컴퓨터와 아두이노 보드를 전기적으로 연결하는 케이블이 필요합니다. 이 일에 USB 케이블을 사용합니다. 컴퓨터에 꽂히는 부분은 동일하지만 아두이노 보드에 꽂히는 부분은 아두이노 보드의 종류와 메이커에 따라 달라지므로 확인하고 구입하시기 바랍니다. 아두이노 보드에 케이블을 포함하여 판매하기도 합니다.

4.4 마이크로USB 타입B

❸ 점퍼선

점퍼선은 회로를 연결하기 위해 사용하는 전선입니다. 아두이노와 주변 장치에 연결하기 쉽게 끝에 단자가 있습니다. 단자는 암(F)과 수(M) 두 가지가 있습니다. 그러므로 점퍼선은 끝에 달린 단자를 기준으로 보면 M-M, F-F, M-F(또는 F-M) 세 가지가 있습니다. 길이는 10cm와 20cm가 많이 판매되고 있습니다.

4.5 회로를 연결하는 데에 사용하는 점퍼선

4.6 암(F: female) 단자

4.7 수(M: male) 단자

❹ 프로그램을 하는 소프트웨어

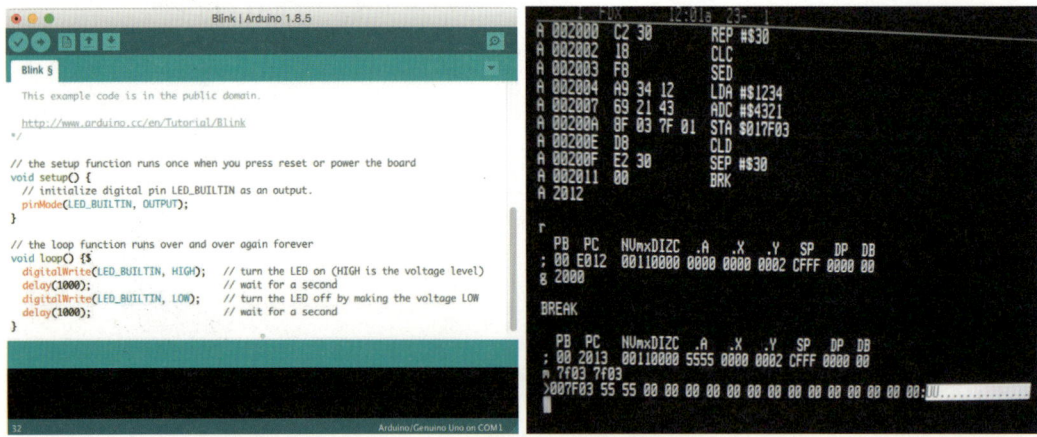

4.8 아두이노용 소프트웨어인 스케치   4.9 기계어의 예

아두이노가 동작하기 위해서는 프로그램을 작성하여 아두이노에 넣어 주어야 합니다. 아두이노용 프로그램을 만드는 소프트웨어 중에 가장 널리 알려진 것이 아두이노 통합 개발 환경(IDE; Integrated Development Environment)입니다. 별명인 '스케치'로 더 많이 불립니다.

원하는 동작을 아두이노가 실행하도록 하기 위해서는 내가 원하는 명령을 작성해야 합니다. 이렇게 원하는 명령을 작성하는 데 쓰이는 프로그램을 편집기라고 부릅니다. 스케치는 편집기 기능을 가지고 있습니다.

아두이노가 알아듣는 언어와 사람이 이해하는 언어는 다릅니다. 아두이노가 알아듣는 언어는 그림 4.9와 유사한 저급 언어인 기계어(machine code)입니다. 하지만 사람의 입장에서는 고급 언어가 이해하기 쉽습니다.

고급 언어는 'delay'와 같이 이해하기가 쉬운 명령어로 이루어져 있습니다. 그러니까 프로그램을 작성하는 데는 고급 언어를 쓰고, 작성한 프로그램을 아두이노가 알아듣게 기계어로 번역해 주면 좋겠다는 생각이 듭니다. 이러한 번역을 해 주는 프로그램을 컴파일러(compiler)라고 하고, 번역하는 일은 컴파일(compile)이라고 합니다.

컴파일이 완료된 기계어는 아직 여전히 컴퓨터에 보관되어 있습니다. 아두이노가 명령대로 동작하기 위해서는 기계어를 컴퓨터로부터 아두이노로 보내 주어야 합니다. 이러한 일을 하는 프로그램을 업로더(uploader)라고 합니다.

지금까지 이야기한 편집, 컴파일, 업로드는 모두 다른 일이라서 전문가들은 별도의 프로그램을 이용하지만, 비전문가로서는 간단한 기능만을 가지고 하나로 묶여 있는 것이 편리할 것입니다. 이렇게 만들어진 것이 스케치입니다. 아두이노 홈페이지[15]에서 무료로 다운로드받을 수 있습니다. **4장의 2. 스케치 설치하기**에서 자세히 다룹니다.

❺ 주변 장치

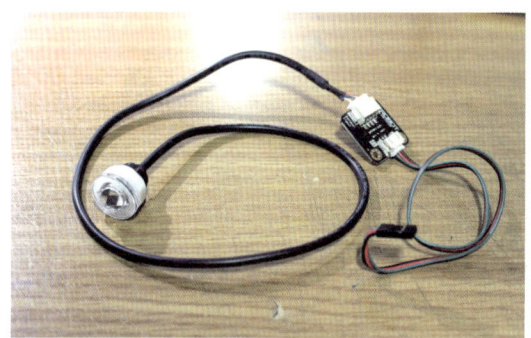
4.10 광학식 수위 센서 모듈

4.11 릴레이 모듈

자동화할 대상의 상태를 파악하기 위해서는 여러 가지 센서가 필요합니다. 수경재배에는 수위 센서, 온습도 센서 등이 필요합니다. 동작을 시키기 위해서는 스위치 역할을 하는 릴레이를 많이 이용하고, 표시를 위해서는 LED를 이용한 디스플레이를 많이 이용합니다.

❻ 브레드보드

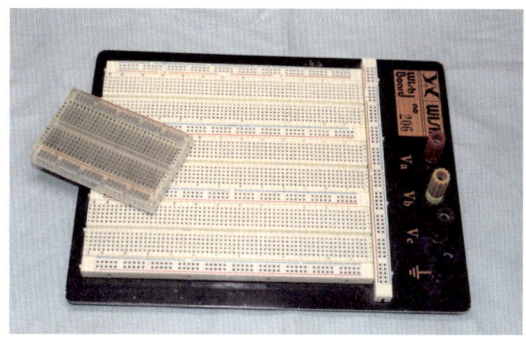
4.12 브레드보드

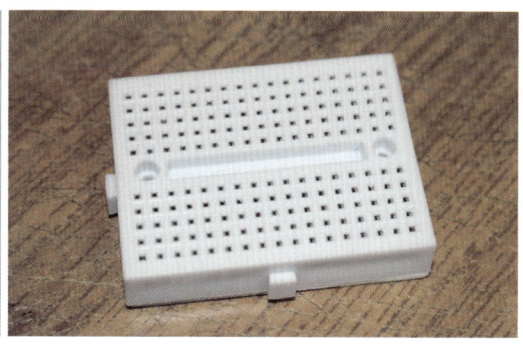
4.13 미니 브레드보드

---

15) https://www.arduino.cc/

브레드보드는 납땜을 하지 않고 회로를 연결할 수 있는 도구입니다. 그림 4.12처럼 복잡한 회로를 만들 수 있는 것도 있고, 그림 4.13처럼 간단한 것도 있습니다. 그림 4.13에서 내부에는 세로로 연결되어 있습니다. 그러니까 세로로 난 5개의 구멍 중 아무 곳이나 부품의 다리를 꽂으면 서로 연결됩니다.

2. 아두이노를 이용한 자동 제어의 적용 예

4.14 수위 조절 장치

전자식 자동 제어는 다양하게 적용할 수 있습니다. 수경재배에서는 양액 수위가 낮아졌음을 알려 주는 데 가장 많이 사용하는 것 같습니다. 그림 4.14는 수위를 측정하여 릴레이로 외부에 연결된 장치를 ON/OFF하도록 하는 장치입니다. 양액의 수위가 낮아졌을 때 불을 밝혀 알려 주거나, 큰 양액저장조에 연결된 밸브를 여는 등의 다양한 동작을 시킬 수 있습니다.

스케치 설치하기

여기서는 마이크로소프트 윈도우즈(Microsoft Windows) 운영체제(OS: operating system)를 사용하는 컴퓨터를 기준으로 설명합니다. 맥 OS(Mac OS)를 사용하는 컴퓨터는 대응하는 프로그램과 드라이버를 사용하시면 됩니다.

01 아두이노 홈페이지로 들어갑니다. https://www.arduino.cc/

02 상단 메뉴에서 [SOFTWARE]를 선택합니다.

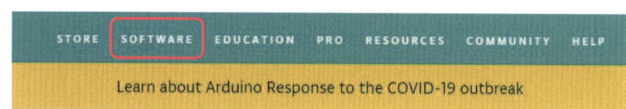

4.15 아두이노 홈페이지 상단 메뉴

03 Download the Arduino IDE라고 쓰인 곳으로 갑니다.

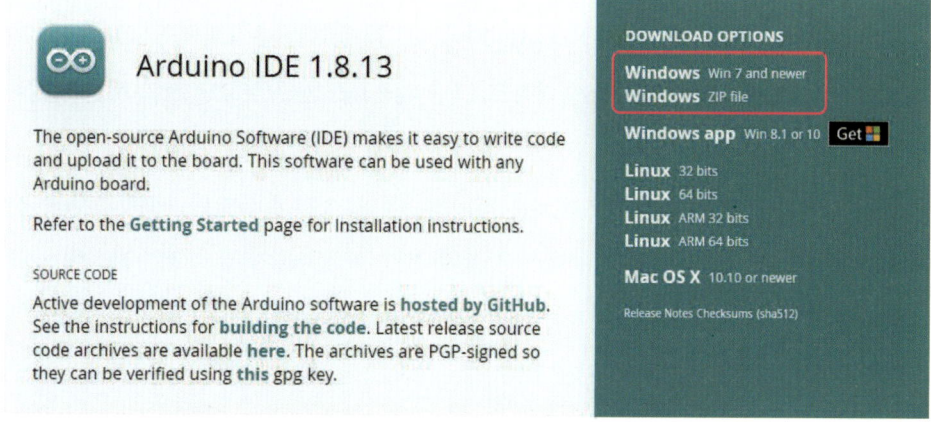

4.16 컴퓨터의 운영체제(OS: Operating System)에 맞추어 아두이노 IDE가 마련되어 있다.

그림 4.16의 오른쪽에 사용하는 컴퓨터의 운영체제에 따라 여러 프로그램이 마련되어 있습니다. 첫째 줄에 [Windows Win 7 and newer]가 있고 둘째 줄에 [Windows ZIP file]이 있습니다.

[Windows Win 7 and newer]를 선택하면 스케치를 설치하는 프로그램을 다운로드받을 수 있습니다. 이 설치 프로그램을 다운로드받아 실행시키면 이 프로그램이 인터넷을 통해 스케치를 설치해줍니다. 인터넷이 안되는 곳에서는 [Windows ZIP file]에서 받은 파일로 설치하시기 바랍니다.

04 [Windows ZIP file]을 클릭합니다.

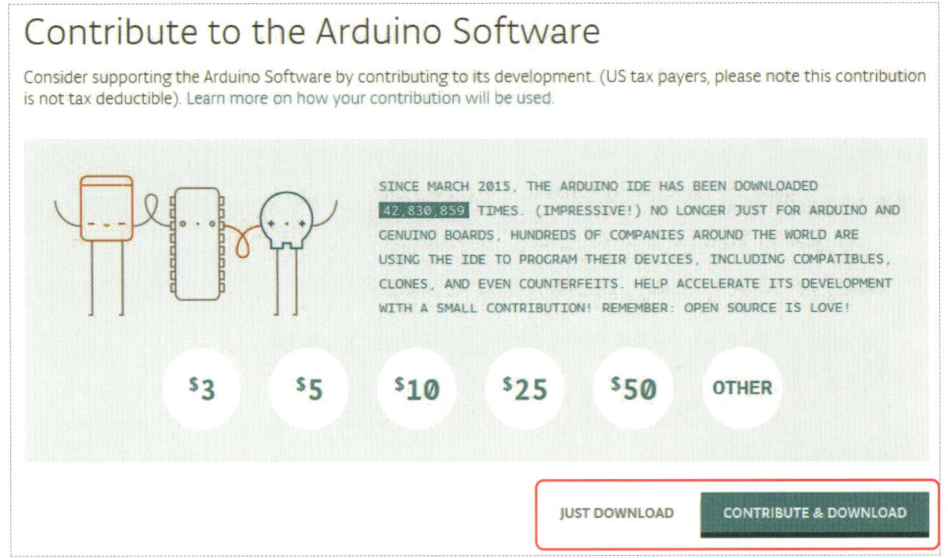

4.17 그냥 다운로드와 기부 후 다운로드 선택

아래쪽에 보면 [JUST DOWNLOAD]와 [CONTRIBUTE & DOWNLOAD]가 있습니다. 기부를 하고 싶으면 오른쪽 버튼을 클릭하고, 그냥 다운로드받고 싶으면 왼쪽 버튼을 클릭합니다.

05 [실행]을 누르면 곧바로 스케치를 설치하는 프로그램이 동작합니다. [저장]을 선택하면 스케치를 설치하는 프로그램을 컴퓨터에 저장해 놓았다가 다음에 필요하면 저장해 놓은 프로그램으로 설치할 수 있습니다.

4.18 실행과 저장 중 선택한다.

[실행]을 클릭하면 "이 앱이 디바이스를 변경할 수 있도록 허용하시겠어요?"라고 묻습니다. [예]를 클릭합니다.

06 라이선스에 대한 질문이 나옵니다.

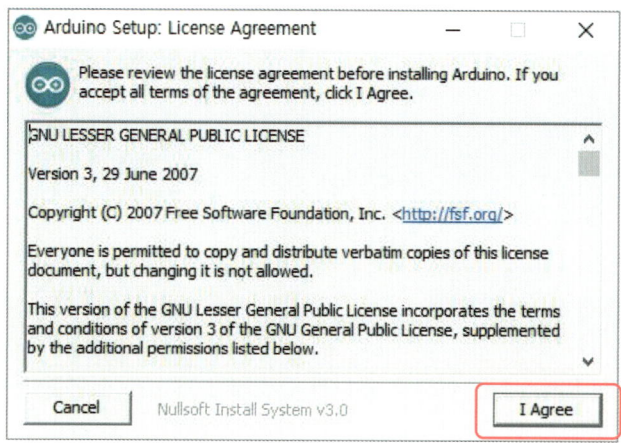

4.19 라이선스에 대한 질문

[I Agree]를 선택합니다.

07 설치할 때 선택할 수 있는 옵션이 나타납니다.

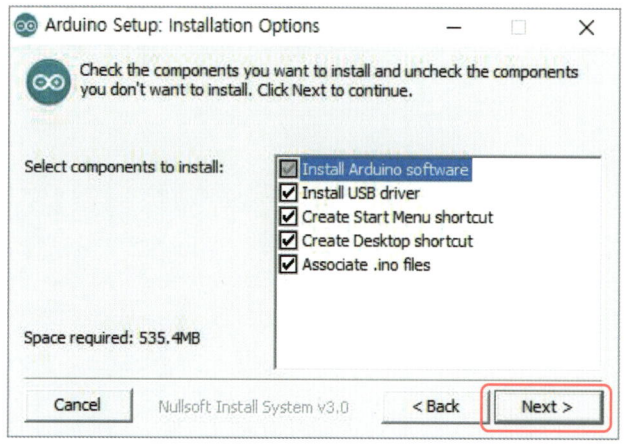

4.20 설치할 때 선택할 수 있는 옵션

원래 있는 그대로 모두 선택하고 [Next >]를 클릭합니다.

08 스케치를 설치할 폴더를 정합니다.

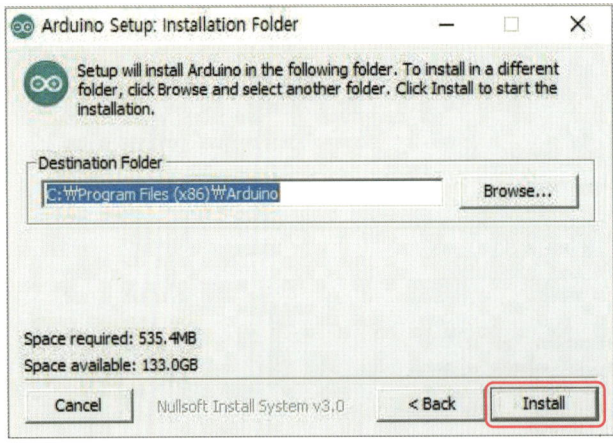

4.21 스케치를 설치할 폴더를 정한다.

별도로 폴더를 정하고 싶으면 [Browse...] 버튼을 클릭하여 직접 스케치를 설치할 폴더를 정해 줍니다. 아니면 프로그램에서 제시해 주는 대로 따릅니다. 폴더를 정했으면 [Install] 버튼을 클릭합니다.

09 얼마간의 시간이 지난 후 설치가 완료되었다는 창이 나타납니다.

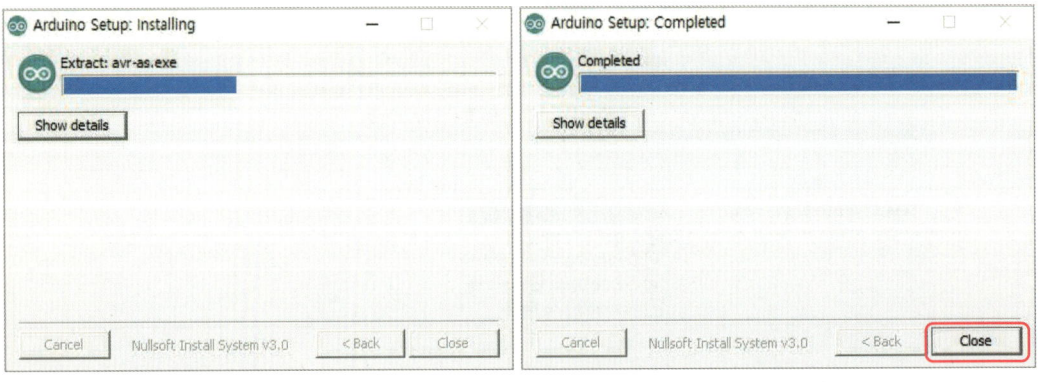

4.22 설치가 진행되고 있는 상태   4.23 설치가 완료된 상태

[Close] 버튼을 클릭합니다. 바탕 화면에 스케치 아이콘이 만들어져 있는 것을 확인할 수 있습니다.

10 스케치 아이콘을 더블 클릭하면 아래와 같이 스케치 프로그램이 나타납니다.

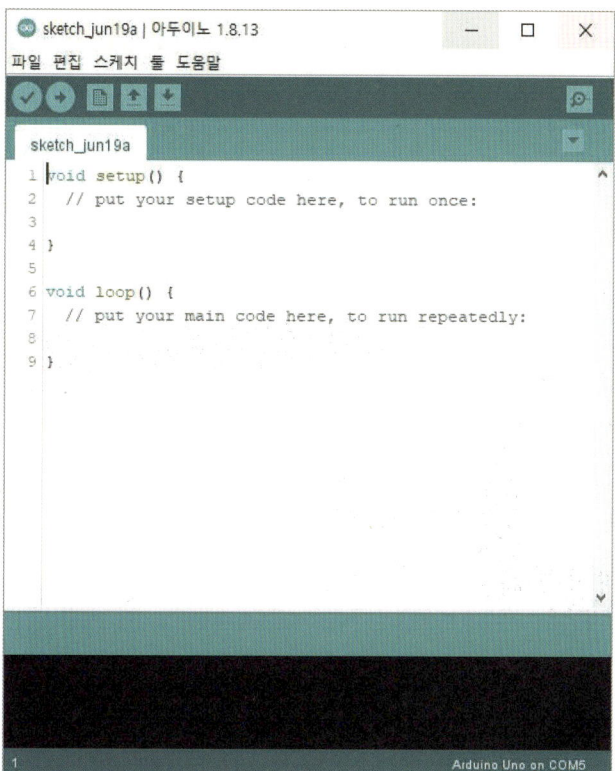

4.24 스케치 초기화면

Basic 03
호환 보드용 드라이버 설치

4.25 CH340 칩셋을 사용하는 호환 보드. 사진의 가운데 있는 IC가 칩셋이다.

아두이노 기판에는 칩셋이란 집적 회로 부품이 데이터 흐름을 관리합니다. USB를 통하여 아두이노를 컴퓨터에 연결하면 스케치는 아두이노를 확인하게 되는데, 이때 스케치와 아두이노의 칩셋이 맞지 않으면 스케치는 아두이노 보드를 없다고 인식하거나 있더라도 문제가 있다고 인식하게 됩니다.

이렇게 되면 스케치로 프로그램을 작성하더라도 아두이노로 보낼 수가 없습니다. 아두이노 정품 보드를 만든 곳에서 스케치 프로그램을 만들었기 때문에 정품은 이런 문제가 없습니다. 스케치가 아두이노를 인식하는지의 여부는 장치관리자에서 아두이노 포트가 만들어지는지를 확인하면 됩니다. 여기서는 아두이노 우노를 이용하여 설명하겠습니다.

01 USB 케이블로 아두이노 보드와 컴퓨터를 연결합니다. 기판의 작은 LED에 불이 들어옵니다.

4.26 아두이노 우노 호환품을 컴퓨터에 연결했다.

02 키보드에서 왼쪽 아래 윈도우 키와 오른쪽 위 [PAUSE BREAK] 키를 동시에 누릅니다. 그러면 시스템 화면이 열립니다. 거기서 [장치관리자]를 클릭합니다. 장치관리자가 열리면 [포트(COM & LPT)]를 더블 클릭합니다.

4.27 장치관리자가 CH340을 인식하고 있다.

예전에 호환 보드의 칩셋 드라이버를 설치한 컴퓨터는 위와 같이 USB-SERIAL CH340이 나타납니다. 그러나 아두이노 호환 보드를 처음 사용할 때는 나타나지 않습니다. 그것은 컴퓨터가 아두이노를 인식하지 못한다는 뜻입니다.

스케치로 프로그래밍한 내용을 아두이노로 업로드하기 위해서는 컴퓨터가 아두이노 호환 보드를 인식하도록 드라이버를 설치해 주어야 합니다. 여기서 COM6은 컴퓨터에 따라 달리 나타날 수 있습니다.

03 http://www.wch.cn/downloads/CH341SER_ZIP.html로 들어갑니다. 오른쪽 파란색 버튼을 클릭하여 CH341SER.ZIP 파일을 다운로드합니다.

4.28 윈도우즈용 칩셋 드라이버

04 CH341SER.ZIP의 압축을 풀면 아래와 같이 나타납니다.

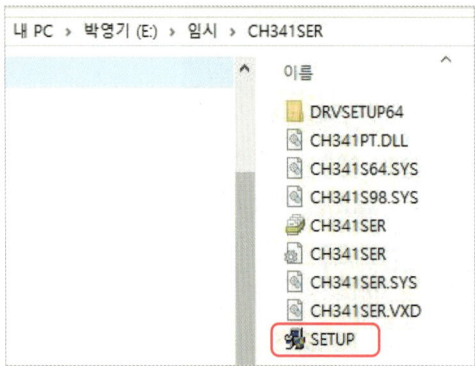

4.29 CH341SER.ZIP 파일의 압축을 푼 모습

05 압축이 풀린 파일 중 'SETUP' 실행 파일을 더블 클릭하면 아래와 같이 CH340 칩셋 드라이버를 설치하는 창이 나타납니다.

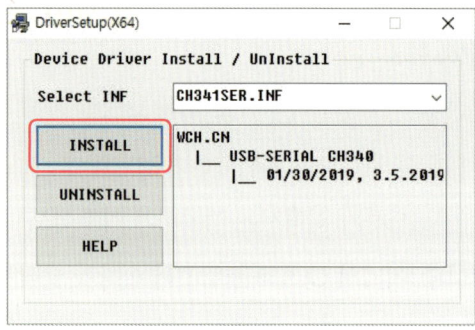

4.30 CH340 칩셋 드라이버를 설치하는 창

06 [INSTALL]을 클릭합니다. 그러면 조금의 시간이 흐른 후 드라이버가 설치되었다는 메시지가 나타납니다. [확인]을 누르고 그림 4.30의 오른쪽 위 ×표를 클릭하여 설치 프로그램을 닫습니다. 아두이노 우노와 컴퓨터를 USB 케이블로 다시 연결하면 그림 4.27과 같이 USB-SERIAL CH340이 연결되었음을 알 수 있습니다.

07 [스케치의 툴 >> 보드 >> Arduino AVR boards >> Arduino Uno]를 선택합니다. 그러고 나서 툴을 클릭하면 창이 뜨면서 '보드: Arduino Uno'가 나타나는 것을 볼 수 있습니다. 다음으로, [툴 >> 포트]로 들어가보면 장치관리자의 USB-SERIAL CH340(COM3)에 나온 것과 같은 [COM3]이 나타나는 것을 볼 수 있습니다. [COM3]를 클릭합니다. 그러고 나서 툴을 클릭하면 '포트: COM3'가 나타나는 것을 확인할 수 있습니다.

> **주의:** 여기서 USB-SERIAL CH340(COM3)의 COM3는 사용하는 컴퓨터에 따라 COM11 등과 같이 다르게 나타날 수 있으므로 컴퓨터에 나타나는 것을 따릅니다.

이제 컴퓨터에서 스케치로 작성한 프로그램을 아두이노로 업로드할 수 있게 되었습니다. 아두이노 우노 보드가 아니고 다른 보드를 사용한다면 다른 것은 같고 [툴 >> 보드 >> Arduino AVR boards]로 들어간 다음 사용하는 보드를 선택하면 됩니다.

▼ 아두이노 나노 보드에서 업로드가 안 될 때

아두이노 나노 보드와 포트가 제대로 설치된 것 같은데 업로드가 안 되는 경우가 있습니다. 아두이노 나노 보드는 프로세서를 지정해 주지 않으면 ATmega328P로 선택하게 되어 있습니다. 아두이노 나노 보드를 설치 후 업로드가 안 될 때는 [툴 >> 프로세서]로 들어가서 [ATmega(Old Bootloader)]를 선택하면 됩니다.

간단한 프로그래밍으로 몸풀기

이제 컴퓨터와 아두이노 사이의 통신이 가능해졌으므로 간단한 프로그램으로 아두이노와 스케치 사용에 익숙해지도록 합시다.

1 스케치 버튼 설명

스케치를 열어 보면 많이 쓰는 메뉴를 버튼으로 만들어 놓았습니다. 기능을 알고 싶을 경우 버튼 위로 커서를 가져가면 오른쪽에 흰 글씨로 버튼의 이름이 나타나는 것을 볼 수 있습니다.

- **확인**: 작성한 코드의 문법이 맞는지 확인한 후 기계어로 번역합니다.
- **업로드**: 확인, 기계어로 번역, 업로드 모두를 연이어 진행합니다.
- **새 파일**: 새로운 프로그램을 작성합니다.
- **열기**: 저장해 놓았던 파일을 열거나 예제 파일을 열 수 있습니다.
- **저장**: 작성한 프로그램을 컴퓨터에 저장합니다.
- **시리얼 모니터**: 아두이노와 대화할 수 있는 창을 엽니다.

2 스케치 프로그램의 구조

스케치를 열어 보면 프로그램이 다음과 같은 구조로 되어 있는 것을 볼 수 있습니다.

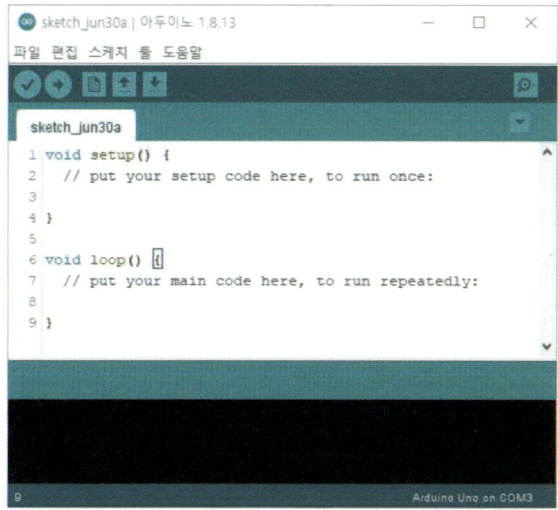

4.31 스케치로 작성하는 프로그램의 구조

아두이노에 전원이 들어가면 void setup( )의 { } 안의 내용이 처음으로 한 번만 실행됩니다. 주로 초깃값 지정, 아두이노 핀의 용도 지정 등을 하게 됩니다. 이후 void loop( )의 { } 안의 내용이 무한히 반복해서 실행됩니다. 센서로 값을 읽어 오고, 비교 및 판단하고, 외부 부품(LED, 릴레이, 모터 등)에 명령을 내리는 등의 일을 하게 됩니다.

3 보드 설정

[툴]로 가서 아두이노 보드가 연결한 종류와 맞는지 확인합니다. 맞지 않은 것이 선택되어 있다면 맞는 것으로 선택합니다. 예를 들어 아두이노 우노 보드를 연결했다면 [툴 >> 보드 >> Arduino AVR boads >> Arduino Uno]를 선택합니다.

4 포트 설정

[툴]로 가서 포트가 맞는 것으로 선택되어 있는지 확인합니다. COM1이 아닌 포트가 맞는 포트입니다. 포트가 설정되어 있지 않으면 **4장의 3. 호환 보드용 드라이버 설치**를 보고 맞추어 줍니다.

5 LED 점멸해 보기

스케치는 많은 예제 프로그램을 제공합니다. [파일 >> 예제]로 들어가서 불러올 수 있습니다. LED를 점멸하는 간단한 예제를 불러와서 실행시켜 보겠습니다.

❶ 아두이노 보드와 컴퓨터를 USB 케이블로 연결합니다. [아두이노 파일 >> 예제 >> 01. Basics >> Blink]를 선택합니다. 그러면 새로운 창이 뜹니다.

❷ 보드와 포트가 제대로 선택되었으면 스케치의 오른쪽 화살표를 눌러 컴파일과 업로드를 실행합니다.

- 스케치의 아래 창 위에 "스케치를 컴파일 중…"이라는 메시지가 나타나고 오른쪽에 진행 정도를 막대로 보여 줍니다.
- 이후 "업로딩…"이라는 메시지가 나타납니다. 시간이 지나면 "업로드 완료"라는 메시지가 나타납니다. 그러면 스케치에 있는 프로그램이 연결한 아두이노 보드에 실린 것입니다.
- 아두이노는 프로그램이 업로드된 후 곧바로 프로그램을 실행합니다. 보드에 있는 작은 LED 중 L이라고 표시된 LED가 깜빡이는 것을 확인할 수 있습니다.

> **보드의 LED가 연결된 핀**
> 아두이노 보드에는 LED가 몇 개 있는데, LED 옆에 기능을 표시하고 있습니다. 전기가 들어오는지 알려 주는 것에는 'ON', 데이터를 다른 곳으로 보내는 것을 표시하는 것에는 'TX', 데이터를 받는 것을 표시하는 것에는 'RX', 13번 핀에 연결된 것에는 'L' 또는 '13'이라고 표시되어 있습니다.

전원을 연결하면 ON으로 표시된 LED가 켜집니다. 업로드할 때는 컴퓨터와 아두이노 보드가 데이터를 주고받기 때문에 RX와 TX가 깜빡입니다. 13번 핀에 연결된 LED는 13번 핀의 신호가 HIGH일 때 켜지고, LOW일 때 꺼집니다.

아두이노로 코딩을 할 때 13번 핀에 연결된 LED를 활용하면 편리할 때가 많습니다. 외부 장치를 연결하지 않고도 동작을 제대로 하는지 확인할 수 있기 때문입니다.

아두이노용 프로그램 작성하는 법

아두이노 프로그램 또한 오픈 소스를 기반으로 하고 있습니다. 스케치에도 예제가 많이 포함되어 있고, 인터넷에서 많은 프로그램을 찾을 수 있습니다. 그러므로 원하는 프로그램이 있다면 처음부터 프로그램을 작성하는 것보다 다른 사람이 이미 작성해 놓은 프로그램을 받아서 필요한 부분만 고쳐서 쓰는 것이 훨씬 시간을 줄여 줍니다.

6 LED 깜빡임 간격 바꾸어 보기

LED가 깜빡이는 동작을 실행해 보았다면, 이제 프로그램을 수정하여 원하는 대로 켜지고 꺼지도록 변경해 보겠습니다. 명령어 설명과 함께 하겠습니다.

```
26  void setup() {
27    // initialize digital pin LED_BUILTIN as an output.
28    pinMode(LED_BUILTIN, OUTPUT);
29  }
30
31  // the loop function runs over and over again forever
32  void loop() {
33    digitalWrite(LED_BUILTIN, HIGH);   // turn the LED on (HIGH is the voltage level)
34    delay(1000);                       // wait for a second
35    digitalWrite(LED_BUILTIN, LOW);    // turn the LED off by making the voltage LOW
36    delay(1000);                       // wait for a second
37  }
```

4.32 LED를 깜빡이는 코드

❶ pinMode

아두이노 보드의 핀이 입력으로 쓰이는지 출력으로 쓰이는지를 정하는 함수입니다. 예를 들어 pinMode(3, INPUT)이라고 쓰면 3번 핀을 입력을 받는 데에 쓰겠다는 뜻입니다. pinMode(LED_

BUILTIN, OUTPUT)은 보드에 있는 LED를 출력으로 사용하겠다는 뜻입니다. 아두이노 우노의 내장 LED는 13번 핀에 연결되어 있기 때문에 pinMode(13, OUTPUT)이라고 써도 같은 효과를 갖습니다.

❷ digitalWrite

digitalWrite(핀 번호, 값)은 정해진 핀 번호에 값을 주는 함수입니다. 예를 들어 digitalWrite(7, HIGH)는 7번 핀을 HIGH 값인 5V로 하라는 뜻입니다. HIGH는 5V이고 LOW는 0V입니다.

❸ delay

delay(t)는 기다리는 함수입니다. 그러므로 앞의 동작이 그대로 유지되면서 시간을 보내게 됩니다. 괄호 안의 t는 기다리는 시간을 밀리초(ms: milisecond) 단위로 넣어 줍니다. 1ms는 1/1000초입니다. 예를 들어 delay(1000)이라면 1000ms = 1s, 즉 1초 동안 하던 일을 하면서 기다리라는 뜻입니다.

그림 4.32는 33번 줄에서 LED를 켜라고 했고, 34번 줄에서 1초 대기하라고 했으므로 우리는 LED가 1초 동안 켜진 모습을 보게 됩니다. 35, 36줄은 1초 동안 꺼져 있는 모습을 보게 됩니다. delay 함수의 괄호 안의 값을 바꾸어서 업로드해 봅니다. LED의 ON/OFF 시간을 바꿀 수 있습니다.

이상으로 아두이노 보드의 드라이버 설치, 보드 선택, 포트 선택, 예제의 내용을 바꾸어서 실행하는 것까지 해 보았습니다. 아두이노로 할 수 있는 여러 예가 인터넷에 많이 있습니다. 회로 연결과 프로그램이 공개되어 있으니 자신에 맞게 고쳐서 사용할 수 있습니다.

5장

사물 인터넷 개요

사물 인터넷(IoT: Internet of Things)은 각 사물에 센서와 통신 기능을 내장하여 인터넷을 통하여 서로 연결하는 기술을 말합니다. 인터넷에 연결하는 방법으로 와이파이를 이용하면 무선으로 인터넷에 접속할 수 있고, 그러면 와이파이가 되는 곳이면 어디서나 사물 인터넷을 적용할 수 있습니다. 이 장에서는 와이파이를 통해 사물 인터넷을 실현하는 예를 소개합니다.

수경재배에 사물 인터넷을 적용한다면, 식물이 자라는 공간의 온습도, 빛의 세기 등을 그 공간을 떠나서도 모니터링할 수 있고, 필요하면 원격제어가 가능합니다.

기술이 발달하여 사물 인터넷을 실현하기 위한 하드웨어로는 작고 값싼 상품들이 판매되고 있지만 수경재배에 적용하기 위해서는 공부가 필요합니다. 이 책에서는 지면상 간단히 소개하는 정도로 다룰 것입니다. 더 공부하실 분은 사물 인터넷에 대한 책을 보시기 바랍니다. 참고 문헌에 소개했습니다.

사물 인터넷을 가능하게 하는 하드웨어와 소프트웨어

와이파이를 통해 사물 인터넷에 접속하기 위해서는 와이파이가 되는 하드웨어가 필요합니다. 이미 집과 사무실에는 밖으로부터 인터넷 선이 들어와 있고 유·무선 공유기가 연결되어 있습니다.

유선을 사용하는 PC나 TV 등의 기기는 랜선으로 공유기에 연결하여 인터넷에 접속합니다. 노트북이나 스마트폰은 와이파이를 통해 공유기와 무선으로 연결하여 인터넷에 접속할 수 있습니다. 요즘에는 무선 통신의 성능이 좋아져서 TV와 PC도 와이파이를 사용하는 것이 있습니다.

사물 인터넷을 가능하게 하기 위해서는 하드웨어뿐만 아니라 소프트웨어도 필요합니다. 하드웨어에 맞게 전용으로 사용할 수 있는 소프트웨어가 있지만, 아두이노에 사용하는 스케치로 작성부터 업로드까지 할 수 있기 때문에 소프트웨어에 대해서는 별도로 설명하지 않습니다.

1 ESP8266 칩

ESP8266은 무선으로 인터넷에 연결하기 위한 대표적인 SoC(System on a Chip)[16]입니다. ESP8266은 와이파이라는 특별한 기능이 추가된 마이크로컨트롤러를 하나의 칩으로 구현해 놓은 것입니다.

앞에서 아두이노용 통합 개발 환경인 스케치를 이용하여 프로그래밍하고 아두이노에 업로드하는 것을 살펴보았습니다. 편리하게도 ESP8266에도 스케치를 사용할

5.1 ESP8266 칩이 사용된 ESP-01 모듈. 두 칩 중 왼쪽 것이 ESP8266 칩이다.

---

16) 단일 칩 시스템(SoC: System on a Chip): 하나의 칩에 완전 구동이 가능한 제품과 시스템이 들어 있는 것을 말한다. 즉, 하나의 칩 내에서 CPU, GPU, RAM, ROM 등의 다양한 역할을 구현하는 체제이다.

수 있습니다.

하지만 ESP8266은 3.3V에서 동작하고, 펌웨어 저장을 위한 플래시 메모리가 없습니다. 그래서 그림 5.1과 같이 메모리를 추가한 모듈 타입이 상품화되어 있습니다. 하지만 모듈 역시 전압은 여전히 3.3V를 쓰기 때문에 5V에서 3.3V로 레벨 변환이 필요하고, 컴퓨터와의 연결을 위해 USB-UART 변환 장치가 필요하다는 불편함이 있습니다.

❷ 사물 인터넷을 쉽게 할 수 있는 보드

5.2 NodeMCU 보드

5.3 LOLIN 보드. WeMos 보드의 새로운 이름

그림 5.1과 같은 모듈은 3.3V로 전압 변환을 해야 하고, 컴퓨터와 연결하기 위해 USB-UART 변환 장치가 필요하다고 했습니다. 이러한 불편을 해결하여 마치 아두이노처럼 사용할 수 있도록 USB-UART 변환 장치와 레벨 변환 장치를 포함한 보드가 그림 5.2와 5.3과 같은 보드입니다. 두 보드 모두 스케치로 프로그래밍한 것을 USB 케이블로 연결하여 업로드할 수 있습니다. 가격도 5~6천 원 정도로 저렴합니다.

인터넷에 대한 이해

인터넷에 대해 소개하자면 이야기할 것이 상당히 많겠지만, 여기서는 사물 인터넷을 이용하기 위해 필요한 부분만 소개하겠습니다.

1 와이파이 모드

와이파이를 통해 네트워크에 접속하기 위해서는 AP(Access Point)라는 것이 필요합니다. AP는 인터넷에 연결하기 위한 접점으로 생각할 수 있습니다. 인터넷이 집 밖의 길이라면 AP는 집의 대문이라고 할 수 있습니다.

집에서 길로 나가거나 길에서 집으로 들어오기 위해서는 대문을 통과해야 하듯 인터넷으로 정보를 주거나 받기 위해서는 AP를 통해서 합니다. 가정에서 흔히 사용하는 무선 공유기도 AP 역할을 합니다.

AP는 휴대폰을 통해서 그 이름을 확인할 수 있습니다.

5.4 집에 있는 공유기의 전원을 빼면 알지 못하는 주변의 WiFi가 잡힌다.

그림 5.4는 집에 있는 무선 공유기들의 전원을 모두 뺀 다음 휴대폰으로 와이파이를 잡아 본 결과입니다. 여러 AP가 잡히기는 하지만 집에 설치한 것과는 다른 것들이 잡힙니다.

5.5 인터넷과 TV를 쓰기 위해 통신회사에서 설치한 무선 공유기   5.6 직접 사서 설치한 무선 공유기

집의 무선 공유기 전원을 켜고 스마트폰으로 와이파이를 잡아보면 무선 공유기의 이름이 스마트폰에 나타나는 것을 볼 수 있습니다. 그림 5.6의 무선 공유기는 직접 산 것으로, ID가 ZIO-ca6e인데, 스마트폰에서 잡히는 것을 확인할 수 있습니다.

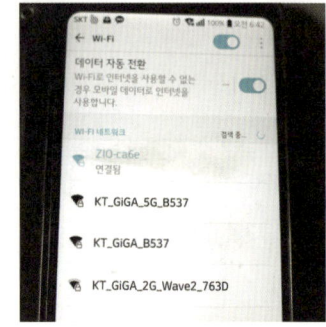

5.7 휴대폰에 우리집 와이파이가 잡힌다.

2 와이파이 통신에서 사물 인터넷 보드가 하는 역할

휴대폰이 무선 공유기를 통해 인터넷에 연결되었다면, 무선 공유기는 AP 역할을 하고 휴대폰은 스테이션(STA: station 또는 단말) 역할을 합니다. 그러면, 앞에서 소개한 보드는 어떤 역할을 할 수 있을까요?

앞에서 ESP8266을 사용하는 사물 인터넷 보드(NodeMCU 보드, LOLIN 보드 등)는 STA 역할과 AP 역할 모두를 할 수 있습니다. 그러므로 STA 모드로 사용되면, 휴대폰처럼 AP를 통해 자료를 주고받을 수 있습니다. AP 모드로 사용되면, 무선 공유기처럼 STA(예: 휴대폰)와 인터넷 사이에서 데이터를 중계하게 됩니다.

온습도 그래프를 스마트폰으로 받아 보기

1 회로 연결

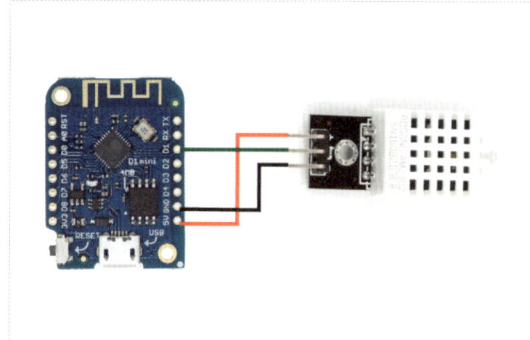

5.8 온습도를 측정하기 위한 회로도

5.9 회로도대로 연결한 모습

위 그림은 사물 인터넷 강의 중에 강의실의 온도와 습도 데이터를 스마트폰에서 그래프의 형태로 받아 볼 수 있음을 보여주기 위해 만들었던 것입니다.

회로는 간단하게 LOLIN 보드와 온습도계를 연결한 것으로 완성됩니다. LOLIN 보드에 전원을 공급하면 LOLIN 보드가 온습도 데이터를 강의실의 무선 공유기로 보냅니다. 그러면 인터넷을 통해 미리 프로그램을 작성한 웹사이트로 온습도 데이터가 보내집니다.

강의 때는 ThingSpeak[17]라는 웹사이트로 데이터를 보냈습니다. ThingSpeak는 받은 데이터를 가지고 그래프를 만듭니다. 그러면 PC나 노트북으로 ThingSpeak 홈페이지에 연결하여 만들어 놓은 그래프를 볼 수 있습니다. 뷰어 앱을 설치하여 휴대폰으로도 볼 수 있습니다.

---

17) 데이터를 받아서 그래프로 보여 주는 인터넷 사이트. 개인은 무료로 사용할 수 있다(https://thingspeak.com). ThingSpeak 외에도 다수의 사이트가 있다.

2 설정 및 동작 확인

아두이노를 사용할 때와 같이 사용하는 와이파이 보드에 맞게 드라이버를 설치해야 작성한 프로그램을 보드로 업로드할 수 있습니다. 보드 매니저에서 ESP8266을 설치해야 하고, 칩셋 드라이버도 설치해야 합니다.

3 프로그래밍

스케치로 프로그래밍할 때에 와이파이와 관련한 내용을 다음과 같이 넣어 주어야 합니다.

```
char *ssid = "Younggi"
char *password = "password"
```

ssid는 AP의 이름입니다. 스마트폰으로 와이파이를 검색할 때 나타나는 이름이 이것입니다. password는 AP에 접속하기 위한 암호입니다. 이렇게 함으로써 휴대폰이 와이파이에 접속하듯이 와이파이 보드가 와이파이에 접속합니다.

4 ThingSpeak에서 할 일

ThingSpeak는 받은 데이터를 그래프로 보여 주는 역할을 한다고 했는데, 이를 위해서 ThingSpeak의 홈페이지로 들어가 할 일이 있습니다.

❶ 계정 만들기

ThingSpeak에 계정을 만들어야 합니다. 홈페이지에 들어갈 때 계정을 만드는 것과 같습니다. 내가 보낸 데이터는 내 계정으로 보관됩니다.

❷ 채널 만들기

은행에 여러 통장을 만들 수 있듯이 내 계정에 여러 채널을 만들 수 있습니다. 예를 들면 우리 집 거실의 온습도, 양액 수위 등을 각각 별도의 채널을 만들어 관리할 수 있습니다.

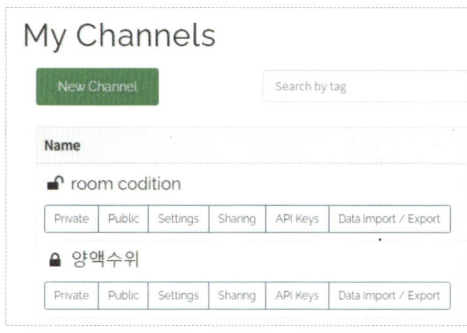

5.10 내 계정에 여러 채널을 만들 수 있다.

5 스케치 프로그램에 ThingSpeak의 정보 넣기

ThingSpeak에 채널을 만들면 그림 5.11과 같이 채널에 데이터를 쓸 수 있는 write API key가 만들어집니다. 와이파이 보드에 업로드하려는 스케치에도 그림 5.12와 같이 이 키를 작성합니다.

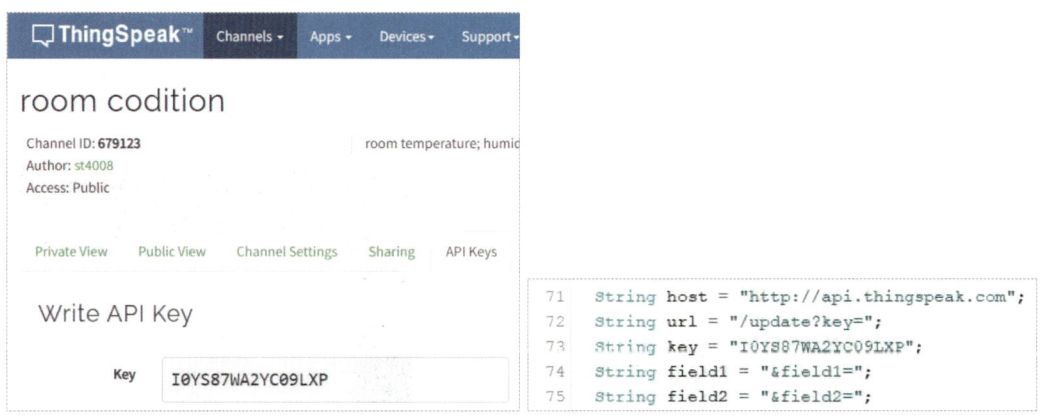

5.11 ThingSpeak에 만들어진 Write API Key

5.12 스케치에 ThingSpeak의 API Write Key를 알려 준다.

6 ThingSpeak에서 확인

와이파이 보드에 전원을 넣으면 온도와 습도를 측정한 데이터를 와이파이를 통해 ThingSpeak로 보내 줍니다. ThingSpeak에서는 받은 데이터를 그래프로 그립니다. PC나 노트북에서 자신의 계정으로 ThingSpeak 홈페이지로 들어가서 확인할 수 있습니다.

5.13 ThingSpeak에 그려진 그래프

7 스마트폰으로 보기

ThingSpeak에서 만든 그래프를 스마트폰으로도 볼 수 있습니다. 다음의 순서를 따릅니다.

❶ 뷰어 앱 설치

'ThingSpeak'라는 검색어로 찾아보면 여러 개의 앱이 나타납니다. 그중 마음에 드는 것을 설치합니다.

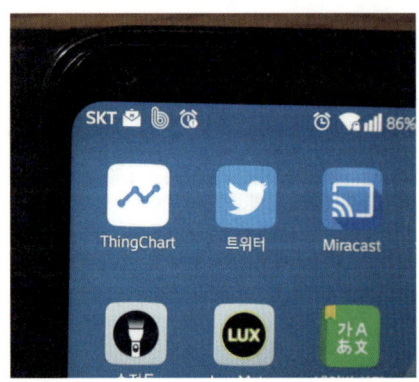

5.14 ThingSpeak용 앱을 스마트폰에 설치한다.

❷ 스마트폰에서 세팅

앱을 열어 ThingSpeak의 채널 ID와 Write API Key를 알려 줍니다. 한 번 맞추어 두면 다음부터는 자동으로 그 채널을 보여 줍니다.

❸ **스마트폰에서 확인하기**

와이파이가 되는 곳에서 ThingSpeak에 만들어진 그래프를 확인할 수 있습니다. 이 말은 와이파이가 되는 곳이면 어디서든지 데이터를 실시간으로 확인할 수 있다는 것을 뜻합니다.

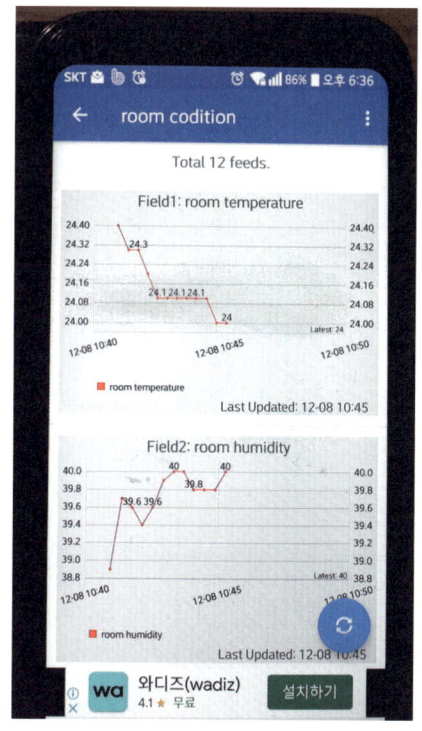

5.15 스마트폰으로 본 그래프

양액 부족 경고를 트위터로 받아 보기

집안에 설치한 재배기는 매일 점검할 수 있어 양액 부족에 대한 우려가 적습니다. 반면 수경재배기가 먼 곳에 설치되어 있고, 관리하는 사람이 없다면 양액 부족의 우려가 생깁니다. 그렇다고 먼 곳을 자주 가 보기도 부담스럽습니다. 이럴 때 양액 부족을 알려 주는 방법이 있으면 좋을 것입니다.

여기서는 양액이 부족할 때 트위터로 알려 주는 방법을 설명합니다. 여기서도 자세한 이야기를 이 책에 다 담을 수 없어 대략적으로 파악하는 데에 도움이 될 정도로 소개해 드리겠습니다.

중복되는 내용이 있으니 **5장의 3. 온습도 그래프를 스마트폰으로 받아 보기**를 먼저 읽어보시기 바랍니다.

1 회로 연결

수위를 측정하는 것이나 온습도를 측정하는 것이나 센서만 다를 뿐 회로 연결은 그대로입니다. 그러므로 온습도를 측정하는 회로에서 온습도 센서를 꽂았던 핀에 수위 센서의 핀을 꽂으면 회로는 간단히 완성됩니다.

5.16 수위가 낮을 때. 센서에 불이 꺼져 있다.

5.17 수위가 높을 때. 센서에 불이 켜진다.

2 프로그래밍

일정 시간 간격으로 양액 수위를 측정하여 그 결과를 ThingSpeak로 보내 줍니다. 이것 또한 온습도 측정 때와 같습니다. 다만 양액 수위는 '충분', '부족' 두 가지 값밖에 없다는 것이 다릅니다.

3 ThingSpeak에 새 채널 만들기

ThingSpeak에 양액 수위를 표시할 수 있도록 새 채널을 만듭니다.

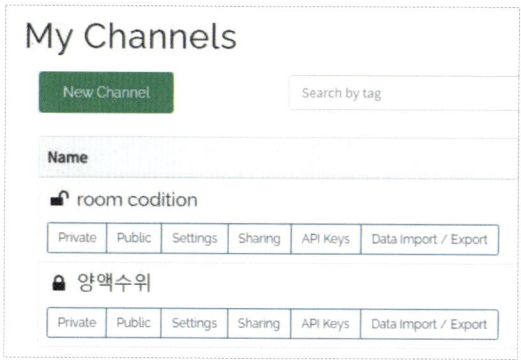

5.18 '양액수위' 채널을 만든다.

4 스케치 프로그램 변경

스케치에서 ThingSpeak의 Write API Key를 맞추어 줍니다.

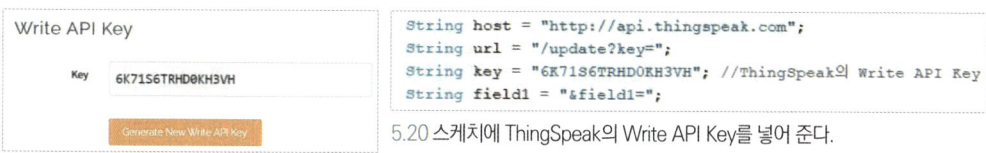

5.19 ThingSpeak의 Write API Key

5.20 스케치에 ThingSpeak의 Write API Key를 넣어 준다.

5 ThingSpeak에서 확인

ThingSpeak로 들어가서 양액 수위 그래프가 그려지는지 확인합니다.

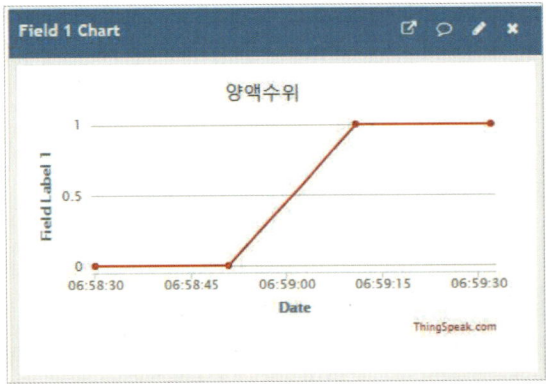

5.21 ThingSpeak로 그려진 그래프

6 휴대폰으로 트위터 설치하고 계정 만들기

휴대폰에 트위터를 설치하고 트위터 계정을 만듭니다.

7 ThingSpeak에서 설정

ThingSpeak에서 [APPS >> REACT]로 들어가서 트위터로 갈 조건과 정보를 입력합니다. 양액 수위 채널의 Field 1의 내용이 0(양액 부족)과 같으면 트위터 계정 SB_hydroponics로 "양액을 보충하시오."라는 메시지를 보내 주라고 작성되어 있습니다.

Name:	양액수위 알람
Condition Type:	String
Test Frequency:	On data insertion
Last Ran:	2021-04-10 10:09
Channel:	양액수위
Condition:	Field 1 (Field Label 1) is equal to "0"
ThingTweet:	SB_hydroponics: 양액을 보충하시오.
Run:	Only the first time the condition is met
Created:	2020-04-24 1:13 pm

5.22 REACT에서 트위터로 갈 조건을 작성한다.

8 동작 확인

양액이 부족하면 스마트폰에 설치한 트위터에 ThingSpeak에서 설정한 메시지를 받아 볼 수 있습니다. 이렇게 함으로써 자주 가 볼 수 없는 곳에 있는 수경재배기의 양액이 부족한지를 어느 곳에서나 인터넷만 된다면 알 수 있습니다.

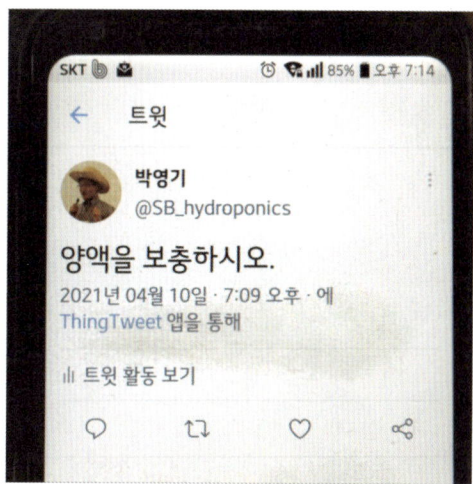

5.23 트위터에 나타난 메세지

사물 인터넷에 대해 간단히 소개했습니다. 좀 더 자세히 공부하기 위해서는 사물 인터넷에 대한 책을 참고하시기 바랍니다.

2부

수경재배기
따라서 만들기

- 6장 화장품 병을 이용한 재배기 만들기
- 7장 신발장을 틀로 사용한 DWC 방식의 재배기 만들기
- 8장 신발장을 틀로 사용한 저면급액 방식의 재배기 만들기
- 9장 앵글 선반을 사용한 DFT 방식의 재배기 만들기
- 10장 옥상에 수경재배텃밭 만들기
- 11장 양액 부족 알람 울리고 수중 펌프 전원 차단하기

6장 화장품 병을 이용한 재배기 만들기

화장품 병은 예쁘게 생긴 것이 많아 재배기를 만드는 데에 요긴하게 쓸 수 있습니다. 여기서는 화장품 병을 이용한 간단한 구조의 재배기를 소개합니다. 수경재배를 고집하지 않고 마사토를 이용한 토경재배를 적용했습니다.

6.1 화장품 병을 이용한 재배기

재배기 만들 준비하기

1 필요한 부품

01 화장품 병

뚜껑이 무른 플라스틱으로 된 화장품 병을 사용합니다. 투명한 느낌이 드는 플라스틱은 대체로 딱딱하기 때문에 가공 중에 깨지기 쉽습니다. 어떤 뚜껑은 금속으로 된 것처럼 보이는 것도 있으나 대부분 플라스틱에 코팅을 한 것입니다. 뚜껑을 열어 안쪽을 보면 알 수 있습니다.

몸통이 유리로 된 화장품 병은 뚜껑을 열어 보아 스테인리스 관을 끼울 공간이 있는지 확인합니다. 공간이 부족하면 다른 화장품 병을 구합니다.

6.2 겉모습이 예쁜 화장품 병

02 싱크대 롤 선반

단면이 원형인 스테인리스 관으로 된 것을 구입합니다.

6.3 싱크대 롤 선반

03 LED 바

LED 바에는 전압과 칩 하나가 사용하는 전력이나 전류가 적혀 있습니다. 전압이 5V인 것과 12V인 것이 주로 판매됩니다. 어댑터 전압을 맞추어 준다면 어떤 것도 괜찮습니다. LED 칩 하나를 '구'라고 표현하는데 30구와 50구가 많습니다.

6.4 5V 50구 LED 바

6.5 제조사, 전력, 전압, 전류가 표시된 모습

04 나무판

나무를 재단해서 파는 곳에서 화장품 병의 크기에 맞도록 주문합니다.

05 미니 유리병

'미니 유리병'이라는 검색어로 찾습니다. 심으려는 식물의 크기에 맞추어 적당한 크기의 것을 구입합니다. 사진은 직경 22mm, 높이 50mm인 유리병입니다.

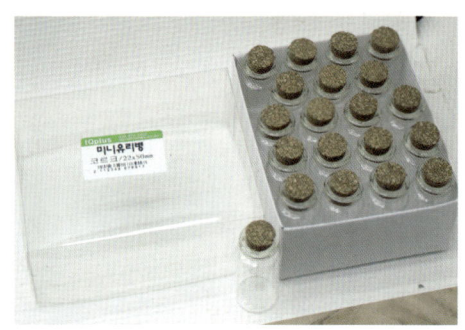
6.6 미니 유리병

06 어댑터(adaptor)

직류 전원 장치 중 사진과 같은 것을 흔히 '어댑터'라고 부릅니다. LED 바에 맞는 전압을 공급하는 것을 사용해야 합니다. 전류는 LED 바에 흐르는 전체 전류보다 약 30% 더 큰 전류를 공급하는 것을 구입합니다.

6.7 어댑터라 부르는 직류 전원 장치

🌱 LED 바에 흐르는 전류 구하기

그림 6.5에 0.2W/60mA와 같이 칩 하나가 소비하는 전력과 칩에 흐르는 전류가 표시되어 있습니다. 60mA에 사용하는 칩 수를 곱하면 LED 바에 흐르는 총 전류가 됩니다.

07 DC 전원 잭(jack)

직류 전원 장치의 플러그에 맞는 잭을 준비합니다. 외경과 내경을 확인합니다. 일반 쇼핑몰보다는 전자 부품을 전문으로 파는 쇼핑몰에서 구하기가 쉽습니다. 부록을 참고 바랍니다.

6.8 DC전원 플러그(왼쪽)와 잭(오른쪽)

08 에나멜선(enameled wire)

에나멜이라는 광택이 있는 절연 재료를 얇게 입힌 구리선입니다. 학교에서 전자석을 만들 때 사용했던 전선입니다. 모터, 스피커 등에도 쓰입니다. 굵기가 0.5~0.7mm인 것을 구입합니다.

6.9 직경 0.7mm 에나멜선

🌱2 필요한 공구와 소모품

① **바이스**: 병뚜껑을 물리는 데에 사용합니다.
② **헝겊**: 병뚜껑을 바이스에 물릴 때에 뚜껑에 흠집이 나지 않도록 하는 데에 쓰입니다. 손수건, 수건, 양말, 키친타월, 화장지 등을 사용할 수 있습니다.
③ **철재용 드릴 비트**: 싱크대 롤 선반의 스테인리스 봉과 굵기가 같은 것을 사용합니다.
④ **사포**: 나무 표면을 다듬는 데 사용합니다. 입자가 너무 크거나 작지 않은 것으로 준비합니다.
⑤ **그 외**: 전동 드릴 드라이버, 실톱, 막대, 네임펜, 연필, 롱노우즈 플라이어, 세공용 톱, 송곳, 작은 망치, 목공용 접착제

재배기 만들기

1 스테인리스 관 가공

01 싱크대 롤 선반에서 스테인리스 관 하나를 빼냅니다.

6.10 싱크대 롤 선반과 빼낸 스테인리스 관

02 병뚜껑 구멍으로 들어갈 부분을 감안하여 스테인리스 관의 길이를 정하고, 네임펜으로 표시합니다. 스테인리스 관의 길이는 재단하는 나무판의 길이를 참고합니다.

6.11 스테인리스 관에 자를 위치 표시

03 네임펜으로 표시한 부분을 꺾어 스테인리스 관을 절단하고 다듬습니다. 1부 **2장의 9. 스테인리스 관 꺾기, 자르기**를 참고합니다.

2 병뚜껑에 스테인리스 관 끼우기

01 스테인리스 관의 직경을 측정합니다. 버니어 캘리퍼스가 있으면 좋지만, 그렇지 않을 경우 막대자로 측정합니다.

02 화장품 병을 천 등으로 싼 다음 바이스에 물립니다.

03 연필로 뚜껑의 중심선을 긋고, 구멍을 뚫을 위치를 표시합니다.
- **플라스틱으로 된 병**: 병의 주둥이를 뚫고 들어가도록 구멍 위치를 잡습니다.
- **유리로 된 병**: 병의 주둥이를 피해 가도록 구멍 위치를 잡습니다.

04 송곳과 작은 망치로 구멍을 뚫을 위치에 홈을 냅니다.

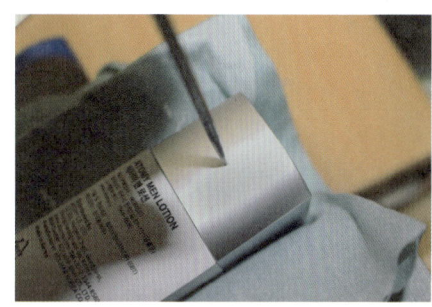

6.12 구멍 뚫을 위치에 홈 내기

05 드릴 비트 중 가장 직경이 작은 것으로 구멍을 뚫습니다. 조금씩 큰 것으로 바꾸어가며 마지막으로 스테인리스 관 직경과 같은 직경의 드릴 비트로 구멍을 뚫습니다.

06 스테인리스 관의 절단한 쪽을 구멍에 끼워 봅니다. 뚜껑에 따라 스테인리스 관이 흔들리는 수가 있습니다. 이럴 경우는 반대쪽까지 구멍을 뚫어 관통시킵니다. 접착제로 고정하는 방법도 있습니다.

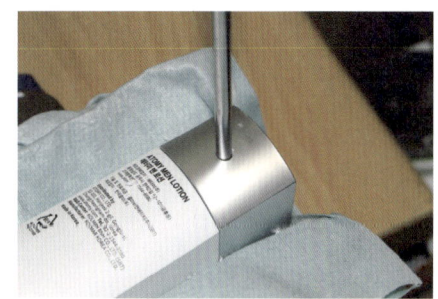

6.13 구멍에 스테인리스 관을 끼운 모습

07 스테인리스 관이 기울어져 있지 않은지 확인합니다. 기울어져 있으면 스테인리스 관을 약 5mm 빼낸 후 조심스럽게 꺾어서 맞춘 후 밀어 넣습니다.

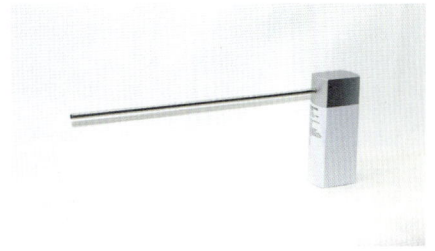

6.14 비뚤어짐을 보정한 스테인리스 관

3 받침판 제작

01 화장품 병과 스테인리스 관의 크기를 참고하여 나무판의 길이를 정합니다.

02 화장품 병이 곡면을 이루는 경우, 나무판에 화장품 병을 올려놓고 곡선을 그립니다.

6.15 화장품 병을 올려놓고 그린 곡선

03 나무판을 바이스에 물리고 실톱으로 곡선을 따라 자릅니다.

6.16 실톱으로 자른 모습

04 사포로 거친 면을 다듬습니다.

05 접착제로 받침판에 화장품 병을 고정합니다.

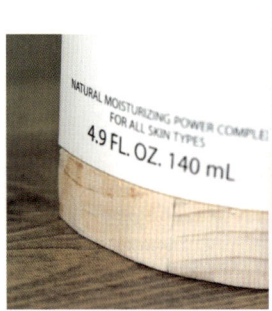

6.17 접착제로 받침판과 화장품 병을 붙이는 모습

6.18 무거운 것을 올려놓아 받침판과 화장품 병을 고정하는 모습

4 LED 바와 전원 잭 고정

01 어댑터의 플러그를 꽂을 방향을 확인하고, 전원 잭을 화장품 병 아래쪽 나무판 측면에 접착제로 고정합니다.

6.19 접착제로 잭을 고정한 모습

02 LED 바를 스테인리스 관 옆으로 가져가 자를 곳을 표시합니다.

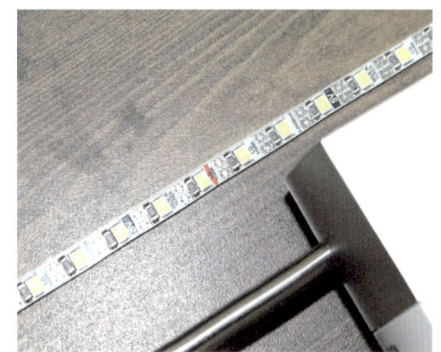

6.20 LED에 자를 위치를 표시한 모습

03 니퍼로 LED 바를 자릅니다. 구멍이 나란히 있는 곳에 날을 일치시키면 쉽게 잘라집니다.

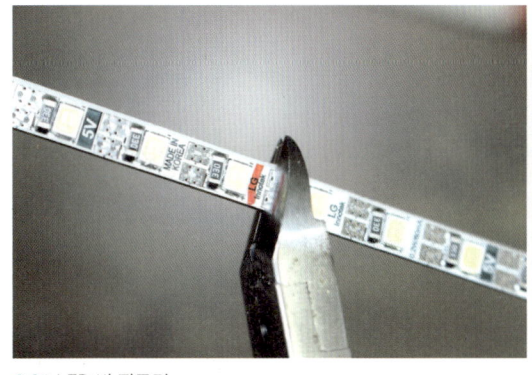 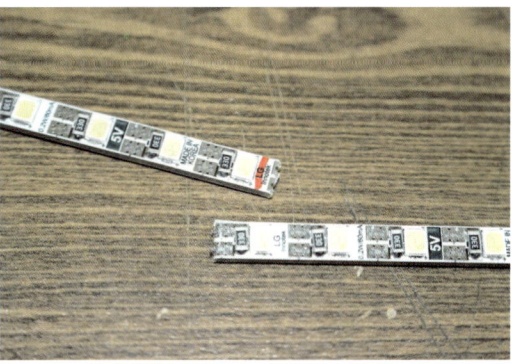

6.21 LED 바 자르기　　　　　　　　6.22 잘라진 LED 바

04 스테인리스 관을 빼내어 둡니다.

05 LED 바의 양면테이프를 벗깁니다.

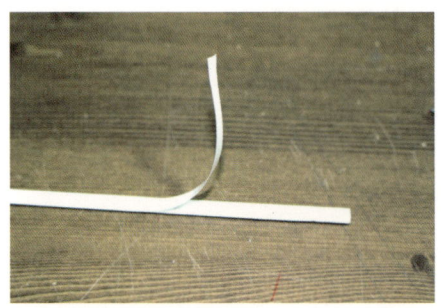

6.23 양면테이프를 벗긴 LED 바

06 스테인리스 관에 LED 바를 붙입니다. 떨어지지 않도록 접착제나 끈으로 더 튼튼하게 고정합니다.

07 납땜할 때 흔들리지 않도록 멍키 스패너나 바이스로 고정합니다.

6.24 멍키 스패너로 물린 스테인리스 관

5 전선 연결

01 꼬치 막대나 연필 등 직경이 작은 막대에 에나멜선을 약 10~15회 감아 코일을 만든 뒤 충분한 길이를 남겨 두고 자릅니다. 에나멜선의 배치를 정한 후 (그림 6.29 참고) 구상대로 코일의 한쪽 끝은 LED에 두고 반대쪽 끝은 전원 잭까지 가져가 에나멜선을 자릅니다. 반대쪽 것도 만듭니다. 대칭이 되게 하려면 두 번째 감을 때는 반대 방향으로 감습니다.

6.25 에나멜선 감기

02 LED가 붙은 위치를 확인하여 코일의 에나멜선을 조금 푼 다음, 에나멜선 끝의 피복을 벗기고 납을 먹입니다.

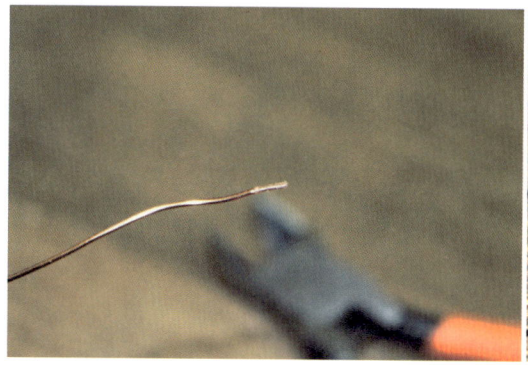
6.26 피복을 벗긴 에나멜선

6.27 납을 먹인 에나멜선

03 납을 먹인 에나멜선 끝을 롱노우즈 스패너로 약 3mm 정도 꺾은 다음 LED 바에 납땜합니다.

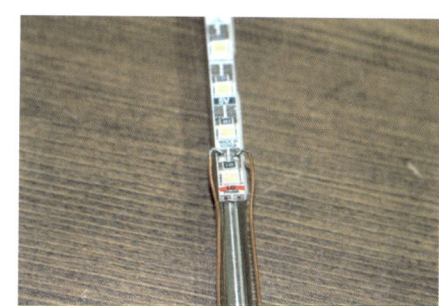
6.28 LED 바에 납땜한 에나멜선

04 스테인리스 관을 다시 화장품 병뚜껑에 끼우고, 감아 놓은 에나멜선을 늘입니다.

6.29 당겨서 늘인 에나멜선

05 에나멜선을 지나갈 경로대로 구부린 후 잭에 납땜할 수 있게 니퍼로 자릅니다.

6.30 길이에 맞게 자른 에나멜선

06 니퍼로 긁어 에나멜선 끝의 피복을 벗기고 극성에 맞추어 잭에 고정한 다음 납땜합니다.

6.31 에나멜선이 연결된 잭

> **어댑터 플러그의 극성과 잭의 구조**
>
> 어댑터에는 플러그가 달려 있는데, 어댑터에 따라 플러그의 전극이 다를 수가 있습니다. 그림 6.32에서는 플러그의 중심에 (+)극이 연결되고 바깥쪽에 (-)극이 연결되어 있다고 표시되어 있습니다. 잭에는 플러그를 꽂을 구멍이 나 있는데, 구멍에서 먼 단자가 플러그의 중심에 있는 금속과 연결됩니다(여기서는 (+)극). 구멍에 가까운 단자는 플러그의 바깥쪽 금속에 연결됩니다(여기서는 (-)극). 그림 6.8을 참고하세요.

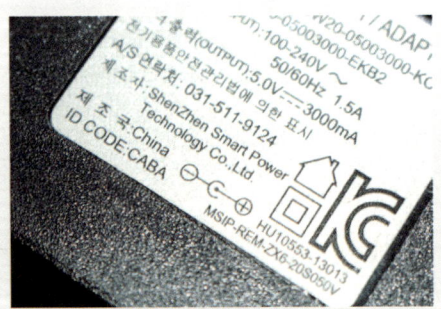
6.32 어댑터에 설명된 플러그의 극성

07 에나멜선이 들뜨지 않도록 실로 묶거나 테이프로 고정합니다. 사진에서는 자투리 에나멜선을 사용했습니다.

6.33 들뜨지 않게 임시로 묶은 에나멜선

08 에나멜선의 들뜨기 쉬운 부분을 접착제로 고정합니다.

6.34 접착제로 고정한 에나멜선

09 접착제가 굳으면 묶은 것을 풀고, 어댑터로 전원을 공급하여 LED 바가 정상적으로 켜지는지 확인합니다.

6.35 불이 켜진 LED 바

6 식물 심기

　식물 심기는 개인의 취향을 살려서 해 보시기 바랍니다. 여기서는 작은 유리병에 마사토를 넣고 다육 식물을 심는 것을 소개합니다.

01 식물, 유리병, 마사토, 재생질석[18], 물, 주사기를 준비합니다.

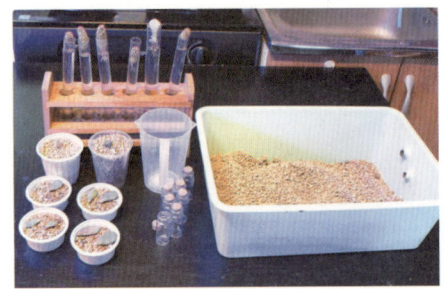
6.36 식물을 심기 위한 준비물

02 마사토 부피의 1/3 정도 되는 재생질석이나 화분용 흙을 마사토에 섞습니다.

6.37 재생질석을 섞은 마사토

03 심을 식물을 준비합니다. 다육 식물은 뿌리가 없어도 괜찮습니다.

6.38 심을 식물

04 병에 마사토를 넣으면서 식물을 심습니다.

6.39 미니 유리병에 심은 다육 식물

---

18) 재생질석: 식물을 키우는 데 한 번 이상 사용했던 질석. 사용했던 것이라서 양분이 흡수되어 있다. 재생질석이 없으면 화분용 흙을 사용해도 된다.

05 주사기로 물을 바닥에 깔릴 정도만 줍니다. 곧 물이 마사토로 스며들어 바닥에 고인 물이 없어집니다.

6.40 물을 주기 위한 주사기

6.41 물이 스며든 마사토

🌱 7 식물 배열하여 완성하기

재배기에 식물을 배치하여 완성합니다. 수동으로 켜고 끄려면, 스위치가 달린 멀티탭을 사용합니다. 자동으로 켜고 꺼지게 하려면, 멀티탭에 콘센트 타이머를 꽂고, 콘센트 타이머에 어댑터를 꽂습니다.

6.42 빛과 양분을 모두 공급받는 다육 식물

🌱 8 관리법

01 흙이 마르면 주사기로 물을 바닥에 고일 정도만 줍니다.

02 식물이 너무 크게 자라면 작은 식물로 교체합니다.

7장

신발장을 틀로 사용한 DWC 방식의 재배기 만들기

아래 그림은 수경재배기 만들기 강좌에서 수강생이 만든 재배기입니다. 시중에 많이 팔고 있는 신발장을 재배기 틀로 사용했습니다. LED 램프는 값싸고 설치하기 쉬운 T5형을 사용했습니다. 재배용기는 플라스틱 수납함을 사용했습니다. 재배판은 두께 10mm의 우드록을 사용했습니다.

원터치 피팅과 투명 폴리우레탄 튜브를 사용하여 수위계도 만들었습니다. DWC 방식이고 에어 펌프로 각 재배용기에 공기를 불어 넣도록 했습니다. 콘센트 타이머를 사용하여 LED 램프를 자동으로 ON/OFF 하도록 했습니다.

7.1 DWC 방식의 재배기

재배기 만들 준비하기

1 필요한 재료

01 원목 벤치형 신발장: 1대

'원목 벤치형 신발장 2단 1000'으로 검색합니다. 2개의 단이 하나의 층을 이룹니다. 1000은 가로 폭이 1,000mm임을 뜻합니다. 가격은 24,000원 정도 합니다. 원목 벤치형 신발장은 가볍고 조립이 쉬워서 수경재배기를 만들 때 유용하게 쓸 수 있습니다. 선반에 틈이 많기 때문에 LED 램프의 열로 대류가 일어나 통풍이 잘 됩니다.

7.2 원목 벤치형 신발장

7.3 통풍이 잘 되는 신발장의 단

02 T5형 LED 램프: 5개

LED 램프의 색깔은 주광색을 선택합니다. 신발장의 가로 길이보다 조금 작은 900mm인 것을 구입합니다.

7.4 주광색 T5형 LED 램프

03 LED 램프용 전원 코드: 1개

LED 램프용 전원 코드는 하나만 구입합니다. LED 램프의 옵션으로 파는 곳도 있고, 별도로 파는 곳도 있습니다. 별도로 구입할 때는 LED 램프에 맞는 것인지 확인하기 바랍니다.

7.5 T5형 LED 램프용 전원 코드

04 고무 와셔: 10개(내경 4mm, 외경 15mm, 두께 5mm 정도)

LED 램프는 나사못을 이용하여 클립을 고정한 후 끼우는데, 나사못의 길이가 판재 두께보다 길어서 그냥 나사못을 박으면 나사못 끝이 나무를 뚫고 나옵니다. 이를 방지하기 위해 두께 5mm의 고무 와셔를 사용합니다. 고무 와셔를 쓰지 않고 직경 2.5mm, 길이 7mm 정도 되는 나사못을 따로 구입해서 사용해도 됩니다.

7.6 두께 5mm의 고무 와셔

05 수납함: 2개

수납함은 2개를 신발장에 나란히 넣을 수 있는 크기를 고릅니다. 여기서는 락앤락에서 만든 모노톤 바스켓 15L(INP311M)를 사용했습니다. 이 수납함은 그림과 같이 안쪽에 턱이 있어 재배판을 걸치기에 좋습니다. 한 개에 4,600원 정도 합니다.

7.7 재배용기로 사용할 15L 수납함

06 원터치 피팅 PL08-02: 2개

원터치 피팅에 투명한 폴리우레탄 튜브를 끼워 수위계를 만드는 데에 쓰입니다. 하나에 800~1,000원 정도 합니다.

7.8 원터치 피팅 PL08-02

07 투명 폴리우레탄 튜브 외경 8mm: 1m

잘라서 원터치 피팅에 끼워 수위계로 사용합니다. 1m 단위로 파는 곳에서 삽니다. 1m에 700원 정도 합니다.

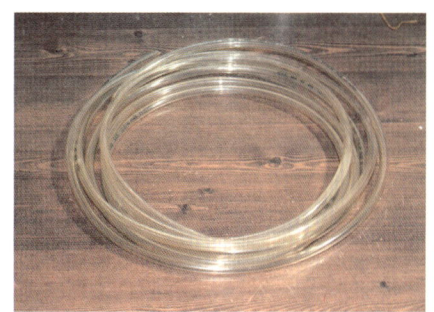

7.9 외경 8mm 투명 폴리우레탄 튜브

08 원단 우드록 보드(두께 10mm, 600mm×900mm): 1장

아무것도 붙이지 않은 원단 우드록 보드를 구입합니다. 자르고 구멍을 내어 재배판을 만드는 데 쓰입니다. 재배판은 아크릴 가공하는 곳에 5mm 두께의 포맥스로 만들어 달라고 맡기는 방법도 있습니다. 아크릴 재배판은 깔끔하고 튼튼하지만 돈이 많이 듭니다.

09 GG필드용 포트(중): 10개

'GG필드 포트'로 검색하면 찾을 수 있습니다. 수경재배용품 전문 매장(부록 부품 구입 안내 참고)에서 수경재배용 비료, 모종용 암면 등과 함께 구입하면 배송비를 절약할 수 있습니다. 5개에 1,600원 정도 합니다.

7.10 GG필드용 포트

10 콘센트 타이머: 1개

콘센트 타이머는 시간을 맞추어 LED 램프를 켜고 끄는 데에 사용합니다. 가격은 5,000~10,000원 정도 합니다.

7.11 콘센트 타이머

11 2구 에어 펌프: 1개

에어 펌프는 양액에 공기를 불어 넣어 산소를 공급하기 위해 사용합니다. 수족관에 사용하는 에어 펌프를 사용하면 됩니다. 재배용기가 2개이므로 출구가 2개인 에어 펌프를 사용합니다. 출구가 하나인 에어 펌프를 사용하여 중간에 두 갈래로 나누는 방법도 있지만, 양쪽에 공기 공급의 균형이 맞지 않을 수 있습니다. 이를 보완하기 위해 공기 조절 장치를 달면 되지만 만들기 번거롭고 복잡해집니다. 가격은 약 7,000원 정도 합니다.

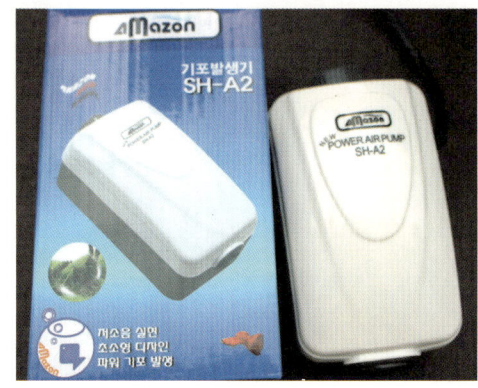

7.12 에어 펌프

12 에어 호스: 2m

에어 호스는 에어 펌프에서 밀어 주는 공기를 에어 스톤에 공급하는 데에 쓰입니다. '수족관 에어 호스'로 검색합니다. 재질은 비닐 혹은 실리콘으로 되어 있습니다. 비닐은 뻣뻣한 편이고 실리콘은 부드럽게 휘어집니다. 기능상의 차이는 없으니 원하는 것으로 준비하시기 바랍니다. 비닐로 된 것은 5m에 1,500원 정도 합니다. 실리콘으로 된 것은 2m짜리 2개에 약 5,000원 합니다.

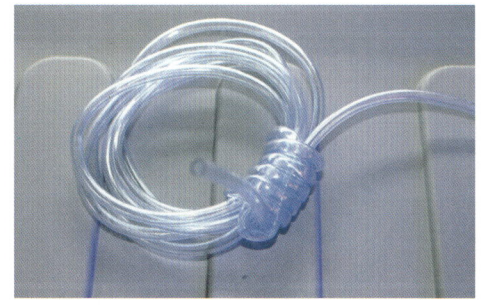

7.13 에어 호스

13 에어 스톤(콩돌): 2개

에어 스톤은 공기를 작은 방울로 만들어 주는 역할을 합니다. 작은 것을 준비하면 됩니다. 가격은 500원 내외입니다. '콩돌'이라고 부르기도 합니다.

7.14 에어 스톤

에어 펌프, 에어 호스, 에어 스톤을 싸게 구입하는 방법

모두 수족관 용품이므로 한 상점에서 구입하는 것이 배송비를 절약할 수 있습니다. 또, 펌프, 호스, 스톤, 역류 방지기 등을 묶음으로 파는 것들이 있으니 잘 살펴보세요.

14 후크 : 1개

에어 펌프를 걸기 위해 사용합니다. 에어 펌프는 어딘가에 걸 수 있도록 구멍이 있습니다. 그 구멍에 들어갈 수 있는 작은 크기의 것을 준비합니다.

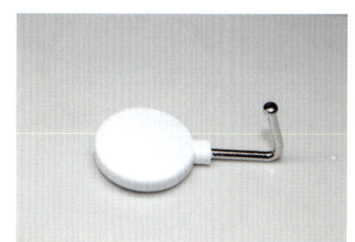

7.15 에어 펌프를 걸기 위한 후크

15 3구 멀티탭: 1개

전기를 쓰는 부품이 LED 램프와 에어 펌프 두 가지인데, LED 램프는 콘센트 타이머를 통해 연결됩니다. 콘센트 타이머 중 어떤 것은 멀티탭에 꽂으면 멀티탭의 바로 옆 구멍을 가려서 사용할 수 없게 하는 것이 있습니다. 그럴 경우에 대비해서 3구 멀티탭을 준비하는 것이 안전합니다. 멀티탭 코드의 길이는 재배기를 놓을 곳과 콘센트까지의 거리를 확인하여 짧지 않은 것으로 구입합니다.

2 필요한 공구와 소모품

① 네임펜, 송곳, 작은 망치, 막대자, 전동 드릴 드라이버, 십자드라이버 비트, 직경 7~8mm 드릴 비트, 직경 12mm 목재용 드릴 비트, 카운터 싱크(직경 13mm 이상), 커터 칼, 니퍼, 바이스, 가위

② 자작한 열선 커터기: 1대

2장의 7. 우드록에 포트용 구멍 뚫기를 참고 바랍니다.

③ 가스라이터: 1개

가열하여 붙이는 방식의 후크를 신발장에 부착하는 데에 사용합니다. 양면테이프 방식의 후크를 사용하면 필요하지 않습니다.

재배기 만들기

1 LED 램프 고정하기

01 신발장 꺼내기

신발장 포장 박스에서 신발장 재료를 꺼냅니다. 포장 박스에는 그림 7.16과 같이 노끈이 붙어 있습니다. 이 노끈은 나사못을 넣은 비닐봉지와 연결되어 있습니다. 그러므로 반드시 노끈에 붙어 있는 나사못을 챙긴 후에 박스를 버리시기 바랍니다. 박스에 주의하라고 적혀 있습니다(그림 7.17).

7.16 신발장 포장 박스에 있는 노끈   7.17 신발장 포장 박스에 쓰인 노끈에 대한 주의

02 LED 램프 꺼내기

LED 램프도 함께 들어 있는 부품이 있습니다. 한쪽 끝은 부품이 들어 있고, 다른 쪽 끝은 부품이 들어 있지 않습니다. 부품이 들어 있지 않은 곳으로 LED 램프를 빼고 그냥 버리지 않도록 주의합니다. 조립하는 과정에서 나사못이나 클립을 잃어버리는 경우가 많습니다. 작은 그릇 같은 곳에 넣어 둡니다.

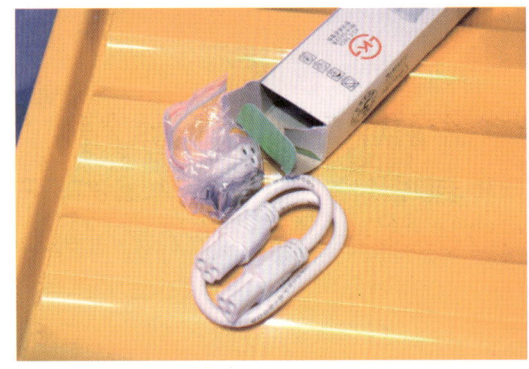
7.18 LED 램프 포장. 부품이 있는 쪽

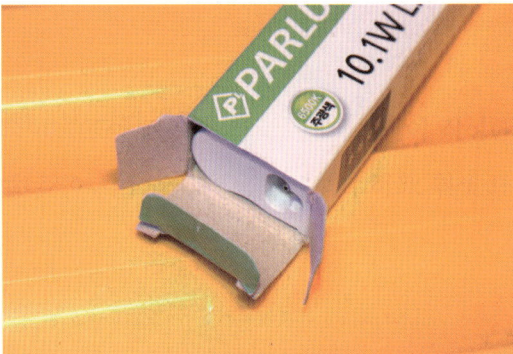
7.19 LED 램프 포장. 부품이 없는 쪽

03 LED 램프 배치하기

신발장의 단 하나를 뒤집습니다. 식물에 빛이 골고루 갈 수 있도록 LED 램프를 배치합니다.

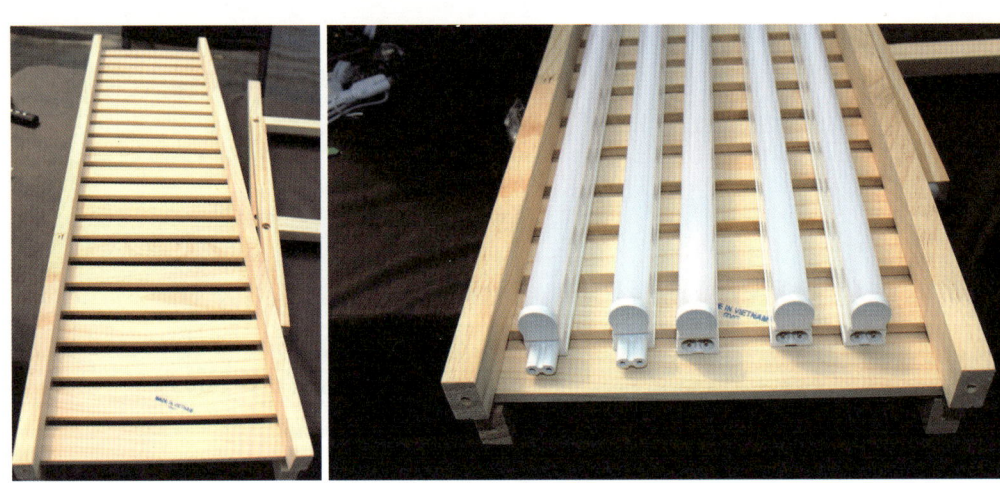
7.20 신발장의 단을 뒤집은 모습   7.21 LED 램프를 배치한 모습

04 클립 위치 표시하기

네임펜으로 클립을 고정할 위치를 표시합니다. 아주 정확할 필요는 없습니다.

05 송곳으로 얕은 구멍 만들기

나무에 나사못을 그냥 박으려고 하면 자꾸 미끄러집니다. 이를 피하기 위해 송곳과 작은 망치로 나사못을 박을 자리에 얕은 구멍을 만듭니다.

7.22 송곳으로 얕은 구멍을 만드는 모습

06 나사못으로 클립 고정하기

클립을 고정하는 나사못의 길이는 10mm 이상이 되는데 나무판의 두께는 7mm 정도밖에 안 되어 나사못을 그냥 박으면 반대쪽으로 튀어나옵니다. 이를 방지하기 위해 두께 5mm 되는 고무 와셔를 끼운 다음 나사를 박습니다. 고무 와셔를 쓰지 않고 직경 2.5mm, 길이 7mm 나사못을 구해서 사용해도 됩니다.

7.23 고무 와셔를 끼워 클립을 고정하는 모습

07 LED 램프 끼우기

전원 코드가 꽂힐 곳을 생각하여 LED 램프 하나를 끼웁니다. 전원 코드의 위치는 재배기를 설치할 곳과 콘센트의 위치를 생각하여 정합니다. 예를 들어 재배기의 오른쪽에 콘센트가 있다면 재배기를 설치했을 때 제일 뒤쪽 LED 램프의 오른쪽에 전원 코드가 꽂히는 것이 좋습니다. 이후 연결선으로 연결할 수 있도록 LED 램프를 엇갈리게 끼웁니다.

7.24 엇갈리게 끼운 LED

08 전원 코드 끼우기

전원 코드는 배치할 곳을 생각하여 꽂습니다.

7.25 전원 코드를 끼운 모습

09 연결 코드 끼우기

전원 코드를 기준으로 하여 하나씩 연결해 갑니다. 그림을 참고하세요.

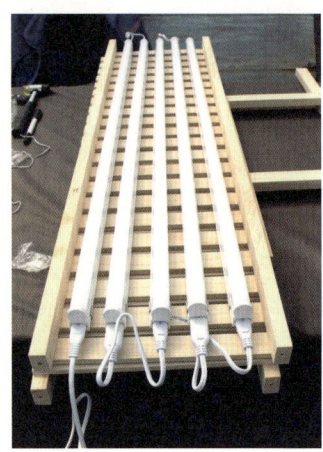

7.26 연결 코드를 끼운 모습

10 켜지는지 확인

전원 코드를 전원에 연결하여 LED 램프가 켜지는지 확인합니다. 모두 안 켜진다면 전원이 안 들어오거나 전원 코드가 잘못 끼워지지는 않았는지 확인합니다. 일부가 안 켜진다면 안 켜지는 LED 램프에 연결 코드가 잘 끼워지지 않았는지 확인합니다.

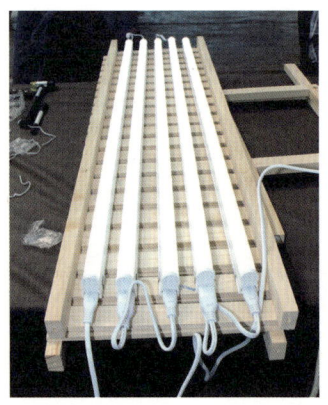

7.27 LED 램프 시험

11 정리

다음 작업을 위해 LED 램프를 고정한 단을 한쪽으로 치워 두고, 작업 테이블을 청소합니다.

🌱 2 틀 개조하기

신발장 포장 박스에 그려진 조립도대로 만들면 윗단과 아랫단 사이의 거리가 짧아 식물이 자랄 공간이 부족합니다. 이 문제를 해결하기 위해 아랫단을 더 아래로 내려서 고정합니다.

01 나사 굵기 확인

신발장 제품에 들어 있는 나사못의 굵기를 측정합니다. 제조사는 다르지만 나사못의 굵기는 모두 직경 6mm 이었습니다. 혹시 다를지도 모르니 측정해서 확인합니다.

02 구멍 위치 측정

신발장의 다리에 원래 뚫어져 있는 구멍은 바깥쪽으로 치우쳐 있습니다. 구멍의 위치를 자로 측정합니다. 바깥쪽 면에서 약 1cm 되는 곳에 구멍의 중심이 있습니다. 이것 또한 제조사에 따라 다를 수 있으니 측정해서 확인합니다.

7.28 원래 뚫어져 있는 구멍

03 구멍 뚫을 위치 표시

아래쪽 단을 고정할 구멍 위치를 표시합니다. 좌우 위치는 원래 신발장에 뚫어져 있는 구멍의 위치와 같게 하고 상하 위치는 아래쪽 끝에서 2cm 위쪽에 합니다.

7.29 구멍 뚫을 위치 표시

04 송곳으로 얕은 구멍 내기

LED 램프용 클립을 고정할 때처럼 송곳과 망치로 얕은 구멍을 냅니다.

05 작은 구멍 뚫기

처음부터 큰 직경의 드릴 비트를 사용하면 미끄러지기 쉽기 때문에 먼저 직경 3mm 내외의 드릴 비트로 구멍을 뚫습니다.

7.30 작은 구멍을 뚫는 모습

06 큰 구멍 뚫기

이후 직경 7~8mm인 드릴 비트로 구멍을 뚫습니다. 드릴 비트의 직경은 신발장에 함께 있는 나사못 직경보다는 크고 나사못 머리의 직경보다는 작아야 합니다.

7.31 큰 구멍을 낸 모습

07 조립하기

윗단을 테이블에 걸쳐 놓고 신발장의 다리를 우선 느슨하게 고정합니다(그림 7.32). 이후 아랫단은 새로 뚫은 구멍에 나사를 박아 느슨하게 고정합니다(그림 7.33). 이상이 없으면 나사를 단단히 조여 틀을 완성합니다(그림 7.34).

7.32 윗단을 느슨하게 고정

7.33 아랫단을 느슨하게 고정

7.34 완성된 틀

 **수위계 만들기**

1부 **2장의 2. 용기에 튜브 끼우기**를 먼저 살펴본 후 아래의 순서대로 만드시기 바랍니다.

01 구멍 뚫을 곳 표시하기

수위계의 구멍 위치는 재배용기 바닥에서 약 3cm 높이에 네임펜으로 표시합니다.

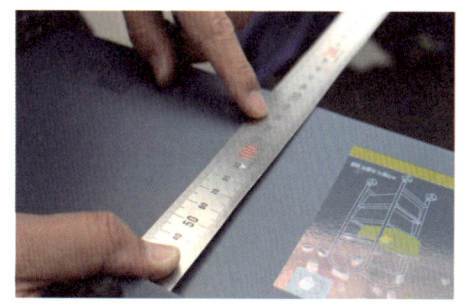

7.35 구멍 뚫을 위치를 표시하는 모습

02 구멍 뚫기

전동 드릴 드라이버를 드라이버로 선택하고 직경 12mm 목재용 드릴 비트를 이용하여 구멍을 뚫습니다. 이때 드릴 비트의 홈이 끝나는 위치까지 밀어 넣어야 구멍이 깨끗해집니다. 구멍 주위에 플라스틱 찌꺼기가 붙어 있으면 커터 칼로 잘라 냅니다.

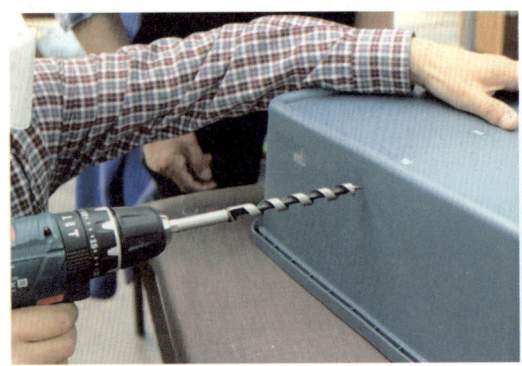
7.36 표시한 곳에 구멍 뚫는 모습

7.37 목재용 드릴 비트의 홈이 끝나는 데까지 밀어 넣는 모습

03 원터치 피팅 끼워보기

테플론 테이프를 감지 않은 채로 구멍에 원터치 피팅을 끼워 봅니다. 원터치 피팅이 들어가면 스패너로 돌려 나사산을 만든 후 다시 뺍니다. 원터치 피팅이 들어가지 않으면 카운터 싱크로 구멍을 조금 넓힌 후 다시 원터치 피팅을 끼워 봅니다.

7.38 테플론 테이프를 감지 않은 채 원터치 피팅을 끼우는 모습

7.39 카운터 싱크로 구멍을 넓히는 모습

04 테플론 테이프 감기

원터치 피팅의 나사 위에 테플론 테이프를 10회 정도 감습니다. 원터치 피팅을 돌려 끼울 때 테플론 테이프가 풀리지 않는 방향으로 감습니다. 나사 쪽을 보아 시계 방향입니다.

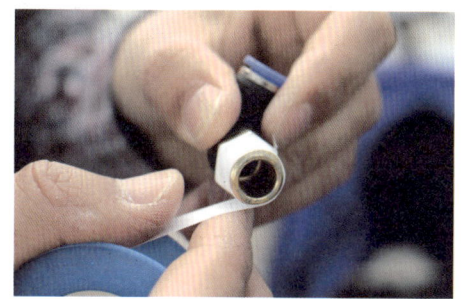

7.40 테플론 테이프를 감는 모습

05 원터치 피팅 끼우기

원터치 피팅을 구멍에 돌려 끼웁니다. 이때 원터치 피팅이 구멍과 직각이 되도록 끼웁니다. 원터치 피팅이 구멍에 제대로 들어갔으면 멍키 스패너로 조입니다.

7.41 멍키 스패너로 원터치 피팅을 돌리는 모습

06 투명 폴리우레탄 튜브 끼우기

투명 폴리우레탄 튜브를 수위계로 사용할 길이에 맞게 자른 후 원터치 피팅에 끼우고, 재배용기 쪽으로 붙도록 돌립니다. 그림 7.45처럼 투명 폴리우레탄 튜브 끝을 전선을 고정하는 부품으로 고정하면 더욱 깔끔해 보입니다.

7.42 원터치 피팅에 투명 폴리우레탄 튜브를 끼우는 모습

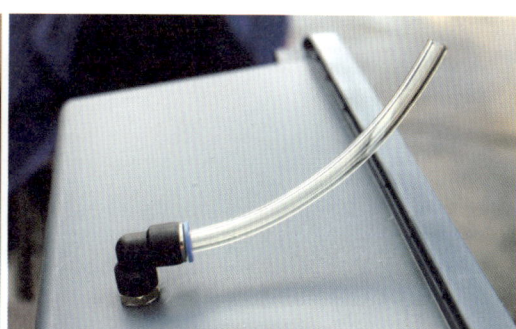

7.43 끼워진 투명 폴리우레탄 튜브

7.44 재배용기에 고정한 투명 폴리우레탄 튜브

7.45 전선 고정 부품을 적용한 예

07 수위 눈금 그리기

재배용기에 재배판을 놓고, 포트를 끼웠다고 가정했을 때 포트의 위치를 기준으로 포트의 바닥이 수위의 하한이 되도록 눈금을 그립니다. 수위의 상한은 포트 바닥에서 키의 1/3 정도 되는 곳으로 합니다.

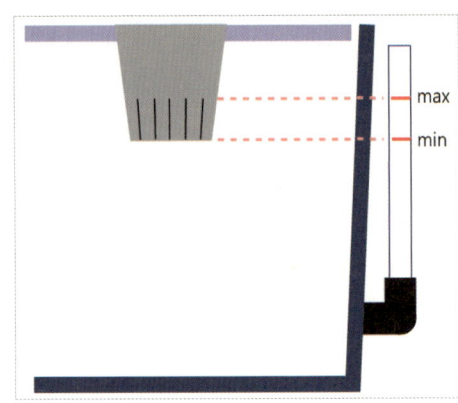
7.46 수위 눈금의 기준

08 누수 확인

바닥에 종이 박스를 깔고 재배용기를 올려 놓습니다. 재배용기에 max까지 물을 붓습니다. 원터치 피팅을 꽂은 곳에서 물이 새지 않는지 확인합니다. 10분 후에 종이 박스를 확인하여 젖어 있지 않으면 재배용기 안쪽을 씻어서 말립니다.

물이 샌다면 원터치 피팅을 뺀 다음 테플론 테이프를 더 감아 끼워서 다시 확인합니다. 또는 원터치 피팅을 뺀 구멍에 방수 테이프를 붙이고 다른 곳에 구멍을 뚫어 원터치 피팅을 끼웁니다.

4 열선 커터기로 재배판 만들기

여기서는 자작한 열선 커터기로 재배판을 만드는 방법을 소개합니다. 다른 방법으로 만드는 것은 **2장의 7. 우드록에 포트용 구멍 뚫기**를 보시기 바랍니다.

01 우드록에 자를 선 그리기

재배용기 내면의 치수를 측정하여 우드록에 표시하고, 자를 곳에 막대자로 줄을 긋습니다.

7.47 우드록에 치수 표시

02 우드록 자르기

막대자와 커터 칼을 이용하여 우드록을 자릅니다. 재배용기에 대어 치수가 맞는지 확인합니다.

03 귀퉁이 다듬기

GG필드용 포트의 아랫면 원의 반지름이 모노톤 바스켓 15L(INP311M)의 귀퉁이 내면의 원의 반지름과 거의 같습니다. 좀 우툴두툴하지만 포트 아랫면을 이용하여 원호를 그리고, 커터 칼로 잘라 냅니다. 재배용기에 끼워 보면서 다듬습니다.

7.48 귀퉁이 자를 선을 그리는 모습

7.49 귀퉁이를 자를 원호가 그려진 모습

7.50 커터 칼로 귀퉁이를 잘라 낸다.

7.51 재배용기에 끼운 모습

04 포트 위치 표시하기

포트가 있을 자리에 포트를 대고 원을 그립니다. 재배판을 겹쳐서 자를 것이기 때문에 두 장 중 한 장만 표시하면 됩니다. 재배판의 가장자리에서는 여유를 2~3cm 둡니다. 원을 다 그렸으면, 원의 중심을 표시합니다.

7.52 포트가 있을 자리에 원을 그리는 모습

05 바이스에 물리고 구멍 만들기

재배판을 겹쳐서 바이스에 물리고 열선 커터기로 구멍을 만듭니다. **2장의 7. 우드록 포트용 구멍 뚫기**를 보시기 바랍니다.

열선 커터기 만들기

여기서 만들고자 하는 열선 커터기는 시중에서 판매하는 열선 커터기와 원리가 같습니다. 다만 시중에서 판매하는 것은 재배판과 같이 큰 부품에 구멍을 뚫기에는 크기가 작습니다. 그러니 시중에 파는 열선 커터기를 참고하여 직접 만드시기 바랍니다. 직접 만든 열선 커터기는 재배판을 포개어 한꺼번에 4개 정도까지의 구멍을 뚫을 수 있기 때문에 짧은 시간에 많은 구멍을 뚫을 때 다른 방식보다 유리합니다.

5 에어부 설치하기

01 에어 펌프에 에어 호스 끼우기

에어 펌프를 제 자리에 놓고 에어 호스를 끼웁니다. 신발장 위의 공간을 다른 용도로 사용하려면 후크를 사용하여 에어 펌프를 신발장 기둥에 고정하는 것이 좋습니다. 에어 펌프는 멀티탭에 가까운 쪽에 두어야 전선이 길어지지 않습니다.

7.53 에어 호스를 끼운 에어 펌프

02 재배판에 에어 호스용 구멍 뚫기

재배판에서 에어 펌프에 가까우면서 재배기의 뒤쪽인 가장자리에 송곳으로 에어 호스용 구멍을 뚫습니다. 송곳만으로는 구멍이 작으므로 십자드라이버로 구멍을 더 키워 줍니다.

7.54 송곳으로 에어 호스가 통과할 구멍을 뚫는 모습

03 재배판에 에어 호스를 끼운 후 에어 스톤 끼우기

재배판에 뚫은 에어 호스용 구멍으로 에어 호스를 통과시킨 후, 에어 호스 끝이 양액에 충분히 잠길 만큼 남겨 두고 가위로 자릅니다. 에어 호스 끝에 에어 스톤을 끼웁니다.

7.55 에어 호스를 통과시킨 모습

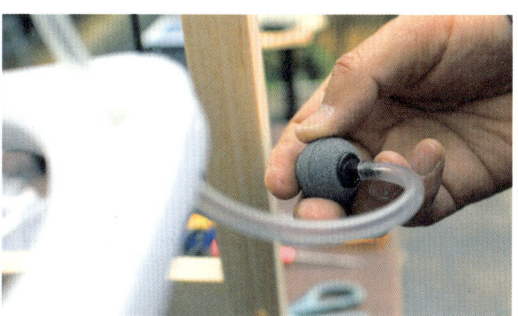

7.56 에어 호스에 에어 스톤을 끼운 모습

6 양액 만들어 넣기

01 재배기 자리 잡기

재배기를 제자리에 놓습니다. 양액을 채우고 나서 재배기를 옮기면 무거울 뿐 아니라 양액이 넘칠 수 있기 때문에 재배기를 제자리에 놓은 후 양액을 넣습니다.

02 양액 보관용 용기 준비

양액을 담아 둘 용기를 준비합니다. 양액은 10L 또는 20L 말통 등을 이용하는 것이 편리합니다.

03 양액 만들기

종합한방 수경재배비료로 양액을 만드는 방법은 아래 QR 코드로 연결된 자료 또는 『도시농부를 위한 수경재배』(박영기 저, 혜지원)를 참고 바랍니다. 다른 수경재배용 비료를 사용한다면 제품에 쓰여 있는 방법대로 만드시기 바랍니다.

종합한방 수경재배비료로 양액 만들기

04 양액 넣기

주전자나 큰 용기에 양액을 담아 앞쪽의 포트 위로 양액을 붓습니다. 포트는 거름망처럼 되어 있어 양액이 잘 통과합니다. 수위계를 보면서 max인 곳에서 멈춥니다. 두 재배용기 모두 이렇게 양액을 채웁니다.

05 에어 스톤 확인

에어 스톤이 양액에 잠겨 있는지 확인 후, 에어 펌프의 플러그를 멀티탭에 꽂아 에어 스톤에서 기포가 잘 나오는지 확인합니다. 확인 후 플러그를 빼 둡니다.

7 식물 옮겨심기

01 모종 준비하기

암면과 같이 블록 형태의 배지에 키운 모종은 그대로 재배기 옆으로 가져갑니다. 질석과 같이 입자 모양의 배지에 키운 모종은 물에 넣어 뿌리에서 배지 입자를 털어낸 후 재배기 옆으로 가져갑니다. 흙에서 자란 모종을 사왔을 때는 물에 넣어 흙을 씻어낸 후 재배기 옆으로 가져갑니다.

7.57 옮겨심기 전의 참나물

02 포트에 모종 넣기

모종에서 바닥으로 물이 떨어지지 않게 화분 받침 같은 것으로 받쳐서 모종을 포트에 넣습니다. 이대로도 잘 자라지만, 식물이 넘어가는 것을 막으려면 황토 볼, 마사토, 조약돌 등을 넣어 줍니다.

7.58 옮겨 심은 후의 참나물

모종의 뿌리가 엉키지 않게 하는 법

모종을 여러 개의 구멍이 뚫린 스티로폼에 끼워서 한꺼번에 키우는 수도 있지만 이렇게 하면 뿌리가 엉키게 됩니다. 그림과 같이 모종 각각을 용기에 넣어서 키우면 뿌리가 엉키는 것을 막을 수 있습니다. 모종을 넣은 용기의 바닥에 구멍을 뚫어 놓으면 트레이에만 물을 주면 돼서 물주기가 편해집니다.

7.59 용기에 각각 넣어서 키우는 모종

8 전기부 연결하기

이 수경재배기에는 두 군데에 전기가 공급됩니다. 에어 펌프는 항상 전기가 공급되도록 하고, LED 램프에는 콘센트 타이머를 경유하여 연결합니다. 콘센트 타이머를 멀티탭에 꽂으면 바로 옆의 콘센트는 사용할 수 없을 수 있으므로 멀티탭은 3구 이상을 사용합니다. 전기부 연결은 재배기를 제자리에 놓고, 식물을 옮겨 심은 후에 합니다.

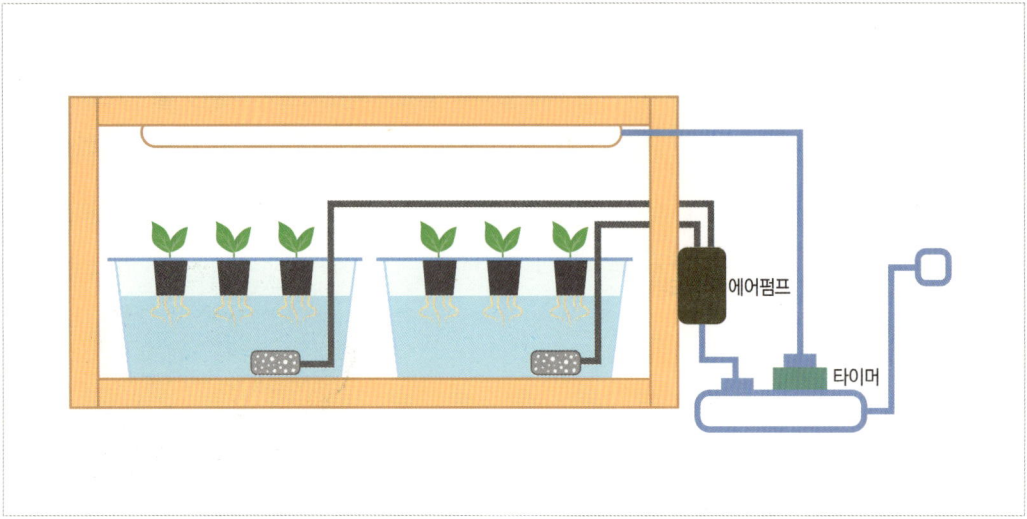

7.60 전선 연결을 볼 수 있는 개념도

① 멀티탭을 콘센트에 꽂습니다. 멀티탭에 스위치가 있는 것은 스위치를 끕니다.
② 에어 펌프용 플러그를 멀티탭의 끝에 꽂습니다.
③ 콘센트 타이머를 설정하고 꽂습니다. 콘센트 타이머 설정하는 법은 **3장의 5. 콘센트 타이머를 이용하여 자동으로 전원을 ON/OFF하는 방법**을 보아 주시기 바랍니다.
④ 멀티탭의 스위치를 켭니다.

기르면서 관리하는 법

1 준비물

❶ **포트를 얹어 놓을 용기: 1개**

양액을 넣거나 수확하기 위해 포트를 빼고 넣을 때 양액이 바닥으로 떨어지지 않도록 포트를 잠시 올려 주는 용기입니다. 포트가 걸쳐지는 모양의 것이 좋습니다.

❷ **물뿌리개: 1개**

물뿌리개는 물이 흩어지지 않는 것으로 준비합니다. 쓰지 않는 주전자를 사용할 수도 있습니다.

2 양액 보충하는 법

양액의 수위가 수위계의 min에 가까워졌을 때 max 근처까지 양액을 보충해 줍니다.

① 앞쪽의 포트 하나를 꺼내서 다른 용기로 받쳐 둡니다.
② 양액 보관 용기(말통)로부터 물뿌리개에 양액을 붓습니다.
③ 포트를 뺀 구멍으로 양액을 붓습니다. 수위가 max 근처가 되면 멈춥니다.
④ 남는 양액은 양액 저장통에 다시 붓습니다.
⑤ 포트를 제자리에 꽂습니다.

| 식물이 크게 자라 포트를 꺼내기 어려울 때 양액 주는 법 | 식물이 크게 자라 뿌리가 커져서 포트를 꺼내기 곤란하면 포트를 그대로 둔 채 식물 줄기 옆으로 양액을 부어 줍니다. 이때 뿌리 때문에 양액이 빨리 들어가지 않을 수 있으니 너무 급하게 넣지 않도록 주의합니다. 또는 재배판 한쪽을 들고 재배판과 트레이 사이로 물뿌리개의 주둥이를 넣고 양액을 줄 수도 있습니다. 주둥이가 긴 것이 다루기에 편합니다. |

3. 수위계 청소하는 법

투명한 수위계는 시간이 지남에 따라 녹조가 끼게 됩니다. 빨대 청소하는 솔로 간단히 청소할 수 있습니다. '빨대 세척솔'로 검색하시면 됩니다.

수확 후 청소하는 법

청소할 때는 부품을 분리하므로 다시 조립하기 위해서 부품의 위치를 표시해 두면 다시 조립할 때에 쉽게 할 수 있습니다.

1 전기부 해체 및 보관

① 멀티탭의 스위치를 끕니다.
② 타이머에 꽂혀 있는 LED 램프용 플러그를 빼고, 멀티탭에서 타이머를 뺍니다.
③ 멀티탭에 꽂혀 있는 에어 펌프용 플러그를 뺍니다.
④ 에어 펌프에 꽂혀 있는 에어 호스를 뺍니다.
⑤ 전기 부품을 청소하고 보관합니다.

2 식물 제거 및 부품 청소

① 별도의 용기를 재배용기 옆에 두고 포트와 식물을 빼내어 담습니다.
② 화장실과 같이 물을 쓰기 좋은 곳으로 가서 식물은 별도로 모으고, 포트는 못 쓰게 된 수세미 등으로 씻어 말립니다.
③ 재배용기, 재배판, 에어 스톤, 에어 호스, 수위계도 씻어서 말립니다.

지금까지 신발장을 틀로 사용한 DWC 방식의 재배기 만드는 법을 소개했습니다. 여기서 신발장을 틀로 사용한 기술은 다른 방식의 수경재배기를 만들 때도 유용하게 적용할 수 있습니다.

소개한 재배기는 단층으로 되어 있는 것인데, 같은 것을 만들어 2층, 3층으로 쌓을 수도 있습니다. 재배기 틀 사이의 고정은 평철을 이용하여 고정할 수 있습니다. LED 램프는 층에 관계없이 동시에 켜고 끌 것이므로 타이머는 여전히 하나만 사용합니다.

타이머에서 각 층으로 전기가 공급되어야 하므로 타이머에 멀티탭을 꽂아 각 층의 LED 램프로 전기를 보낼 수 있습니다. 에어 펌프는 여러 개로 분기하면 출력이 약해지고 불균형이 생길 수 있으므로 층수와 같은 수로 준비하는 것이 편리합니다. 이렇게 쌓아서 만들면 작은 수직 정원(버티컬팜: vertical farm)이 됩니다.

8장
신발장을 틀로 사용한 저면급액 방식의 재배기 만들기

  아래 그림은 수경재배기 전시공간에 전시한 재배기입니다. 시중에 많이 팔리고 있는 나무 신발장 작은 것으로 만든 아담한 재배기입니다. 나무로 되어 있어 친근감이 있고, 가볍고, 가공이 쉽습니다.

  이 재배기는 공구가 적게 들어 적은 비용으로 짧은 시간에 만들 수 있으며, 식물이 잘 자랍니다. 배지를 사용함으로써 구조가 간단하게 되어 만들기 쉬운 것도 큰 장점이라서 수경재배 강의에서 수강생이 만드는 수경재배기로 자주 선택되고 있습니다. 여기서도 가장 작은 형태의 것으로 만드는 방법을 소개합니다. 공간 여유가 있다면 폭을 넓히고 층을 쌓아서 크게 만들 수 있습니다.

8.1 작은 신발장을 사용하여 만든 저면급액 방식의 재배기

재배기 만들 준비하기

1 필요한 재료

01 원목 신발장: 1대

인터넷에서 '원목 벤치형 신발장'으로 검색하면 다양한 크기의 신발장을 찾을 수 있습니다. 여기서는 폭이 500mm인 신발장으로 만듭니다. 크기가 정해졌으면 인터넷에서 '원목 신발장 2단 500'으로 검색하면 바로 찾을 수 있습니다.

8.2 택배로 받은 원목 신발장

02 T5형 LED 램프 300mm 주광색: 5개, 전원 코드: 1개

T5형 LED 램프는 신발장 크기에 맞는 것으로 구입합니다. 신발장 폭이 500mm인데, 이를 넘지 않으면서 가장 큰 LED 램프는 300mm 규격입니다. 상품 이름에는 300mm라고 되어 있지만, 제조사에 따라 실제 길이는 조금씩 다릅니다.

T5형 LED 램프를 구입할 때는 반드시 220V 콘센트에 꽂을 수 있는 전원 코드를 구입할 수 있는지를 확인해야 합니다. 추가 상품으로 판매하는 곳도 있고 별도 상품으로 판매하는 곳도 있습니다. 색깔은 주광색을 선택합니다.

8.3 5형 LED 램프 주광색 5W 270mm

03 고무 와셔: 10개 (내경 4mm, 외경 15mm, 두께 5mm 정도)

고무 와셔에 대해서는 p.160을 참고 바랍니다.

8.4 고무 와셔

04 트레이로 쓸 수납함: 1개

트레이로는 수납함을 사용합니다. 특별한 제약은 없으니 신발장에 들어갈 수 있는 크기이면 됩니다.

8.5 트레이로 쓰는 수납함과 재배용기로 쓰는 테이크아웃컵

05 테이크아웃컵: 5개

재배용기로 사용합니다. 크기가 맞다면 모종용 화분이나 일반 화분을 사용해도 됩니다.

06 콘센트 타이머: 1개

콘센트 타이머는 LED 램프를 시간에 맞추어 켜고 끄는 데 사용합니다.

8.6 사각형 콘센트 타이머

07 멀티탭: 1개

벽의 콘센트에 꽂아 재배기까지 전기를 끌어오는 데 사용합니다. 전선이 콘센트와 재배기 사이의 거리보다 긴 것을 구합니다.

08 버미큘라이트: 중립 약 2L

배지로 중립의 버미큘라이트를 사용합니다. 테이크아웃컵 용량에 컵의 개수를 곱한 만큼이 필요합니다.

2 필요한 공구와 소모품

① **연필**: LED 램프를 고정할 클립의 위치를 표시할 때 사용

② **송곳**: 나사못을 쉽게 박을 수 있도록 홈을 만드는 데에 사용

③ **막대자**: 신발장 아랫단의 위치를 변경할 구멍 위치를 표시하는 데 사용

④ **전동 드릴 드라이버**: 나사못을 박고 구멍을 뚫는 데 사용

⑤ **드릴 비트**: 직경 6.5~7.5mm. 목재용이 없으면 철재용도 가능

⑥ **십자드라이버 비트**: 나사못을 박는 데 사용

만들기 및 관리법

이 재배기를 만드는 과정은 7장 신발장을 틀로 사용한 DWC 방식의 재배기와 같은 부분이 많으므로 중복되는 부분의 설명은 생략합니다.

1 LED 램프 고정하기

방법은 **7장 2. 재배기 만들기**의 (1) LED 램프 고정하기와 같습니다.

2 틀 개조하기

방법은 **7장 2. 재배기 만들기**의 (2) 틀 개조하기와 같습니다.

3 재배용기 만들기

재배용기는 테이크아웃컵에 구멍을 뚫어 사용할 수도 있고, 화분을 그대로 사용할 수도 있습니다. 여기서는 테이크아웃컵에 구멍을 뚫어 재배용기를 만드는 법을 소개합니다.

01 재배용기 크기와 개수 결정하기

키우려는 식물의 크기를 확인합니다. '이 재배기에서는 이 정도 크기로 키우겠다'를 가늠하여 재배용기의 크기와 간격을 예상합니다. 재배용기의 크기와 간격을 알게 되면 필요한 재배용기의 개수를 알 수 있습니다. 여기서는 장미허브를 키우고, 재배용기로는 테이크아웃컵 5개를 사용합니다.

02 재배용기에 구멍 뚫기

재배용기 아래쪽에 송곳으로 구멍을 뚫습니다. 구멍의 수는 3~4개면 충분합니다.

8.7 테이크아웃컵 아래에 송곳으로 구멍을 뚫는다.

03 배지 채우기

테이크아웃컵에 배지를 컵 높이의 90% 정도까지 채웁니다. 화분을 재배용기로 사용할 때는 화분 아래의 구멍이 커서 배지가 흘러나오므로 촘촘한 그물망을 깔고 배지를 넣습니다.

8.8 배지를 채운 테이크아웃컵

04 식물 심어 재배기에 넣기

씨앗 심기, 꺾꽂이하기, 모종 옮겨심기 등으로 재배기에 식물을 심을 수 있습니다. 단순히 다른 재배기에서 기르던 것을 옮겨 놓을 수도 있습니다. 자세한 내용은 『도시농부를 위한 수경재배』(박영기 저, 혜지원)의 2장 '일단 시작해 보자'를 참고 바랍니다. 해당 도서에는 씨앗으로 시작하기, 꺾꽂이로 시작하기, 모종으로 시작하기에 대한 자세한 설명이 있습니다.

8.9 꺾꽂이한 장미허브

05 트레이에 양액 붓기

양액은 트레이에 부어 줍니다. 그러면 재배용기에 뚫은 구멍으로 배지에 스며듭니다. 양액을 붓는 양은 재배용기 높이의 1/10 정도로 합니다.

8.10 부어준 양액의 높이

4 양액 보충하는 법

양액은 배지가 어느 정도 건조해졌을 때 주는 것이 원칙이지만 초보자의 경우 배지가 어느 정도 말랐는지 알기가 어렵습니다. 그리고 자칫 시기를 놓치면 식물이 물과 양분의 부족에 시달릴 수 있어 트레이에 남아 있는 양액을 기준으로 하는 것이 확실합니다.

트레이에 젖은 부분이 조금이라도 남아 있으면 양액을 보충하지 않습니다. 트레이가 완전히 마른 것을 확인한 후 양액을 보충합니다. 처음에는 배지 높이의 1/10로 정해서 줍니다. 주기는 일주일에 한 번 정도가 적당합니다.

양액을 주어야 하는 주기가 2일 이하이면 식물이 양액을 빨리 소모하는 것이므로 양액 주는 양을 늘려 줍니다. 양액을 배지 높이의 1/5 정도로 주는데도 2일마다 한 번씩 양액을 주어야 한다면 배지의 양에 비해 식물이 너무 크게 자랐기 때문입니다. 이럴 때는 더 큰 재배용기로 옮겨 주어야 합니다.

2주 이상이 되어도 양액이 계속 남아있다면 다음부터는 양액 주는 양을 줄여 줍니다. 식물에 비해 재배용기가 너무 크거나 식물에 이상이 생겨 양액을 흡수하지 못하는 것으로 생각됩니다. 식물에 이상이 없다면 자라면서 점점 양액 흡수량이 늘어날 것입니다.

흙과 인공 토양의 균질성

흙에서 식물을 기르는 방법에서는 '겉흙이 말랐을 때 물을 듬뿍 준다.'와 같은 표현이 자주 나옵니다. 여기서 겉흙이 마른다고 하는 것은 속흙은 아직 마르지 않았다는 것을 암시합니다. 즉 겉흙이 마르고 속흙의 수분이 부족해질 즈음에 물을 주라는 뜻입니다.

흙은 이와 같이 부위별로 젖은 곳과 마른 곳의 차이가 있습니다. 반면 인공 토양은 어느 곳에서나 수분을 가지고 있는 정도가 비슷합니다. 즉 젖어도 전체적으로 젖고 말라도 전체적으로 마른다는 뜻입니다. 특히 테이크아웃컵 크기 정도의 적은 양일 때는 더욱 그렇습니다.

그러므로 인공 토양의 겉을 만져 보아 말랐다면 속도 말랐을 확률이 높습니다. 이렇게 하면 양액 주는 시기를 놓치기 쉽습니다. 이런 이유로 트레이의 양액을 기준으로 양액을 주라고 한 것입니다.

다만, 인공 토양도 옥상 같이 햇빛이 강하게 내리쬐고 바람이 부는 곳에서는 배지의 속이 젖어 있어도 겉은 마르는 경향이 있습니다. 또, 식물의 뿌리가 배지 속에 꽉 들어차게 되어도 겉과 속의 수분 차이가 커지게 됩니다. 인공 토양이라도 특정 상황에 따라서는 균질성이 떨어질 수 있음을 참고하시기 바랍니다.

녹조에 대해

트레이에는 양액이 고여 있고 빛을 받기 때문에 녹조가 발생합니다. 트레이에 발생한 녹조는 식물에 영향을 주지 못하기 때문에 걱정할 일은 아닙니다. 트레이의 양액이 완전히 마른 후에 양액을 공급하기 때문에 녹조는 트레이에 고여 있는 양액에서 살다가 말라 죽게 됩니다.

식물이 무성하게 사라면 트레이로 가는 빛이 차단되어 점점 녹조가 생기는 양이 줄어들게 됩니다. 미관상 좋지 않다고 생각이 들면 가끔씩 트레이를 청소해 주시면 됩니다. 또는 재배용기를 끼울 구멍을 뚫은 불투명한 판으로 트레이를 덮는 방법도 있습니다.

9장

앵글 선반을 사용한 DFT 방식의 재배기 만들기

앵글 선반이나 메탈 선반은 조립이 쉬워서 가정이나 사무실에서 많이 사용하는 편입니다. 높이를 조절할 수 있어 식물이 자랄 공간을 만드는 데에도 좋습니다. 여기서는 두 선반 중 좀 더 외관이 깔끔하고 높이 조절도 쉬운 앵글 선반을 틀로 사용하고 양액 공급을 DFT 방식으로 사용한 재배기 만들기를 소개합니다. 5단 앵글 선반을 사용하고, 한 층에 재배용기가 2개씩 들어갑니다. 총 48그루의 식물을 키울 수 있습니다.

빛 공급은 T5형 LED 램프를 사용했습니다. 콘센트 타이머를 이용하여 LED 램프가 자동으로 ON/OFF 되도록 했습니다. 에어 펌프를 사용하여 양액저장조에 산소를 공급합니다. 재배용기의 양액 수위는 원터치 피팅의 위치에 의해 자동으로 맞추어지기 때문에 양액저장조에만 수위계를 달았습니다.

양액이 흐르는 소리가 나므로 잠자는 방에서는 떨어진 곳에 두는 것이 좋습니다.

9.1 앵글 선반을 사용한 DFT 방식의 재배기

재배기 만들 준비하기

1 필요한 재료

01 앵글 선반: 1대

가로(좌우) 900mm, 세로(앞뒤) 300mm, 높이 1800mm인 것을 구입합니다. 다른 치수나 규모로 하고 싶다면 재배용기의 크기, 재배용기 수, 식물이 자랄 공간을 감안하여 앵글 선반의 치수와 단수를 결정합니다.

02 양액저장조용 큰 수납함: 1개

가로의 길이가 선반에 들어가고 높이가 너무 높지 않은 것으로 용량이 30~50L 정도 되는 것이 좋습니다. 양액을 많이 담아야 하므로 튼튼한 것을 준비합니다.

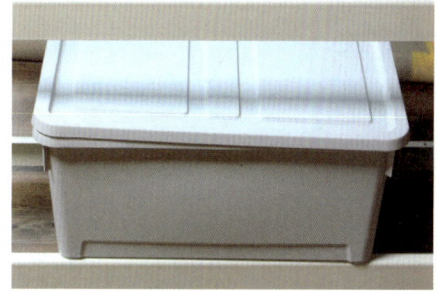

9.2 양액저장조로 쓸 수납함

03 재배용기용 수납함: 6개

재배용기로 쓸 수납함은 용량이 15L 정도 되는 것이 적당합니다. 플라스틱의 두께가 너무 얇으면 구멍을 뚫을 때 깨지기 쉬우므로 튼튼한 것을 구합니다.

9.3 재배용기로 쓸 수납함

04 T5형 LED 램프: 15개, 전원 코드: 3개

T5형 LED 램프 60cm를 한 층에 5개씩 달 수 있도록 총 15개를 구입합니다. 전원 코드는 파는 곳에 따라 별도로 팔거나 옵션으로 파는 곳이 있으니 잘 살펴서 구입하시기 바랍니다.

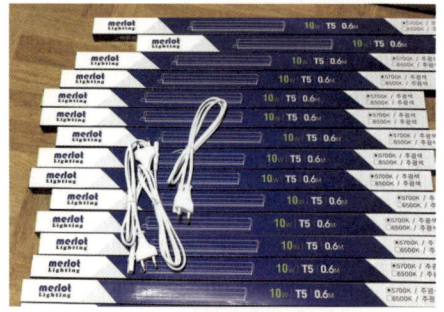

9.4 T5형 LED 램프와 전원 코드

05 24시간 콘센트 타이머: 2개

콘센트 타이머는 LED 램프용과 수중 펌프용 2개가 필요합니다. 그림 9.5와 같은 모양의 것과 사각형 모양의 것이 있습니다. 사각형 모양의 것은 멀티탭에 꽂으면 옆의 구멍을 사용할 수 없게 되어 구멍 수가 더 많은 멀티탭이 필요합니다. 24시간 타이머이고 가장 간단한 기능을 가진 것을 고릅니다.

9.5 콘센트 타이머

06 고무 와셔: 30개

LED 램프를 고정하기 위한 나사못의 길이가 선반의 상판 두께보다 길어서 그냥 사용하면 상판을 뚫고 나옵니다(그림 9.30 참고). 이 문제를 해결하기 위해 고무 와셔를 사용합니다. 내경 4.2mm, 외경 15mm, 두께 5mm인 것을 사용했습니다. 고무 와셔를 사용하지 않고 길이가 짧은 나사못을 구입하여 사용할 수도 있습니다.

9.6 두께 5mm의 고무 와셔

07 원터치 피팅

PL형은 폴리우레탄 튜브를 재배용기와 양액저장조에 결합하기 위해 사용합니다. PL10-02는 외경 10mm인 폴리우레탄 튜브용이고, PL08-02는 외경 8mm인 폴리우레탄 튜브용입니다. PUT형은 펌프에서 나오는 양액을 양쪽으로 나누어 재배용기로 가도록 하는 데에 쓰입니다. 제조사에 따라 'PL'을 'GPL' 등으로 표시하기도 합니다. 원터치 피팅의 규격에 대해서는 **2장의 1. 많이 쓰는 공구와 소모품**을 참고하시기 바랍니다.

9.7 PL형 원터치 피팅

9.8 PUT08 원터치 피팅

9.9 PUL08 원터치 피팅

08 수족관용 수중 펌프 10W: 1개

양액저장조에서 맨 위의 재배용기로 양액을 올려 보내는 데에 사용합니다.

9.10 수족관용 수중 펌프와 부속품

09 실리콘 튜브: 외경 11mm, 내경 7mm

수중 펌프와 외경 8mm 폴리우레탄 튜브를 연결하는 데에 사용합니다. 1m 단위로 파는 곳에서 1m를 구입합니다.

9.11 실리콘 튜브

10 투명 폴리우레탄 튜브 외경 8mm: 20cm

적당한 길이로 잘라서 양액저장조에 부착된 수위계를 만드는 데에 사용합니다. 1m 단위로 판매하는 곳에서 1m를 구입합니다.

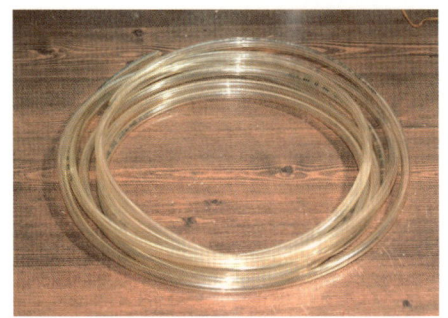

9.12 외경 8mm 투명 폴리우레탄 튜브

11 폴리우레탄 튜브: 외경 10mm(10m), 내경 8mm(5m)

양액저장조로부터 나가는 것은 외경 8mm인 것을 사용하고, 나머지는 외경 10mm인 것을 사용합니다. 쉽게 구분하기 위해 색깔을 달리하면 편리합니다. 여기서는 외경 8mm인 튜브는 빨간색을 사용하고 외경 10mm인 튜브는 파란색을 사용했습니다.

9.13 폴리우레탄 튜브.
외경 10mm(파란색)와 외경 8mm(빨간색)

12 수족관용 에어 펌프, 에어 호스, 에어 스톤

소형 수족관용 에어 펌프 1개를 구입합니다. 에어 호스는 1m 정도이면 충분합니다. 에어 스톤도 작은 것을 구입합니다. 수족관 용품 파는 곳에 에어 펌프, 에어 호스, 에어 스톤을 세트로 판매하기도 하니 살펴보시고 구입 바랍니다.

9.14 에어 펌프와 S자 걸이

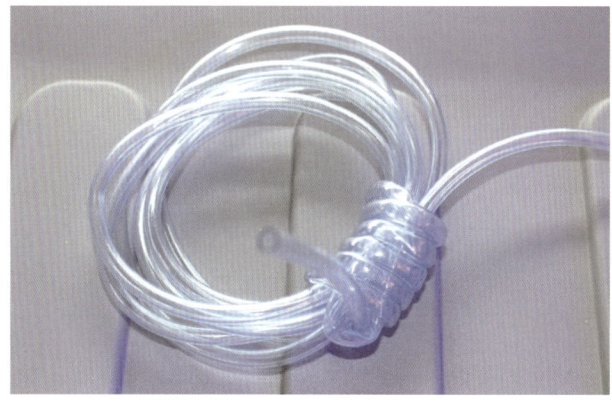
9.15 수족관용 에어 호스

9.16 수족관용 에어 스톤

13 S자 걸이: 1개

에어 펌프를 재배기 틀에 걸기 위해 사용합니다(그림 9.14, 9.62 참고).

14 GG필드용 포트(중): 48개

선호하는 포트를 구입하시기 바랍니다. 여기서는 GG필드용 포트(중)을 사용합니다.

9.17 포트

15 멀티탭: 3구 1개, 5구 1개

3구 멀티탭은 LED 램프용 타이머로부터 LED 램프로 연결하는 멀티탭입니다. 가까운 거리에 사용하므로 전선이 1m 정도로 짧은 것이 좋습니다. LED 램프는 각 층마다 ON/OFF가 되는 것이 편리하므로 3구 멀티탭은 각 구멍마다 스위치가 있는 것이 좋습니다.

5구 멀티탭은 벽의 콘센트로부터 재배기까지 연결하는 데에 사용하므로 콘센트와 재배기 사이의 거리를 측정하여 알맞은 길이의 것을 구입합니다. 5구 멀티탭은 재배기 전체에 전원을 공급하므로 메인 스위치 하나만 있는 것이 적당합니다.

2 필요한 공구와 소모품

① 커터 칼, 전동 드릴 드라이버, 십자드라이버 비트, 네임펜, 연필, 막대자, 지름 12mm 목재용 드릴 비트, 카운터 싱크, 테플론 테이프, 멍키 스패너, 니퍼

② 케이블 타이: 30개

재배기 만들기

1 재배판 만들기

재배판을 만들려면 별도의 공간이 필요하고, 수경재배기 제작 중에 재배판을 만들면 다른 작업이 지연될 수 있습니다. 그러므로 재배판을 미리 여러 개 만들어 두거나 수경재배기를 만들기 시작할 때 제일 먼저 만드는 것이 좋습니다.

재배판 만들기는 2장의 7. 우드록에 포트용 구멍 뚫기를 참고하여 만드시기 바랍니다. 7장의 2. 재배기 만들기에도 설명되어 있습니다.

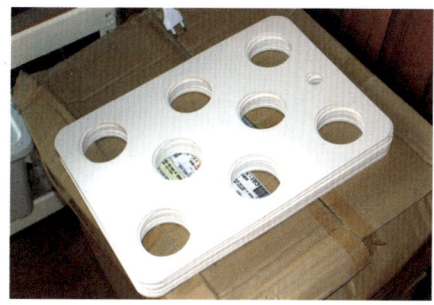

9.18 만들어 놓은 재배판

2 앵글 선반 조립하기

01 설치할 곳 정리하기

앵글 선반은 눕혀서 조립하기 때문에 설치할 곳 주변의 물건을 치워서 넓은 공간을 만듭니다.

02 포장 뜯고 설명서 읽기

앵글 선반은 기둥과 선반의 모양이 아주 달라서 기둥과 선반이 따로 배송됩니다. 박스를 열어 내용물을 꺼내 같은 모양끼리 정리합니다. 설명서를 미리 훑어봅니다.

9.19 앵글 선반의 나무 판(가운데)과 철제 부품(오른쪽)

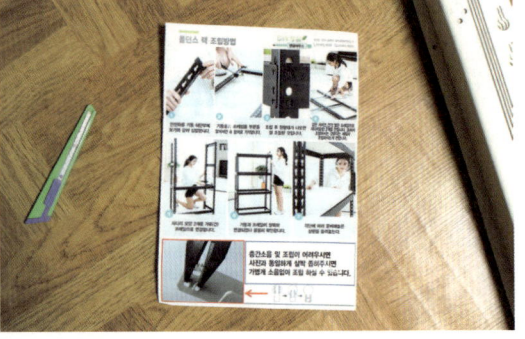
9.20 조립설명서

03 안전좌 끼우기

기둥은 위아래가 있습니다. 기둥에 난 구멍이 좁혀지는 쪽이 아래 방향입니다. 기둥의 아래쪽 끝에 안전좌라고 하는 부품을 4개 기둥에 모두 끼웁니다.

9.21 안전좌를 끼운 모습

| 프레임 조립하기 전 유의 사항 | 프레임을 조립할 때 처음에는 너무 세게 끼우지 않도록 합니다. 양액저장조나 재배용기를 배치하다 보면 조정을 해야 할 수도 있기 때문입니다. 점검하여 이상이 없다고 생각되고 나면 프레임이 꽉 끼도록 조립합니다. 선반과 함께 오는 고무망치를 이용합니다. |

| 설명서와 다르게 조립하는 이유 | 설명서에는 측면부의 모든 프레임을 끼운 후 세워서 조립하게 되어 있습니다. 여기서는 육면체의 틀부터 만든 후에 추가로 프레임을 끼우는 방법을 적용합니다. 이 방법으로 하면 실물의 치수를 검토하면서 하기가 쉽고, 나머지 프레임을 끼우기도 쉽습니다. |

04 측면부 조립하기

기둥 2개를 같은 방향으로 나란히 눕히고 짧은 프레임을 기둥의 아래쪽 끝과 위쪽 끝에 각각 끼웁니다. 이렇게 하면 길쭉한 사각형이 됩니다. 이것을 2개 만듭니다.

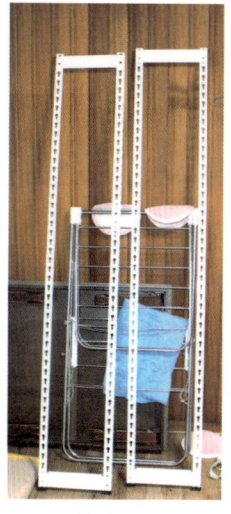

9.22 조립한 측면부

05 육면체 만들기

앞에서 만든 측면부 사각형을 좌우에 마주 보게 하고 앞면 위쪽 프레임, 뒷면 위쪽 프레임을 끼웁니다. 이어 앞면 아래쪽 프레임, 뒷면 아래쪽 프레임을 끼워서 육면체를 만듭니다.

9.23 육면체를 만드는 과정

06 중간 프레임 끼우기

양액저장조의 높이, 재배용기의 높이, 식물의 키를 감안하여 중간 프레임을 끼웁니다.

07 상판 얹기

상판을 얹고 양액저장조와 재배용기를 올려 보아 문제가 없는지 확인합니다.

08 마무리하기

문제가 없으면 상판을 내리고 망치로 프레임을 튼튼하게 끼운 후 다시 상판을 올려서 앵글 선반을 완성합니다.

9.24 조립한 5단 앵글 선반

3 상판에 LED 램프 부착하기

01 LED 램프 준비

LED 램프를 포장지에서 빼냅니다. 이때 부속품도 잊지 않고 빼내어 모아 둡니다.

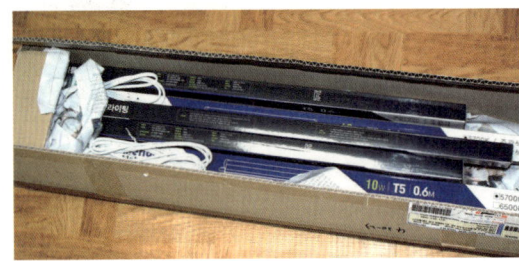

9.25 배송되어 온 LED 램프

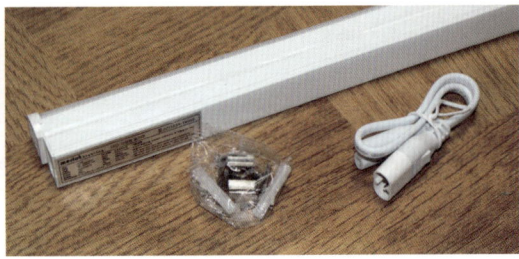

9.26 LED 램프와 부품

> **휴대폰 조도계를 이용하여 LED 램프의 개수 결정하는 법**
>
> 한 층에 LED 램프의 개수를 몇 개로 해야 알맞을지 궁금할 때가 있습니다. 휴대폰에 조도계 앱을 설치하여 약 20cm 거리에서 8,000럭스(lux) 이상이 나오면 적당합니다. 자세한 내용은 QR코드로 연결된 자료를 보시기 바랍니다.

LED 램프의 개수를 계산하는 법

02 상판에 클립 위치 표시하기

상판을 뒤집어서 LED 램프를 배치한 후에 클립을 고정할 곳을 표시합니다.

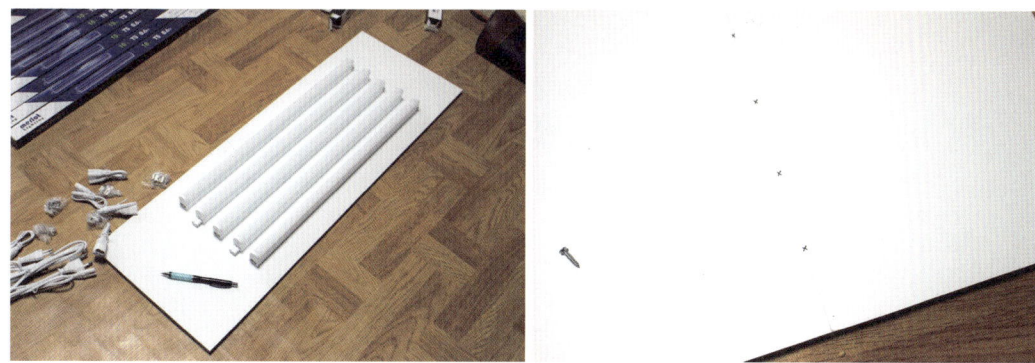

9.27 상판을 뒤집어서 LED 램프를 배치한 모습   9.28 클립 위치를 표시한 모습

03 송곳으로 얕은 구멍 만들기

나사못을 박을 곳에 송곳과 망치로 얕은 구멍을 만듭니다.

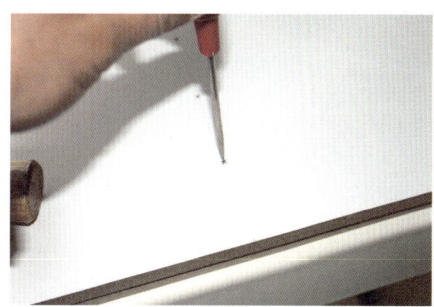

9.29 송곳과 망치로 얕은 구멍을 만드는 모습

04 클립 고정하기

상판 두께보다 나사못의 길이가 길어서 그냥 박으면 나사못이 상판을 뚫고 나옵니다. 고무 와셔를 클립과 상판 사이에 끼워서 나사못을 박습니다. 이상이 없으면 상판에 클립을 모두 고정합니다.

9.30 나사못의 길이   9.31 고무 와셔를 적용했을 때

9.32 고정한 클립

9.33 모든 클립을 고정한 모습

> **고무 와셔를 사용하면 좋은 이유**
>
> LED 램프의 열이 상판으로 전달되면 바로 위에 있는 재배용기 속의 양액 온도를 높이게 되어 여름철 더울 때 문제가 될 수 있습니다. DFT 방식은 양액을 순환해서 그 영향이 덜하지만 DWC 방식에서는 영향을 더 받게 됩니다.
>
> 열의 전달은 전도(conduction), 대류(convection), 복사(radiation)로 일어나는데, 고무 와셔를 사용하면 LED 램프와 상판 사이에 공간이 생겨 열의 전도를 대폭 낮출 수 있습니다. 또, LED 램프와 상판 사이의 틈으로 공기의 흐름이 생겨 열이 잘 빠져나갑니다.

05 LED 램프 끼우기

LED 램프를 엇갈리게 끼웁니다.

9.34 LED 램프를 끼운 모습

06 전원 코드와 연결 코드 꽂기

상판을 앵글 선반에 놓았을 때 전원이 연결될 방향을 고려하여 전원 코드의 위치를 잡습니다. 전원 코드를 기준으로 하여 연결 코드를 차례대로 연결합니다. 연결 코드 하나가 남는 것이 정상입니다.

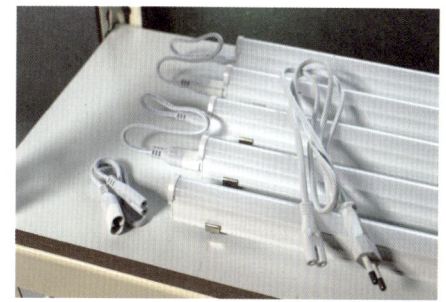
9.35 연결 코드를 꽂은 모습

07 LED 램프 켜보기

전원 코드를 콘센트에 꽂아 LED 램프가 모두 켜지는지 확인합니다.

9.36 LED 램프를 켠 모습

08 상판을 프레임에 얹기

상판을 뒤집어 LED 램프가 아래쪽으로 향하도록 한 다음 프레임 위에 올립니다. 전원 코드가 콘센트 쪽에 있는지 확인합니다. 전원 코드는 앵글 선반의 틈이 있으면 그곳으로 빼냅니다.

9.37 상판을 프레임에 올린 모습

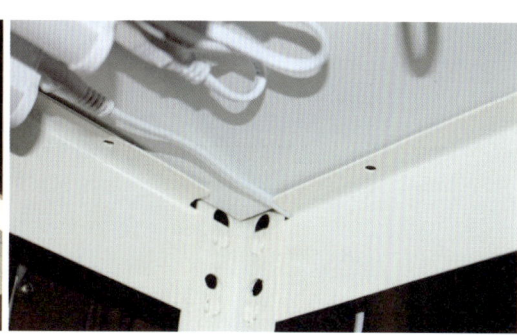
9.38 전원 코드 정리

09 확인 후 더 만들기

전원 코드를 콘센트에 꽂아 LED 램프가 켜지는지 확인합니다. 같은 방법으로 두 층을 더 만듭니다.

9.39 상판을 고정한 후 LED 램프가 켜지는지 확인

4 양액저장조 만들기

양액 순환을 그림에 나타난 것과 같이 실현하려고 합니다. 펌프로부터 나와 제일 위의 재배용기로 가는 튜브는 직경 8mm인 것을 사용합니다. 양액이 내려가는 튜브는 직경 10mm인 것을 사용합니다. 펌프에 연결된 튜브의 직경을 조금 작게 하여 양액이 흐르는 저항을 크게 함으로써 별도의 밸브 없이 펌프에서 나오는 양액의 양을 조절합니다.

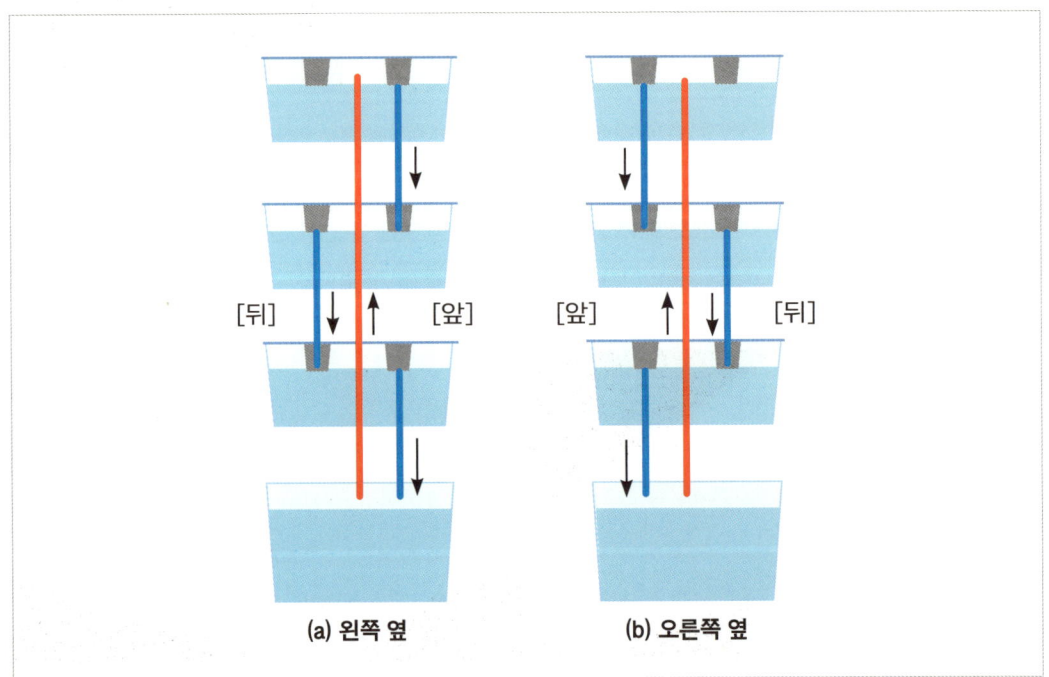

(a) 왼쪽 옆   (b) 오른쪽 옆

9.40 양액 순환 체계. 빨간색은 외경 8mm의 폴리우레탄 튜브, 파란색은 외경 10mm의 폴리우레탄 튜브.

01 양액저장조용 수납함에 수위계용 구멍 위치 표시

양액저장조용 수납함에 자와 네임펜으로 수위계를 달기 위한 구멍의 위치를 표시합니다. 구멍의 위치는 양액저장조의 바닥으로부터 3~5cm 정도 위에 있으면 적당합니다.

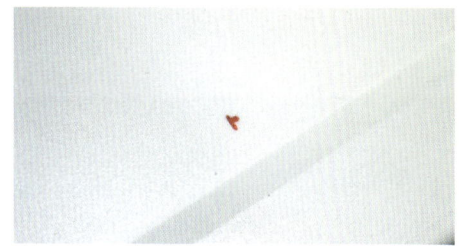

9.41 수위계용 구멍의 위치가 표시된 모습

02 양액저장조용 수납함에 입출구용 구멍 위치 표시

그림 9.40을 참고하여 양액저장조용 수납함에 자와 네임펜으로 펌프로부터 재배용기로 연결되는 튜브가 지나갈 구멍의 위치를 표시합니다. 재배용기로부터 양액저장조로 회수되는 튜브를 꽂을 원터치 피팅의 위치도 표시합니다. 수직 위치는 수납함의 뚜껑 하단으로부터 3cm 정도 되는 곳이 적당합니다.

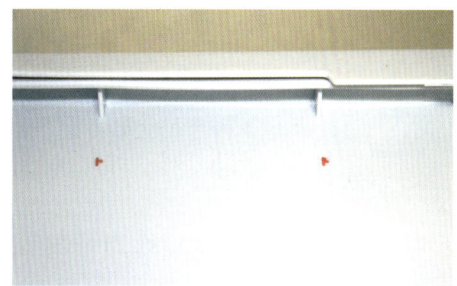

9.42 폴리우레탄 튜브의 입출구 위치를 표시한 모습

어떤 곳은 그냥 구멍만 뚫고, 어떤 곳은 원터치 피팅을 끼우는 이유

양액저장조 좌우 측면에 2개씩의 구멍을 뚫습니다. 그런데 하나는 그냥 구멍만 뚫고 하나는 구멍을 뚫은 후 원터치 피팅을 끼웁니다. 왜 그럴까요?

수중 펌프로부터 맨 위의 재배용기로 연결된 튜브는 수중 펌프와 재배용기에 고정되어 있어 구멍을 그냥 통과해도 아무런 문제가 없기 때문에 그냥 구멍만 뚫어 통과시킵니다.

그런데 양액저장조로 회수되는 튜브는 그냥 구멍을 통과시키면 튜브의 끝이 양액저장조 속에서 자유로운 상태로 있게 됩니다. 바깥에서 빼면 빠지기도 하고 튜브 끝이 위로 들려 있으면 빠져나오던 양액이 튜브를 타고 양액저장조 바깥으로 흘러나오기도 합니다(그림 9.43(a)). 이런 문제를 피하기 위해 회수되는 튜브는 원터치 피팅에 끼웁니다.

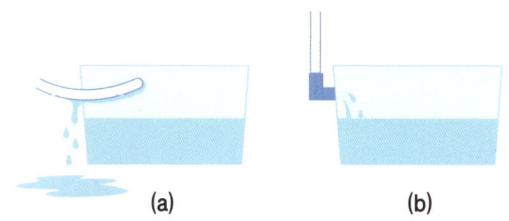

9.43 회수용 튜브에 원터치 피팅이 필요한 이유

03 구멍 뚫기

직경 12mm 목재용 드릴 비트로 양액저장조의 모든 구멍을 뚫습니다.

9.44 전동 드릴 드라이버에
직경 12mm 목재용 드릴 비트를 끼운 모습

9.45 양액저장조에 낸 구멍

04 회수용 구멍에 원터치 피팅 끼우기

그림 9.40을 참고하여 양액저장조의 회수용 구멍 위치를 확인합니다. 회수용 폴리우레탄 튜브에는 PL10-02 원터치 피팅을 사용합니다.

9.46 양액저장조 회수용 구멍에
PL형 원터치 피팅을 끼운 모습

05 수위계 만들기

수위계용 구멍에 위와 같이 PL08-02 원터치 피팅을 끼운 후 외경 8mm인 투명한 폴리우레탄 튜브를 끼워서 수위계를 만듭니다. 위쪽 끝은 양액저장조의 홈에 끼웁니다.

9.47 원터치 피팅과 투명 폴리우레탄 튜브로 만든 수위계

06 수중 펌프 고정

수중 펌프를 양액저장조 바닥의 중앙에 놓습니다. 수중 펌프용 전원 코드는 별도의 구멍을 뚫지 않고 양액저장조 몸체와 뚜껑 사이로 빼냅니다.

9.48 양액저장조에 배치한 수중 펌프

07 수중 펌프와 폴리우레탄 튜브 연결

외경 8mm 폴리우레탄 튜브를 약 5cm 정도 되도록 잘라 둡니다. 외경 10mm 내경 7mm인 실리콘 튜브도 4~5cm 정도의 길이로 잘라 둡니다. 폴리우레탄 튜브에 실리콘 튜브가 바깥으로 가도록 끼웁니다. 실리콘 튜브의 반대쪽은 수중 펌프 연장 부품의 안으로 들어가도록 끼웁니다. 수중 펌프 연장 부품을 수중 펌프 출구에 끼웁니다. 절연 테이프 등으로 감아 고정합니다.

9.49 수중 펌프 연장 부품(위), 실리콘 튜브(가운데), 폴리우레탄 튜브(아래)

9.50 실리콘 튜브로 수중 펌프 연장 부품과 폴리우레탄 튜브를 연결한 모습

9.51 수중 펌프에 결합한 모습

08 폴리우레탄 튜브 가지 나누기

폴리우레탄 튜브 끝에 PUT08 원터치 피팅을 끼웁니다. 원터치 피팅 양쪽에 외경 8mm 폴리우레탄 튜브를 끼웁니다. 튜브의 길이는 양액저장조에 뚫린 구멍을 빠져나와 3~5cm 여유를 가지도록 합니다. 양액저장조 바깥으로 나온 폴리우레탄 튜브 끝에 PUL08 원터치 피팅을 끼워둡니다.

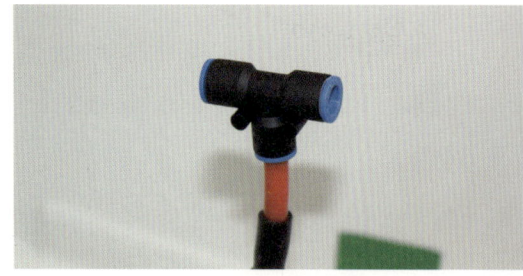
9.52 폴리우레탄 튜브 끝에 PUT08을 끼운 모습

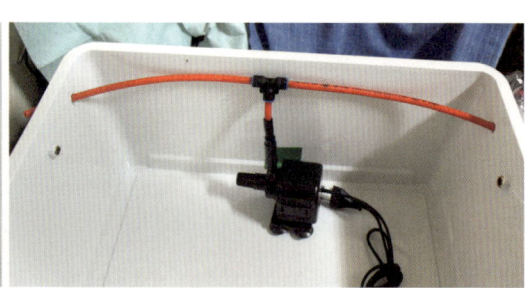
9.53 양쪽으로 폴리우레탄 튜브를 꽂은 모습

9.54 끝에 PUL08 원터치 피팅을 꽂은 모습

9.55 완성된 양액저장조

이렇게 해서 양액저장조를 완성했습니다. 양액저장조는 만들어 놓은 선반에 보관해 둡니다.

5 재배용기 만들기

재배용기는 제각각 구멍의 위치가 다르고 끼울 원터치 피팅도 다릅니다. 그러므로 그림 9.40을 참고하면서 구멍을 뚫고 원터치 피팅을 끼워야 합니다. 재배용기의 수위를 결정하는 것은 배수구입니다. 그림 9.40에서 아래쪽 화살표로 표시된 튜브가 양액이 아래로 흐르는 것을 뜻합니다.

아래쪽을 향하는 튜브의 위쪽 끝에 재배용기의 배수구가 있습니다. 배수구의 중심을 포트 바닥 높이에 맞춥니다.

01 재배용기에 구멍 위치 표시

그림 9.40을 참고하여 재배용기에 구멍을 뚫을 위치를 표시합니다.

02 구멍 뚫고 원터치 피팅 끼우기

앞에서 양액저장조 만들기와 같이 구멍을 뚫고 원터치 피팅을 끼웁니다. 양액이 올라가는 튜브는 외경 8mm이고 양액이 내려가는 튜브는 외경 10mm입니다. 튜브의 외경에 맞는 원터치 피팅을 끼웁니다.

9.56 원터치 피팅을 끼운 재배용기

03 재배용기를 틀에 배치하기

그림 9.40을 참고하여 재배용기를 재배기 틀에 배치합니다.

9.57 틀에 재배용기를 배치한 모습

04 재배판과 포트 고정하기

재배판을 재배용기 위에 얹고, 포트를 재배판의 구멍에 끼웁니다.

🌱 6 양액 순환용 폴리우레탄 튜브 연결하기

폴리우레탄 튜브를 끼우고 빼는 것은 **2장의 2. 용기에 튜브 끼우기**를 참고 바랍니다.

01 외경 8mm 폴리우레탄 튜브 연결하기

제일 위에 있는 재배용기는 다른 것과 달리 외경 8mm용 원터치 피팅이 하나 끼워져 있습니다. 이 원터치 피팅을 아래 방향으로 돌리고 외경 8mm 폴리우레탄 튜브를 끼웁니다. 튜브를 늘어뜨려 양액저장조로부터 나온 튜브 끝에 연결된 PUL08 원터치 피팅으로 가져가 길이를 가늠합니다. 니퍼로 튜브를 자르고 원터치 피팅에 끼웁니다.

9.58 맨 위의 재배용기

9.59 외경 8mm 폴리우레탄 튜브 연결

02 외경 10mm 튜브 연결하기

제일 위의 재배용기부터 아래로 내려가면서 외경 10mm 폴리우레탄 튜브를 연결합니다.

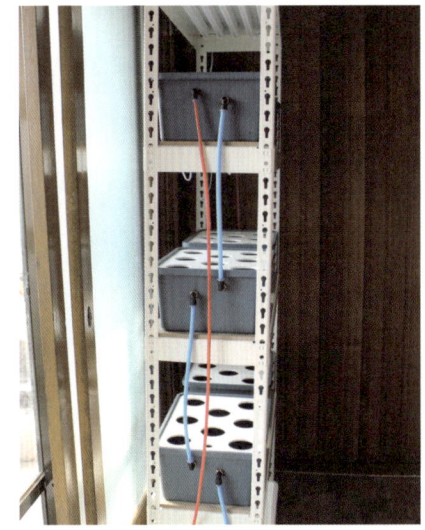

9.60 재배용기 사이의 튜브 연결하기

03 양액저장조로 들어가는 튜브 연결하기

제일 아래에 있는 재배용기와 양액저장조 사이를 폴리우레탄 튜브로 연결합니다.

9.61 제일 아래 재배용기와 양액저장조 사이를 연결한 폴리우레탄 튜브

04 반대쪽도 같은 방법으로 폴리우레탄 튜브를 연결합니다.

7 에어 펌프 연결

01 에어 펌프 걸기

에어 펌프를 S자 고리에 끼워 앵글 선반 기둥에 나 있는 구멍에 끼워봅니다. 에어 펌프의 높이는 양액저장조보다 위에 있도록 합니다. 가능하면 에어 펌프가 재배기 틀에 닿지 않는 것이 좋습니다. 에어 펌프의 고무 다리가 닿는 것은 큰 소음이 나지 않지만 에어 펌프의 플라스틱 몸체가 재배기 틀에 닿으면 떨리는 소리가 크게 납니다.

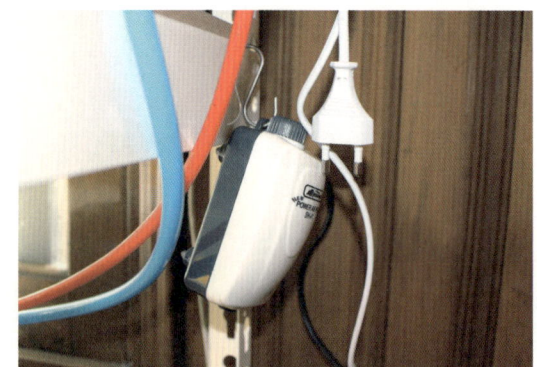

9.62 S자 걸이에 건 에어 펌프

02 에어 호스 연결하기

에어 펌프를 빼내어 출구에 에어 호스를 끼운 후 다시 걸이에 겁니다. 반대쪽 에어 호스를 늘어뜨려 양액저장조 바닥에 충분히 닿는 길이가 되는지 확인한 뒤 자릅니다. 자른 끝을 양액저장조의 외경 8mm 튜브가 나오는 구멍으로 넣습니다.

9.63 에어 펌프 출구에 끼운 에어 호스

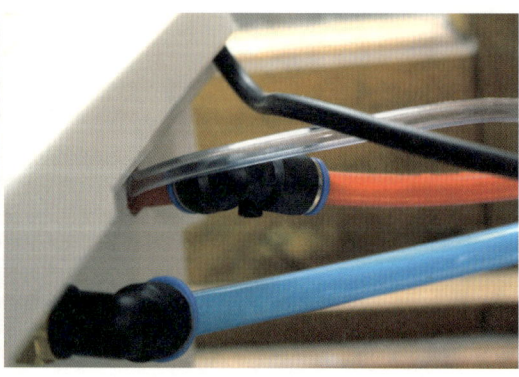

9.64 양액저장조로 들어가는 에어 호스

03 에어 스톤 꽂기

에어 호스 끝에 에어 스톤을 끼워 양액저장조 바닥에 놓습니다.

9.65 바닥에 놓은 에어 스톤

8 전원부 연결하기

그림 9.66을 참고합니다. 전원부를 연결할 때는 전기가 공급되지 않는 상태에서 합니다. 실제로 전기를 공급하는 것은 식물을 심고 나서 진행합니다.

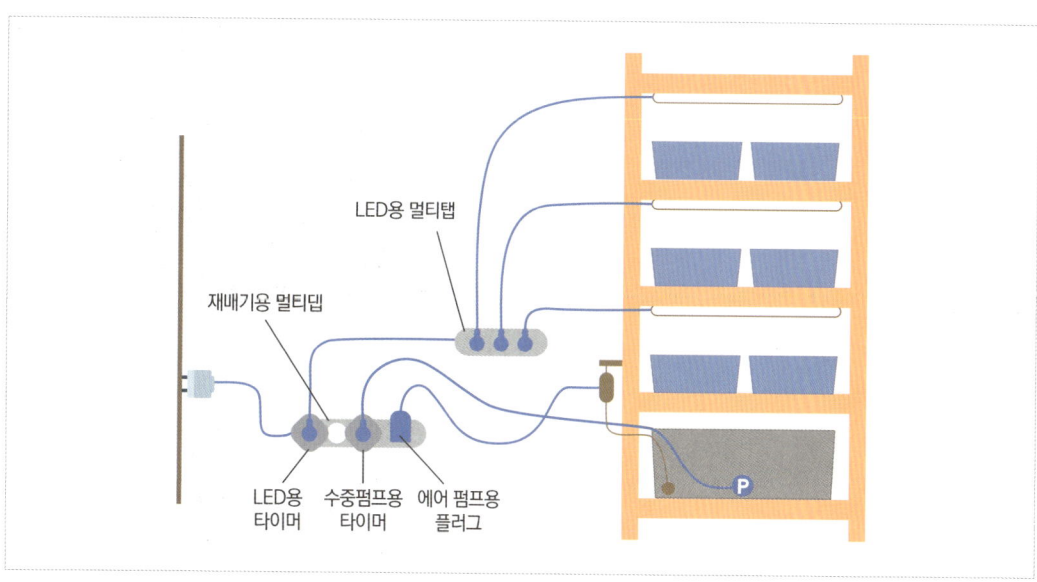

9.66 전원 연결을 설명하는 스케치

01 LED 램프용 멀티탭 고정하기

각 층의 LED 램프로부터 나온 전원 코드 하나씩을 LED 램프용 멀티탭에 꽂습니다. 전원 코드를 꽂은 채로 기둥의 적당한 위치를 정한 후 케이블 타이로 묶습니다.

9.67 LED 램프용 멀티탭

02 재배기 전체용 멀티탭 고정하기

5구 이상의 멀티탭에 타이머 2개와 에어 펌프의 전원 코드를 꽂습니다. 멀티탭의 전선이 아래쪽으로 향하게 합니다. 아래쪽의 타이머는 수중 펌프용으로, 위쪽의 타이머는 LED 램프용으로 사용합니다. 아래쪽의 타이머에 수중 펌프의 플러그를 꽂습니다. 멀티탭을 기둥에 케이블 타이로 고정합니다.

03 LED 램프용 멀티탭 플러그 꽂기

LED 램프용 멀티탭의 플러그를 위쪽의 타이머에 꽂습니다.

9.68 재배기 전체에 전원을 공급하는 멀티탭

04 전선 정리하기

당겨지는 전선이 없는지 다시 확인한 다음 늘어뜨린 전선을 감아서 케이블 타이로 묶습니다.

9.69 케이블 타이로 전선을 정리한 모습

식물 옮겨 심고 키우기

옮겨 심을 식물이 준비되었으면 식물을 옮겨 심고 기르기 시작할 수 있습니다. 식물을 옮겨 심은 후에는 타이머를 설정하고 전기를 공급합니다.

양액 채우고 식물 옮겨심기

01 전원 준비하기

재배기용 멀티탭에서 모든 타이머와 전원 플러그를 뽑니다. 수중 펌프용 타이머의 시간 설정 스위치(파란색 스위치)를 모두 OFF하여 어떤 때에도 타이머가 동작하지 않게 합니다. 그러면 타이머는 기능 스위치(노란색 스위치)를 ON으로 하면 켜지고 타이머로 하면 꺼지는 단순한 스위치가 됩니다.

기능 스위치를 타이머 쪽으로 한 후 재배기용 멀티탭에 꽂고, 타이머에 수중 펌프의 전원 플

9.70 타이머의 시간 설정 스위치(파란색)와 기능 스위치(노란색)

러그를 꽂습니다. 재배기용 멀티탭의 플러그를 벽의 콘센트에 꽂습니다. 이렇게 하면 타이머 옆의 기능 스위치로 수중 펌프를 ON/OFF할 수 있습니다.

02 양액 만들기

20L 말통 등을 이용하여 양액을 만듭니다. 양액 만드는 방법은 『도시농부를 위한 수경재배』(박영기 저, 혜지원) 또는 QR코드를 참고하시기 바랍니다.

종합한방 수경재배비료로
양액 만들기

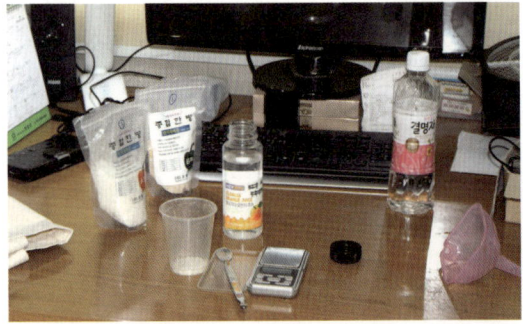
9.71 양액을 만드는 모습

03 양액저장조에 양액 붓기

만든 양액을 양액저장조에 붓습니다. 이때 양액저장조에 뚫은 구멍으로 양액이 흘러나가지 않도록 수위를 확인합니다.

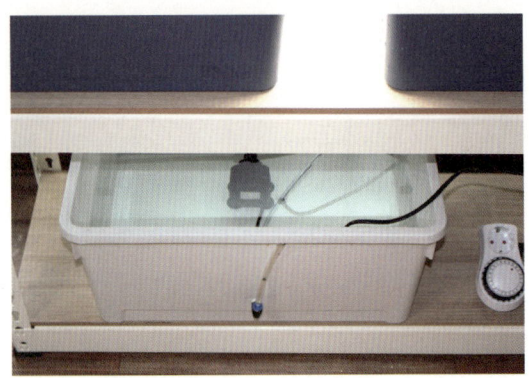
9.72 양액을 채운 양액저장조

04 수중 펌프 가동하기

수중 펌프용 타이머 옆의 기능 스위치를 ON으로 하여 수중 펌프를 가동합니다. 제일 위쪽의 재배용기로 양액이 흘러들어 가는지 확인합니다.

9.73 타이머를 이용하여 양액을 올리는 모습

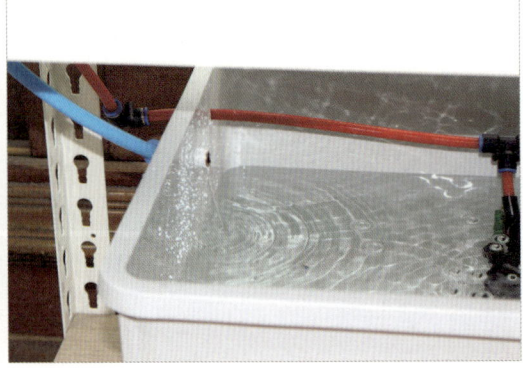
9.74 양액이 회수되는 모습

05 양액 반복적으로 만들어 넣기

양액저장조의 양액이 줄어들면 반복해서 채워 넣습니다. 양액저장조로 양액이 회수되기 시작하면 모든 재배용기에 양액이 채워진 것입니다. 추가로 양액저장조의 양액이 충분하도록 채워 줍니다.

06 에어 공급하기

에어 스톤을 양액저장조의 바닥에 놓고 에어 펌프의 전원을 재배기용 멀티탭에 꽂습니다. 공기 방울이 생기는지 확인합니다.

9.75 에어 펌프를 가동하는 모습

07 마무리하기

양액이 새는 곳이 없는지 확인 후 양액저장조의 뚜껑을 덮습니다. 이제 사용하면서 양액을 보충할 때 외에는 뚜껑을 열 일이 없습니다.

9.76 양액 공급하기가 마무리된 모습

08 식물 옮겨심기

식물 옮겨심기는 아주 간단합니다. 준비한 모종을 재배기의 포트에 넣기만 하면 됩니다. 처음에는 모종이 포트 내에서 고정이 되지 않은 듯한 느낌이 들지만 문제가 있는 것은 아닙니다. 시간이 지나면서 뿌리가 포트의 틈으로 뻗어 나가 스스로 자세를 잡습니다. 황토 볼 등의 배지를 채우면 자세를 잡는 데에 도움이 됩니다.

9.77 옮겨 심을 모종

9.78 옮겨 심은 지 6일이 지난 후의 모습

🌱2 타이머 맞추고 전원 공급하기

01 수중 펌프용 타이머 맞추기

수중 펌프용 타이머를 재배기용 멀티탭에서 뺍니다. 수중 펌프용 타이머에 꽂혀 있는 수중 펌프 전원 플러그를 뺍니다. 타이머의 스위치 조각을 1개 ON, 3개 OFF, 1개 ON, 3개 OFF…로 반복이 되도록 맞춥니다.

이렇게 하면 45분 OFF, 15분 ON이 반복됩니다. 즉, 매시간마다 15분씩 양액을 순환시키게 됩니다. 옆의 기능 스위치를 타이머로 맞춥니다. 수중 펌프의 플러그를 타이머에 꽂고, 타이머를 재배기용 멀티탭에 꽂습니다.

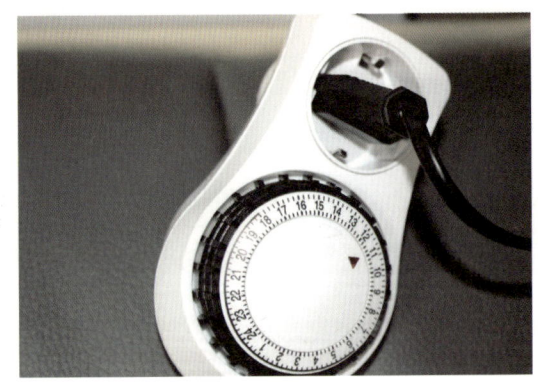
9.79 1시간마다 15분 동작하도록 맞춘 수중 펌프용 타이머

02 LED 램프용 타이머 맞추기

LED 램프용 타이머에 꽂혀 있는 LED 램프용 멀티탭의 플러그를 빼고, LED 램프용 타이머를 재배기용 멀티탭에서 뺍니다. LED 램프용 타이머의 시간을 맞춥니다. 식물의 위치에서 조도계로 조도를 재어 보아 조도와 시간을 곱한 값이 하루에 80,000lux·hr 이상이 되도록 합니다. 시간을 맞추었으면 LED 램프용 멀티탭의 전원 플러그를 LED 램프용 타이머에 꽂고, LED 램프용 타이머를 재배기용 멀티탭에 꽂습니다.

지금까지 흔히 구할 수 있는 앵글 선반, T5형 LED 램프, 수족관용 수중 펌프, 수족관용 에어 펌프를 이용하여 DFT 방식의 재배기 만드는 법을 소개했습니다. 이 재배기를 가정에서 사용한다면 사람이 지내기에 알맞은 온도를 식물이 제공받기 때문에 굳이 온도를 자동으로 제어하는 값비싼 재배기를 만들 필요가 없습니다.

사무실에서 사용한다면 겨울철 밤의 저온을 견딜 수 있는 대책이 필요합니다. 이 책에서 자세히 다룰 수는 없으나 양액저장조에 수족관용 수중 히터를 사용하는 방법, 재배기 틀을 전기 발열 패드 등으로 두르는 법 등으로 열을 낼 수 있습니다. 열을 가두기 위해 식물 텐트를 구입하거나 비닐을 두르는 방법도 사용할 수 있습니다.

10장

옥상에
수경재배텃밭 만들기

    옥상에서도 수경재배로 식물을 키울 수 있습니다. 옥상은 천혜의 자원인 태양빛을 받을 수 있기 때문에 빛 공급에 대해서는 걱정할 필요가 없습니다. 대신 한여름 뜨거운 옥상 바닥에 대한 대비가 있어야 합니다.

    장애인배움터 선생님, 학생들과 함께 옥상에 수경재배텃밭을 만든 예를 소개합니다. 뜨거운 열기로부터 뿌리를 보호하기 위해 고형 배지가 있는 저면급액법을 적용했고, 시중에 팔고 있는 신발장을 사용하여 옥상 바닥에 트레이가 직접 닿지 않도록 했습니다.

10.1 옥상에 만든 수경재배텃밭

옥상의 환경 및 준비

❶ 빛
　옥상은 태양으로부터 빛이 공급되고, 태양이 시간에 맞추어 뜨고 지기 때문에 광합성을 하기 위한 빛에 있어서는 너무도 좋은 조건을 가졌습니다.

❷ 온도
　옥상이 태양으로 받은 빛 중 반사하지 못한 것은 열로 바뀝니다. 뙤약볕이 내리쬐면 옥상의 표면 온도는 섭씨 50도 이상으로 올라갑니다. 옥상의 높은 온도는 식물이 자라는 데에 위험 요소로 작용합니다.

❸ 바람
　옥상에서는 바람이 많이 붑니다. 부드러운 바람은 식물에게 좋지만 강한 바람은 기공을 닫게 하여 광합성을 방해합니다. 바람이 불면 수분의 증발도 빨리 일어납니다.

❹ 비
　옥상은 비가 내리면 빗물을 고스란히 받는 곳입니다. 소나기를 만날 수도 있고 장마도 겪어야 합니다. 이에 대한 대비를 해야 합니다.

❺ 다른 생물
　옥상은 곤충뿐만 아니라 고양이, 새들도 드나드는 곳입니다. 식물이 어릴 때는 철망 등으로 덮어서 새가 파헤치지 않도록 합니다.

❻ 환경 갖추기: 물 공급

10.2 물 공급을 준비한 모습

　물을 편리하게 사용할 수 있도록 해야 합니다. 수도 시설이 없다면 아래층에서 끌어오거나 빗물 저금통을 설치하여 물을 언제나 쉽게 사용할 수 있도록 해야 합니다.

설계하기

1 주어진 치수 확인하기

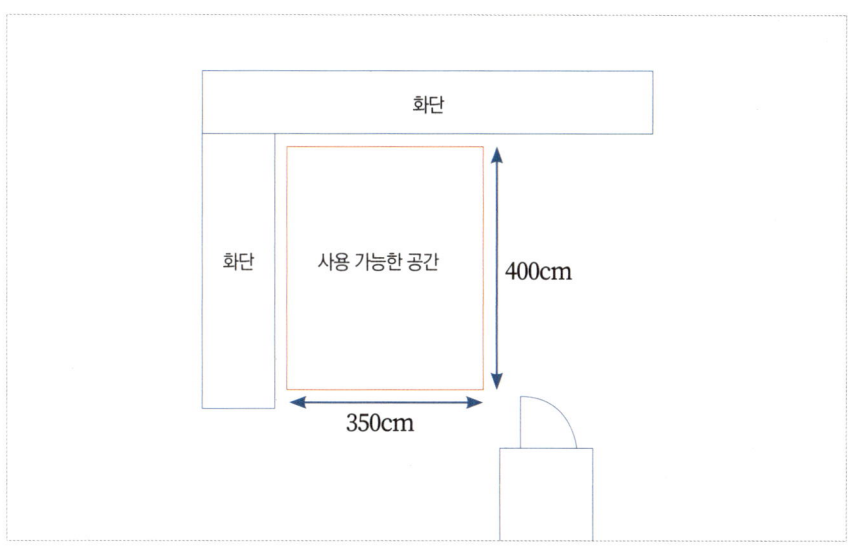

10.3 텃밭으로 사용할 치수

텃밭으로 만들 수 있는 치수를 확인합니다. 가장자리까지 재배기를 놓아도 되는 환경인지, 여유를 두어야 하는 상황인지 확인합니다.

2 설계도 그리기

주어진 치수 내에서 양액저장조를 놓을 공간, 식물의 종류, 식물의 수량, 식물에 맞는 포트의 크기, 사람이 다닐 통로를 고려하여 설계도를 작성합니다. 종이에 자로 그려도 좋고, 간단한 무료

CAD 프로그램을 이용해도 좋습니다. '무료 CAD 프로그램'으로 검색하면 많은 CAD 프로그램을 볼 수 있습니다. 저는 TurboCAD 2D ver 6.4를 사용했습니다.

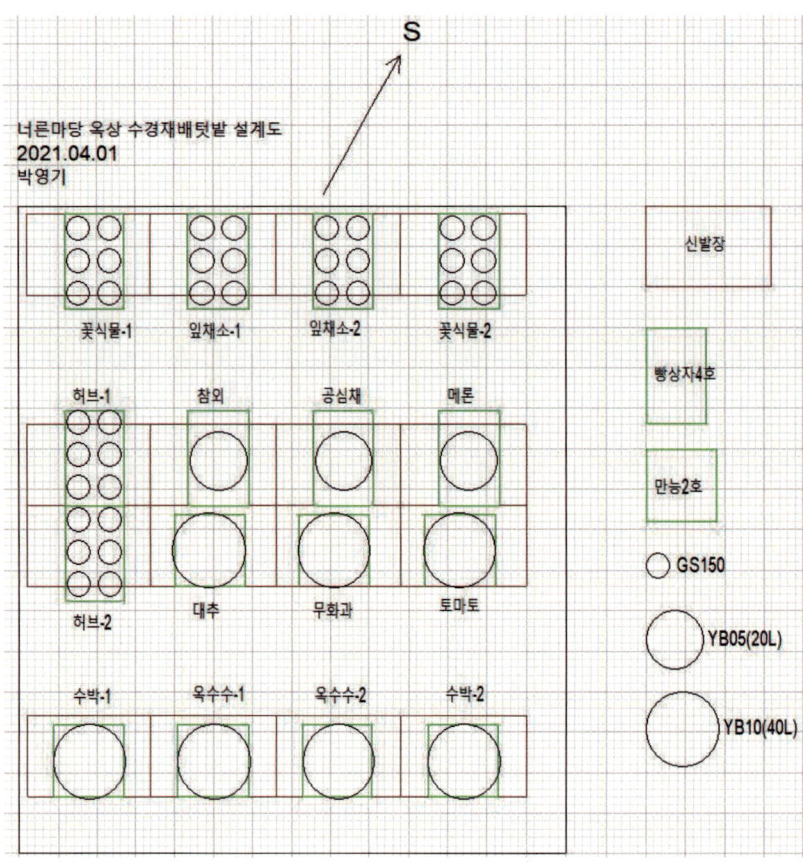

10.4 부품의 치수를 적용한 설계도

❶ 키울 식물 정하기

키우려는 식물을 정합니다. 실외이기 때문에 계절에 맞는 식물을 선택해야 합니다. 식물이 자랐을 때의 크기도 감안해야 합니다.

❷ 식물에 맞는 재배용기 정하기

식물의 크기에 맞는 포트나 컨테이너를 정합니다. 원예용품 파는 곳에서 다양한 포트를 팔고 있습니다. 그림 10.1에서 흰색인 것은 칼라포트-백색이고 검은색인 것은 묘목재배용 컨테이너입니다. 그림 10.4의 GS150, YB05(20L), YB10(40L)은 시중에서 팔고 있는 포트의 상품코드입니다.

❸ 재배용기에 맞는 트레이 정하기

저면급액법에 적합한 트레이를 별도로 팔고 있지 않으므로 다른 용도의 적당한 기성품을 구입하여 사용합니다. 그림 10.4의 빵상자4호, 만능2호에서 보듯이 빵상자와 만능상자를 트레이로 사용했습니다.

❹ 트레이에 맞는 틀 정하기

트레이를 얹어서 지탱할 수 있는 틀을 정합니다. 가능하면 플라스틱을 사용하지 않기 위해 여기서는 원목 신발장을 사용했습니다. 무거운 것을 올릴 수 있게 틀은 눕혀서 사용합니다.

❺ 식물, 틀, 트레이, 재배용기 배치하기

식물의 종류와 위치에 맞도록 틀-트레이-재배용기를 배치합니다. 양액저장조를 둘 공간이 별도로 있다면 괜찮지만 그렇지 않으면 양액저장조를 둘 공간을 갖추어야 합니다. 사람이 다닐 수 있는 통로도 만들어야 합니다. 통로에 쪼그려 앉았을 때 등이 닿지 않을 정도의 공간이 필요합니다. 남쪽에 키가 작은 식물을 배치합니다.

❻ 식물과 부품 수량 결정

식물, 재배용기, 트레이, 틀의 배치가 완료되면 자연스럽게 식물과 부품의 수량이 나옵니다.

3 부품 구입 및 가공하기

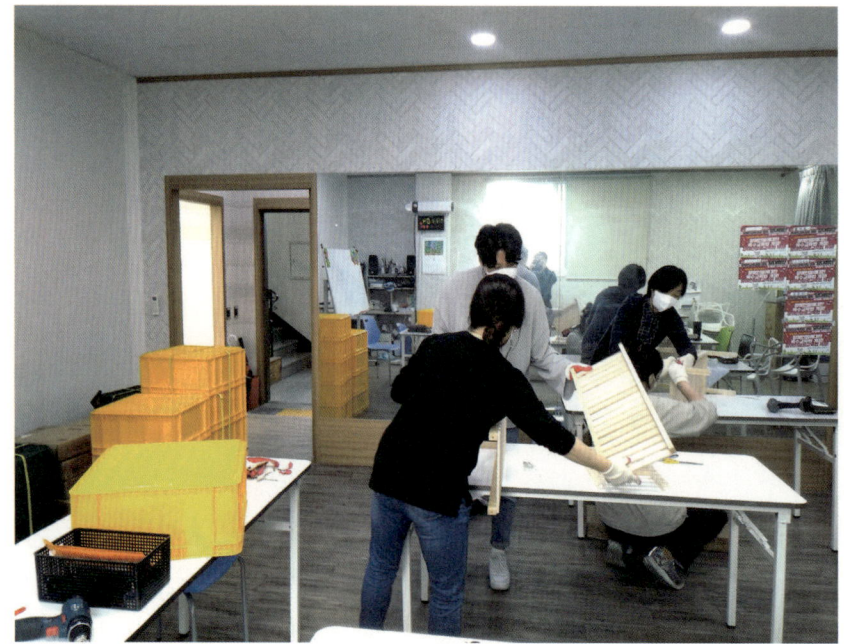

10.5 틀과 트레이 제작 모습

설계도를 그려 보아 문제가 없으면 부품을 구입하고 가공합니다. 부품 구입처는 부록에 정리해 두었습니다. 가공할 것은 트레이밖에 없는데, 비가 많이 왔을 때 트레이에 물이 차지 않도록 재배용기 높이의 1/10 되는 위치에 맞추어 트레이에 구멍을 뚫어 둡니다.

높이를 잴 때는 트레이 안쪽 바닥을 기준으로 합니다. 가능하면 PL형 원터치 피팅을 꽂아서 빗물이나 양액 조절이 더 쉽도록 합니다. 플라스틱에 구멍을 뚫고 원터치 피팅을 끼우는 것은 ==2장의 2. 용기에 튜브 끼우기==를 봐 주시기 바랍니다. 기타 갖추어야 할 것은 다음과 같습니다.

❶ 양액저장조, 양액 운반 용기

양액저장조로 쓸 70~100L 정도의 뚜껑 있는 통을 구입합니다. 양액저장조의 양액을 떠서 트레이에 부을 용기도 준비합니다. 손잡이가 달린 용기면 됩니다. 물뿌리개를 사용해도 좋습니다. 옥상의 바람에 뒹굴더라도 부서지지 않을 재질로 된 것을 구합니다. 용량은 2~5L 정도 되는 것이 좋습니다.

❷ 양액을 만들 도구(전자저울, 스푼, 작은 컵, 입구가 넓은 용기 2개)

옥상은 땡볕이 들거나, 비가 오거나, 바람이 불 수 있으므로 옥상에서 양액을 만드는 것은 바람직하지 않습니다. 편안하게 실내에서 농축 양액을 만든 후 양액저장조에 받아 놓은 물에 희석하는 것이 훨씬 편리합니다. 입구가 넓은 용기는 흔들어도 물이 새지 않는 것을 사용합니다.

농축 양액 만드는 법

1. 양액저장조의 용량을 기준으로 들어가야 할 수경재배용 비료의 양을 계산합니다.
2. 입구가 넓은 용기 2개에 용기 부피의 80% 정도 되는 물을 각각 받습니다.
3. A, B 비료를 위 1에서 계산한 만큼 계량하여 용기에 각각 넣습니다.
4. 흔들어서 가루비료는 녹게 하고, 액체 비료는 물과 섞이게 합니다.
5. 양액저장조에 A를 넣어 섞어 줍니다.
6. 양액저장조에 B를 넣어 섞어 줍니다.
7. 농축 양액을 넣었던 용기를 물에 헹구어 보관합니다.

옥상에 텃밭 설치하기

가공한 부품을 옥상으로 들고 가서 설치합니다.

1 틀 배치하기

도면을 보면서 틀을 놓습니다. 틀의 돌출부가 다니는 데에 방해가 되지 않도록 배치합니다.

10.6 틀 위에 트레이를 배치한 모습

2 트레이 배치하기

식물에 맞는 트레이를 틀 위에 놓습니다. 관리하기 쉽게 트레이에 부착한 원터치 피팅이 통로 쪽으로 향하도록 방향을 잡습니다.

3 재배용기 배치하기

식물 크기에 맞는 재배용기(포트나 컨테이너)를 트레이에 넣습니다.

10.7 식물에 알맞은 재배용기를 트레이에 넣는 모습

4 배지 넣기

재배용기(포트나 컨테이너)에 인공 배지를 붓습니다. 포트와 컨테이너는 아래쪽에 구멍이 뚫려 있어 배지를 넣으면 일부 흘러나오기도 합니다. 신경 쓰지 말고 붓습니다. 한꺼번에 많이 넣으면 흘러나오는 양을 줄일 수 있습니다. 배지로 사용하는 버미큘라이트와 펄라이트는 가루가 많이 발생하니 마스크를 쓰고 합니다.

10.8 포트에 인공 배지를 넣는 모습

5 양액 붓기

처음의 배지는 매우 건조한 상태이기 때문에 젖게 하기 위해 양액이 무척 많이 들어갑니다. 트레이에 부어서 스며들게 하기에는 시간이 너무 많이 걸리므로 트레이로 흘러나올 때까지 배지 위에 붓습니다.

10.9 배지에 양액을 붓는 모습

6 식물 옮겨심기

준비된 식물이 있으면 옮겨 심습니다.

10.10 준비된 식물을 옮겨 심는 모습

> **저면급액법에서 식물을 키우면서 양액 주는 법**
>
> 양액은 트레이에 부어 줍니다. 트레이의 양액이 모두 말랐을 때 처음 높이(배지의 1/10 정도)가 되도록 부어 줍니다. 부어 준 양액이 일주일 이상 마르지 않으면 다음부터는 부어 주는 양을 줄입니다.
>
> 2일 이내에 마르면 조금 더 부어 줍니다. 매일 부어 주어야 한다면 재배용기가 식물에 비해 작은 것입니다. 재배용기를 큰 것으로 바꾸어 주는 것이 좋지만 그렇게 하기 어려우면 가지치기를 하여 필요한 곳으로만 양액이 소비되도록 합니다.

11장

양액 부족 알람 울리고 수중 펌프 전원 차단하기

수경재배를 자동화할 때 통상적으로 제일 먼저 자동화 대상이 되는 것은 식물에 비추는 LED 램프와 양액저장조 속의 수중 펌프입니다. 이것들은 콘센트 타이머를 사용하여 간단히 자동화할 수 있습니다. 그 다음으로 자동화하고 싶은 것이 양액저장조의 양액이 부족할 때 소리나 빛으로 알려 주고, 동시에 수중 펌프를 OFF하는 것이라 생각합니다.

이 장에서는 양액이 부족할 때 알람이 울리고 수중 펌프의 전원을 차단하는 제어기를 만들어 보겠습니다. 사람이 잘 다니지 않는 곳에는 알람을 울려 주의를 끌도록 하고, 사람이 가까이 있는 곳은 LED 램프를 점멸하는 방법이 좋습니다.

자동화하는 일은 식물을 키우는 기간 중에 하기에는 번거로운 점이 많습니다. 그러므로 자동화 장치를 미리 만들어 두었다가 재배기를 만들 때에 적용하는 것이 좋습니다.

순서도 그리기

목표는 양액저장조의 양액이 기준 이하로 낮아지면 버저로 알려 주고 수중 펌프의 전원을 차단하는 것입니다. 이를 실현하기 위해 아두이노가 어떻게 동작하도록 할 것인지를 구체적으로 설계할 필요가 있습니다.

이를 위해서 순서도(flowchart)를 그립니다. 아주 간단한 동작은 바로 프로그래밍할 수 있지만 복잡한 동작을 프로그래밍하기 위해서는 순서도를 그리는 것이 실수를 막을 수 있고, 실수가 있을 때 고치기가 쉽습니다.

아두이노 동작을 위한 순서도는 종이에 펜으로 작성해도 무방합니다. 중요한 것은 순서도를 작성함으로써 어렴풋한 생각을 명확히 표시하여, 맞는 것과 틀린 것을 분명히 하는 것입니다.

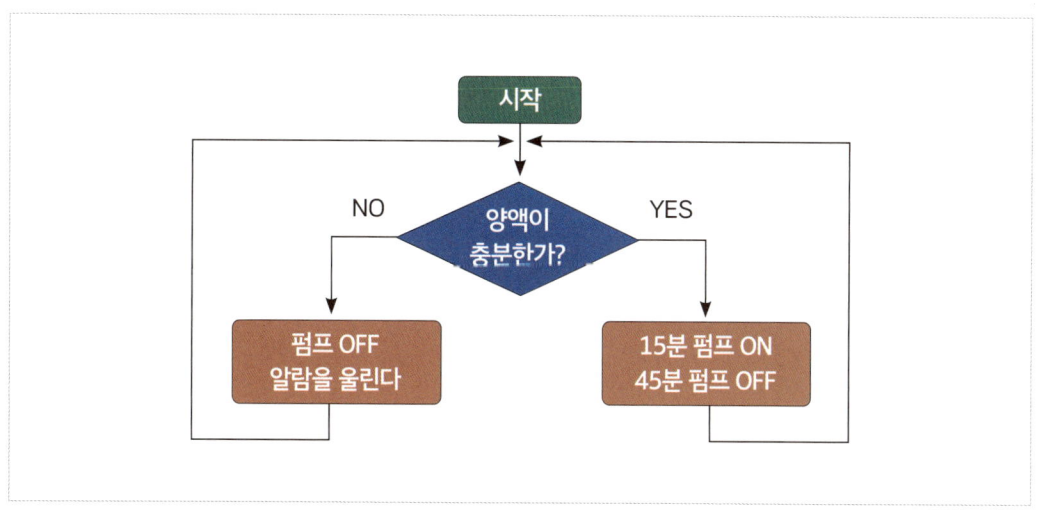

11.1 양액 수위가 낮아지면 알람이 울리고 수중 펌프의 전원을 차단하는 순서도

그림을 보면, 제일 처음 하는 일이 센서로 양액의 수위를 측정하는 것입니다. 양액 수위에 따라 두 경우로 나누어집니다.

양액이 충분하면, 오른쪽 경로로 갑니다. 수중 펌프가 15분간 켜진 후 45분간 꺼지는 동작을 하고, 처음으로 되돌아갑니다. 양액이 충분한 동안은 오른쪽 경로를 반복합니다. 이것이 평소의 정상적인 상태입니다. 그러던 중 식물이 양액을 소모하여 양액이 부족해지면 왼쪽 경로로 갑니다.

왼쪽 경로로 가면, 수중 펌프를 끄고 알람을 울립니다. 이후 처음으로 돌아갑니다. 양액을 공급하지 않는 한 양액이 부족한 상태가 유지될 것이므로 펌프는 계속 꺼져 있고 알람은 계속 울립니다. 양액이 부족한 것을 알고 양액을 보충하면 다시 오른쪽 경로를 반복합니다.

프로그래밍을 위한 회로 연결

핵심적인 부품들을 연결하여 모든 부품이 바르게 동작하는지 확인해야 합니다. 이를 위해 시험 회로를 연결합니다. 여기서 동작을 확인해야 하는 부품은 아두이노, 수위 센서, 릴레이, 버저입니다.

1 필요한 부품

01 아두이노 나노와 USB 케이블: 각 1개

아두이노 나노를 쓰는 이유는 크기가 작아 공간을 적게 차지하기 때문입니다. 아두이노 우노 등 다른 보드를 사용해도 됩니다. 보드마다 USB 케이블이 다르니 맞추어 준비하시기 바랍니다. 정품이 아닌 보드는 컴퓨터에 칩셋 드라이버를 설치해야 보드를 인식합니다 **(4장의 3. 호환 보드용 드라이버 설치 참고)**.

11.2 아두이노 나노

02 광학식 수위 센서 FS-IR02: 1개

빛의 반사와 굴절을 이용한 수위 센서입니다. 시중에 아두이노 관련 수위 센서나 토양 습도 센서가 많이 나와 있는데, 금속이 드러나 있는 것은 적합하지 않습니다. 학습용으로는 적합할지 모르지만 양액에 계속 담겨 있으면 부식됩니다. 양액이 토양 습도 센서를 부식시키는 것에 대한 내용은 다음 페이지의 QR코드를 보아 주시기 바랍니다.

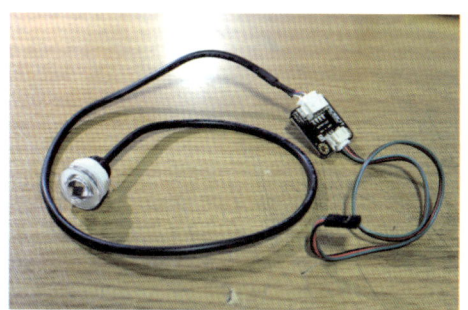

11.3 광학식 수위 센서

'FS-IR02'란 키워드로 검색하세요. 쇼핑몰에 따라 가격 차이가 크므로 비교해서 구입하시기 바랍니다. 빛이 직접 쪼이는 곳에서는 오동작이 일어날 수 있어 빛 가림이 필요합니다만 양액저장조는 뚜껑을 덮어 놓기 때문에 문제가 없습니다.

토양 습도 센서의 부식과 해결

03 수동 버저: 1개

버저는 능동 버저(active buzzer)와 수동 버저(passive buzzer)가 있습니다. 능동 버저는 전원만 가하면 스스로 소리를 냅니다. 하지만 소리의 높낮이를 조절할 수 없습니다. 수동 버저는 프로그램으로 소리의 높낮이를 조절할 수 있습니다. 여기서는 수동 버저를 사용하겠습니다.

11.4 수동 버저

04 릴레이 모듈: 1개

릴레이(relay)는 코일에 신호 전류가 흐르면 전자석이 되어 스위치가 동작하는 부품입니다. 그림 11.7에서 COM은 공통(common)을 뜻합니다. 여기에는 전기 부품을 동작시키 위한 전원이 연결됩니다. NO는 normally open을 뜻합니다. 평소에는 열려 있고, 신호가 가해지면 닫힙니다.

NC는 normally closed를 뜻합니다. 평소에는 닫혀 있고, 신호가 가해지면 열립니다. 릴레이가 동작할 때는 특유의 딸깍거리는 소리가 납니다. 자동차의 방향 지시등이 깜빡일 때 딸깍거리는 소리가 나는 것이 릴레이가 동작하는 소리입니다.

릴레이 모듈은 릴레이가 포함되어 아두이노로부터 신호를 받아 릴레이를 동작시키는 모듈입니다. 아두이노의 신호만으로는 전류가 약해서 릴레이를 동작시키

11.5 릴레이 모듈

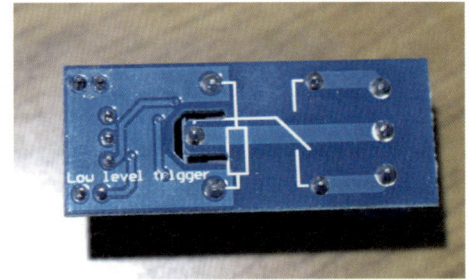

11.6 릴레이 모듈 뒷면

기가 어렵기 때문에 5V 전원을 함께 연결하여 신호에 따라 충분한 전류를 흘려 주는 회로가 포함되어 있습니다.

그림 11.6을 보면 Low level trigger라고 적혀 있습니다. 이것은 신호가 LOW(0V)일 때 릴레이가 동작한다는 뜻입니다. 그러므로 평소에는 신호가 HIGH(5V)입니다. High level trigger에 맞추어 작성한 프로그램을 적용하려면 프로그램에서 단순히 HIGH와 LOW를 반대로 해 주면 됩니다.

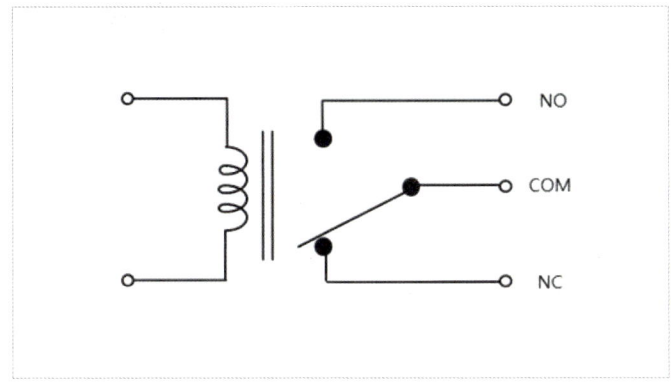

11.7 릴레이 모듈에 포함되어 있는 릴레이의 회로 기호

릴레이 모듈을 스위치로 쓰기 위한 전선 연결

실제로 릴레이 모듈을 스위치로 쓰기 위해 전선을 연결할 때는 릴레이 모듈에 있는 단자를 이용합니다. 나사를 푼 다음 피복을 벗긴 전선을 넣고 나사를 조여 주면 고정됩니다. 이를 위해서는 작은 십자 수동 나사가 필요합니다. 오른쪽의 노란색, 검은색, 빨간색 전선은 점퍼선을 꽂은 것인데, 릴레이에 전원과 신호를 보내기 위한 것입니다.

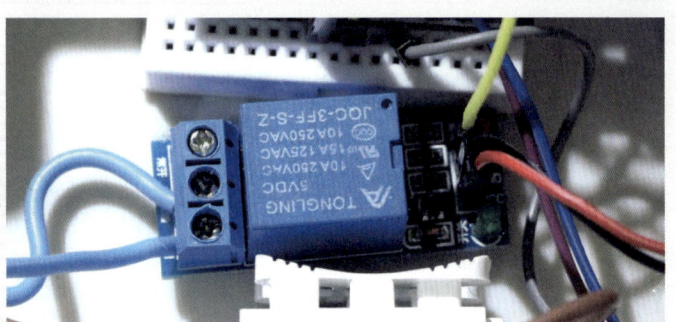

11.8 단자에 전선(하늘색)을 연결한 모습

05 미니 브레드보드: 1개

브레드보드는 납땜을 하지 않고 회로를 연결할 수 있게 만든 것입니다. 점퍼선을 꽂을 수 있는 구멍이 있고, 구멍 아래에는 점퍼선을 물고 있을 수 있는 금속 조각이 연결되어 있습니다.

그림에서 가로로 난 분리선을 기준으로 위와 아래가 전기적으로 차단되어 있습니다. 위와 아래는 각각 세로로 다섯 개의 구멍이 내부적으로 연결되어 있습니다. 가로로는 어떤 것도 연결된 것이 없습니다.

11.9 미니 브레드보드

아두이노로 회로를 연결하다 보면 5V와 GND 단자가 부족할 때가 많습니다. 예를 들면, 5V 단자는 두 개인데, 연결할 부품은 네 개가 있을 수 있습니다. 이럴 경우 브레드보드를 사용해서 서로의 연결을 확장할 수 있습니다.

06 띠로 된 점퍼선 M-M, M-F, F-F: 각 1개

11.10 40개가 띠 형태로 묶어져 있는 점퍼선

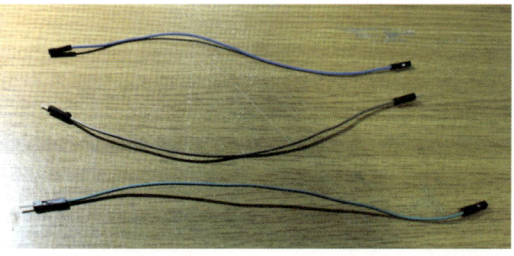

11.11 세 가지 형태의 점퍼선(위: F-F, 가운데: M-M, 아래: M-F)

11.12 F(female) 단자

11.13 M(male) 단자

점퍼선은 40pin으로 된 것을 많이 팔고 있고, 길이는 10cm, 20cm인 것이 많습니다. 띠 모양의 것은 느슨하게 연결되어 있어, 당기면 갈라지면서 전선을 하나씩 분리할 수 있습니다. 점퍼선은 전선 끝에 어떤 단자를 달았는지에 따라 세 가지 종류가 있습니다. 암 단자('F'라고 표시: 그림 11.12)와 수 단자('M'이라고 표시: 그림 11.13) 두 가지가 두 끝에 연결되어 있으니까 F-F, F-M, M-F, M-M이 됩니다. 그런데 F-M이나 M-F는 사실상 같은 것이므로 결국 3가지가 됩니다. 판매할 때도 M-M, M-F(또는 F-M), F-F로 표시합니다.

2 단자 결정하기

동작을 확인하려는 부품을 아두이노 보드의 어떤 단자에 연결할지를 정합니다. 모두 디지털 신호를 다루므로 앞에 D가 붙은 단자를 지정합니다. 이 중 D0, D1 단자는 송수신용 단자이므로 사용하지 않습니다. 여기서는 다음과 같이 정합니다.

> 수위 센서: D9
> 릴레이: D5
> 버저: D7

3 회로 연결하기

그림과 같이 아두이노 보드와 신호를 주고받는 부품을 연결합니다.

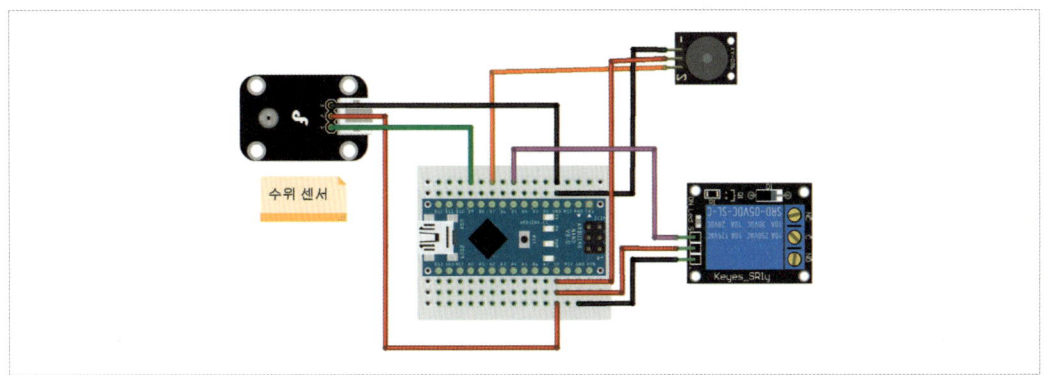

11.14 동작을 테스트할 회로 연결

업로드하고 시험하기

아두이노에 수위 센서, 버저, 릴레이만 연결하여 동작을 확인합니다. 이렇게 하는 이유는 수경재배기에 바로 적용할 정도로 조립이 되었을 때 동작을 제대로 하지 않으면 고치는 데 훨씬 번거롭기 때문입니다.

1 필요한 도구

① 컴퓨터: PC, 노트북, 태블릿PC를 사용할 수 있습니다.
② 소스 파일 : 다운로드하여 사용합니다.
③ 물컵과 물: 동작을 확인하는 데 사용합니다.

2 소스 파일 다운로드하여 아두이노에 업로드하기

❶ 소스 파일 다운로드하기

코딩은 직접 해도 되지만, 이 책은 코딩을 공부하기 위한 것이 아니니 작성해 놓은 소스 파일을 불러와 사용하겠습니다. 혜지원 홈페이지(www.hyejiwon.co.kr)의 자료실 > 실용 코너에서 『도시농부를 위한 수경재배기 만들기』 소스 파일을 다운로드합니다.

```
nutrient_level_alarm_2021-07-14 | 아두이노 1.8.15

파일 편집 스케치 툴 도움말

nutrient_level_alarm_2021-07-14
1  /****************************************
2  * 양액 수위 알람
3  *
4  * Liquid Level Sensor-FS-IR02 사용
5  *
6  * 수위가 높을 때: 15분 펌프 ON, 45분 펌프 OFF 반복
7  * 수위가 낮을 때: 알람이 울리고 펌프 OFF
8  *
9  * 2021.07.14
10 * 박영기
11 ****************************************/
12
13 int level_pin = 9;
14 int relay_pin = 5;
15 int buzzer_pin = 7;
16
17 void setup()
18 {
19   Serial.begin(9600);
20   pinMode(level_pin, INPUT);
21   pinMode(relay_pin, OUTPUT);
22   pinMode(buzzer_pin, OUTPUT);
23 }
24
25 boolean level;
26
```

11.15 다운로드한 소스 파일을 스케치로 연 모습

❷ USB 케이블 연결

아두이노 보드와 컴퓨터를 USB 케이블로 연결합니다. 그림에서 왼쪽으로 길게 연장된 케이블이 컴퓨터의 USB 포트에 꽂혀 있습니다.

11.16 컴퓨터에 연결된 USB 케이블을 아두이노에 꽂은 모습

> **아두이노에 USB 케이블을 연결하니 이상한 동작을 해요!**
>
> 만약 아두이노에 이전에 업로드한 프로그램이 있다면 USB 케이블이 공급하는 전원에 의해 어떤 동작을 할 수 있습니다. 잘못된 것이 아니니 무시합니다.

❸ 소스 파일 열기

스케치를 실행하면 초기 화면이 나타납니다. [파일 >> 열기]로 들어가 다운로드한 소스 파일을 엽니다. 처음 소스 파일을 열 때는 그림 11.17과 같은 창이 뜹니다. 확인을 누르면 그림 11.15와 같이 스케치가 소스 파일을 보여 줍니다.

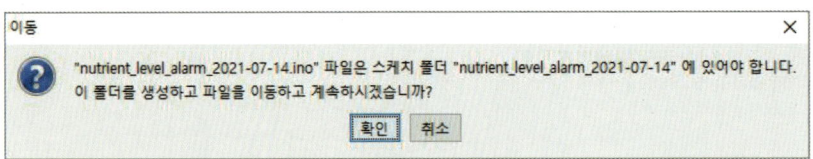

11.17 동일한 이름의 폴더를 자동 생성하는 질문

❹ 아두이노 보드 설정

스케치에서 [툴 >> 보드 >> arduino AVR boards >> Arduino Nano]를 선택합니다. 아두이노 우노를 사용한다면 마지막을 [Arduino Uno]로 선택합니다.

❺ 포트 설정

[툴 >> 포트]로 들어가면 COM1이 기본으로 나타납니다. COM1이 아닌 것이 아두이노에 연결된 것이니 그것을 선택합니다. 만일 COM1밖에 없으면 PC가 아두이노 보드를 인식하지 못하는 것이니 1부의 <mark>4장 3. 호환 보드용 드라이버 설치</mark>를 보고 드라이버를 설치한 후에 포트를 지정해야 합니다.

❻ 소스 파일 업로드

➡를 클릭하여 컴파일과 업로드를 진행합니다. 스케치의 아래 창 위에 "스케치를 컴파일 중..."이라는 메시지가 나타나고 오른쪽에 진행 정도를 막대로 보여 줍니다. 이후 "업로딩..."이라는 메시지가 나타납니다. 시간이 지나면 "업로드 완료"라는 메시지가 나타납니다. 그러면 스케치에 있는 프로그램이 아두이노 보드에 실린 것입니다.

아두이노는 프로그램이 업로드된 후 곧바로 실행되기 때문에 릴레이가 '딸깍'하고 동작하고 버저에서 경고음이 나옵니다. 수위 센서가 공기 중에 있기 때문입니다.

❼ 동작 확인하기

컵에 물을 담고 수위 센서의 끝을 조금 담그면 다시 릴레이가 동작하고 버저의 경고음이 꺼지는 것을 확인할 수 있습니다. 릴레이는 수위 센서를 물에 넣거나 뺄 때마다 딸깍거리며 동작해야 하고, 버저는 수위 센서를 물에 넣었을 때는 동작하지 않고 뺐을 때만 동작해야 합니다.

간혹 수위 센서의 투명한 플라스틱에 큰 물방울이 붙어 있을 때는 물 밖에서도 물속에 있는 것과 같은 동작을 하는데, 실제 사용할 때는 센서를 옆으로 부착하기 때문에 큰 물방울이 붙을 일이 없습니다.

인클로저에 조립하기 위한 준비

회로가 제대로 동작하는 것을 확인했으면 인클로저에 넣어 회로를 보호합니다. 그냥 연결해도 동작하지만 전선이 빠지거나 물이 튀거나 하여 고장이 날 수 있기 때문입니다. 인클로저에 넣는 것이 미관상으로도 깔끔해 보입니다.

1 필요한 부품

01 인클로저: 1개

인클로저는 부품을 넣었을 때 여유가 있는 것이 좋습니다. 여기서는 가로 160mm, 세로 90mm, 높이 60mm인 것을 사용했습니다. 다양한 크기가 있으니 적당한 것으로 골라 구입하세요. 전자 부품을 판매하는 곳에서 구입할 수 있습니다.

반찬통으로 사용하는 플라스틱 밀폐 용기 등을 이용해도 됩니다만 구멍을 뚫을 때에는 인클로저가 다루기 쉽습니다.

11.18 인클로저. 닫은 모습

02 노출 1구 콘센트: 1개

노출 1구 콘센트는 툭 튀어나온 모양입니다. 인클로저에 부착해 놓고 콘센트로 사용할 수 있습니다.

11.19 노출 1구 콘센트 설치 후

03 볼트와 너트: 각 2개

볼트와 너트는 노출 1구 콘센트를 인클로저에 고정하기 위해 사용합니다. 콘센트를 고정하는 구멍의 깊이와 직경을 확인하여 맞는 볼트를 준비합니다. 대체로 직경 4mm, 길이 20~25mm가 적당합니다. 너트는 물론 볼트에 맞는 것이 필요합니다. 노출 1구 콘센트를 고정하는 볼트와 너트는 대부분 제품에 포함되지 않기 때문에 따로 준비해야 합니다.

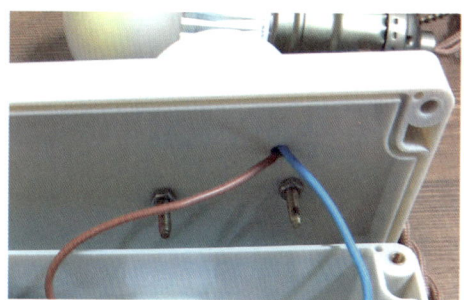

11.20 노출 1구 콘센트를 고정한 볼트와 너트

04 1P 전선 연결 단자: 1개

전선끼리 연결하기 위한 부품이 여럿 있습니다. 1부 **2장의 5. 전선 연결하기**를 참고하여 구입하시기 바랍니다.

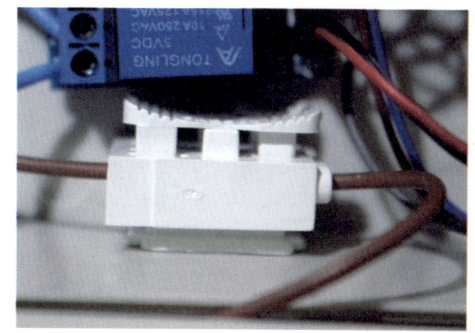

11.21 전선 연결 단자

05 220V용 전원 코드: 1개

수중 펌프를 구동하기 위한 전원입니다. 내부에서 릴레이를 거쳐 노출 1구 콘센트로 연결됩니다. 못 쓰게 된 전기 전자 제품에서 끊어서 사용할 수도 있고, 인터넷으로 구입할 수도 있습니다.

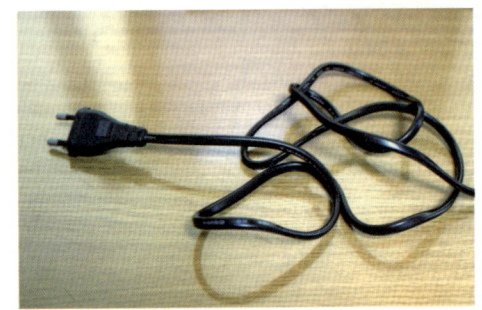

11.22 220V용 전원 코드

2 공구와 소모품

① 전동 드릴 드라이버, 목공용 드릴 비트(직경 12mm), 철재용 드릴 비트(직경 5.0mm, 6.5mm), 니퍼, 와이어 스트리퍼(1부 2장의 1. 많이 쓰는 공구와 소모품을 참고바랍니다).

② 작은 십자드라이버: 릴레이에 220V용 전원 코드와 수중 펌프용 전선을 고정하는 데에 사용합니다.

③ 폼 양면테이프: 부품을 인클로저 내에 고정하는 데 사용합니다.

④ 글루건: 버저를 인클로저 내에 고정하는 데 사용합니다.

인클로저에 조립하기

1 인클로저 부품 보관

인클로저를 열어보면 두꺼운 실 같은 것이 들어 있습니다. 개스킷(gaskit)이라고 하는 것인데, 물이 들어가는 것을 막아 줍니다. 볼트와 개스킷을 따로 보관해 둡니다.

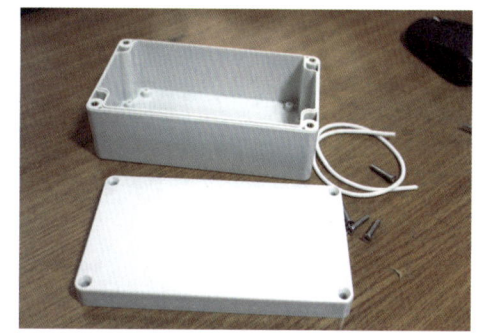

11.23 인클로저. 연 모습

2 노출 1구 콘센트 조립하기

01 220V용 전선 연결하기

노출 1구 콘센트의 커버를 벗긴 후 220V용 전선을 연결합니다. 자세한 방법은 **2장의 5. 전선 연결하기**를 참고 바랍니다. 전신의 길이는 20cm 정도로 합니다. 전선을 연결한 후 콘센트의 뚜껑은 그대로 둡니다.

11.24 콘센트 나사에 전선을 감은 모습

11.25 콘센트에 나사를 조인 모습

02 인클로저 뚜껑에 구멍 위치 표시하기

인클로저의 뚜껑에 노출 1구 콘센트를 올려놓고 콘센트를 고정하는 나사 구멍에 송곳이나 가는 펜을 넣어 나사 구멍의 위치를 표시합니다. 두 가닥의 전선이 빠져나갈 곳도 표시합니다(그림 11.26 참고).

03 인클로저 뚜껑에 구멍 뚫기

콘센트를 고정할 볼트 구멍은 볼트 직경보다 1mm 정도 직경이 큰 드릴 비트로 구멍을 뚫습니다. 전선용 구멍 또한 전선 두 개를 포개어 합한 직경보다 1mm 정도 큰 드릴 비트로 구멍을 뚫습니다.

04 노출 1구 콘센트 고정하기

먼저 전선을 전선용 구멍으로 빼낸 다음 볼트와 너트로 콘센트 몸체를 인클로저 뚜껑에 고정합니다. 콘센트의 뚜껑을 나사못으로 고정합니다.

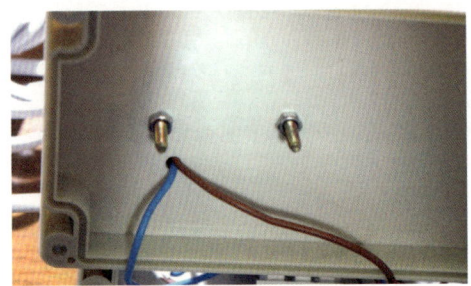

11.26 인클로저 뚜껑에 고정한 노출 1구 콘센트

🌱 ③ 인클로저 본체에 구멍 뚫기

인클로저 본체에는 220V 전원, 아두이노 전원, 수위 센서용 전선이 들어갈 구멍과 버저의 소리가 빠져나올 구멍이 필요합니다.

01 아두이노와 수위 센서용 구멍 뚫기

아두이노와 수위 센서용 전선은 끝에 단자가 있기 때문에 단자가 통과할 수 있도록 직경 12mm의 구멍을 뚫습니다.

11.27 아두이노와 수위 센서를 연결하기 위한 구멍을 뚫고 전선을 통과시킨 모습

02 220V 전선용 구멍 뚫기

220V 전선은 두께를 재어 보아 알맞은 크기로 구멍을 뚫습니다.

11.28 20V 전원용 구멍을 뚫고 전원을 통과한 모습

03 버저용 구멍 뚫기

버저의 소리가 잘 나가도록 직경 3.0~5.0mm의 구멍을 뚫습니다.

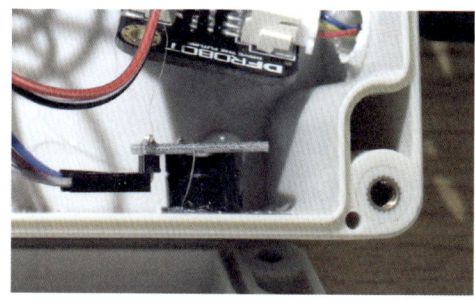

11.29 버저용 구멍을 뚫고 버저를 고정한 모습

4 전선 연결하기

01 아두이노와 연결된 회로를 인클로저에 넣기

앞서 **11장의 3. 업로드하고 시험하기**에 사용한 회로를 인클로저에 조심스럽게 임시로 넣습니다. 이때 인클로저에 뚫어 놓은 구멍에 맞도록 방향을 배치합니다.

11.30 인클로저에 회로를 넣은 모습

02 아두이노 보드에 USB 케이블 꽂기

USB 케이블 중 아두이노 보드에 꽂을 부분을 큰 구멍으로 통과시킨 후 아두이노 보드에 꽂습니다.

03 수위 센서 보드에 수위 센서 전선 꽂기

수위 센서에 연결된 사각형의 커넥터를 비스듬히 구멍으로 통과시킨 후 수위 센서 보드에 꽂습니다.

04 수중 펌프용 전선 연결하기

수중 펌프용 전선 연결은 220V를 다루므로 신경 써서 하시기 바랍니다. 회로도는 그림 11.31과 같습니다. 나중에 그림 아랫부분의 1구 콘센트에 수중 펌프의 플러그를 꽂게 됩니다. 왼쪽의 플러그는 집의 콘센트나 멀티탭에 꽂게 됩니다. 플러그에서 나오는 두 가닥의 전선 중 하나는 1구 콘센트에서 나온 전선과 전선연결커넥터를 이용하여 연결합니다. 나머지 한 전선은 릴레이의 COM단자에 연결합니다.

릴레이가 스위치 역할을 하므로 아두이노를 이용하여 수중 펌프를 ON/OFF할 수 있게 됩니다. 인클로저에 배치하고 전선을 연결하는 것은 그림 11.32와 같이 합니다. 그림 11.31을 이해하기 쉽게 다시 그린 것입니다. 왼쪽 플러그에 연결된 전선은 구멍을 통과한 후 한 번 감아 줍니다(그림 11.30 참고). 그러면 바깥에서 당겨져도 전선이 빠져나가지 않고 견딥니다.

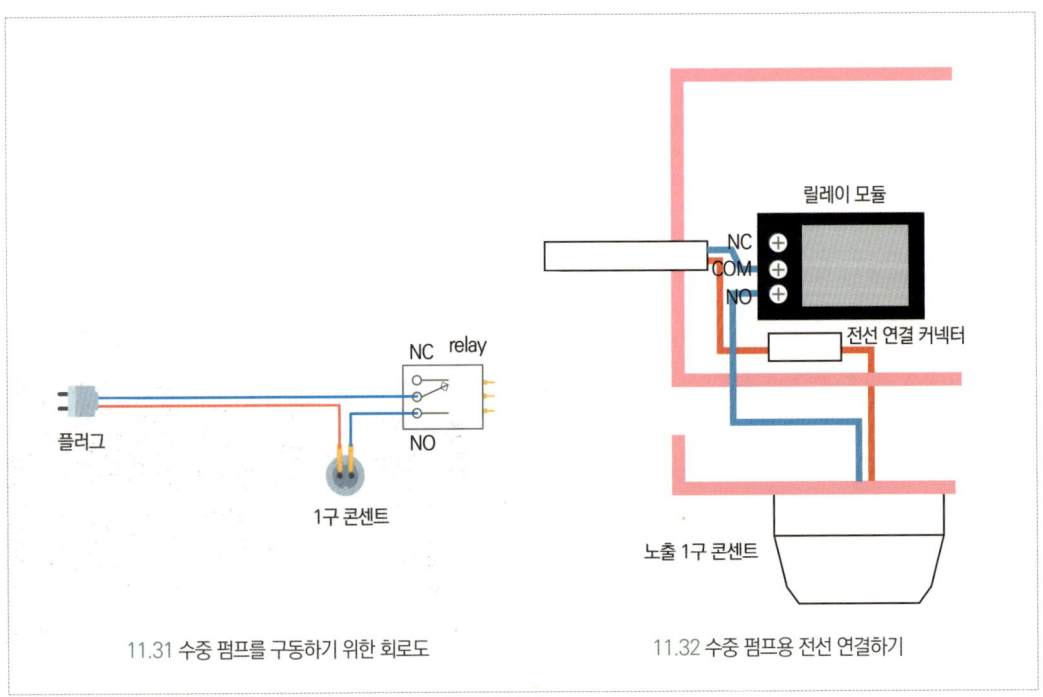

11.31 수중 펌프를 구동하기 위한 회로도

11.32 수중 펌프용 전선 연결하기

> **릴레이의 출력 단자에 전선 연결하기**

릴레이에는 입력 단자와 출력 단자가 있습니다. 출력 단자에 있는 나사를 풀면 전선을 끼울 수 있는 철편 사이의 틈이 벌어집니다. 피복을 벗긴 전선을 넣고 나사를 잠그면 철편 사이의 틈이 좁아지면서 전선을 물게 됩니다. 1부에서 소개한 전선 연결 커넥터와 비슷한 원리입니다. 릴레이에 있는 단자는 손으로 누르지 않고 나사를 이용하는 것이 다릅니다.

11.33 릴레이의 출력 단자

05 부품의 위치 잡기

전선을 연결한 채로 부품의 위치를 잡습니다. 부품끼리 닿지 않도록 배치합니다. 특히 전원이 가해진 금속 부분끼리 닿지 않도록 주의하여 배치합니다. 뚜껑을 닫아 보아 잘 닫히는지도 확인합니다. 1구 노출 콘센트를 고정한 나사가 다른 부품에 닿지 않는지 확인합니다.

06 전선 정리하기

전선은 서로 꼬이지 않게 정리하고, 수위 센서에 연결된 전선과 같이 긴 전선은 감아서 헝클어지지 않도록 정리합니다. 전선이 엉클어져 있으면 회로를 파악하기도 어렵고, 다른 전선에 힘을 가하여 연결 부위가 빠질 수도 있습니다. 인클로저 뚜껑을 닫을 때 전선이 끼일 수도 있습니다.

 **부품 고정하기**

01 미니 브레드보드 고정하기

잠시 아두이노에 꽂혀 있는 USB 케이블을 뺍니다. 미니 브레드보드에 붙어 있는 양면테이프를 벗겨 내어 인클로저에 부착합니다. USB 케이블을 꽂습니다.

02 릴레이 모듈 고정하기

릴레이 모듈에 폼 양면테이프를 붙여 인클로저에 고정합니다. 릴레이 모듈에는 220V 전원이 연결되므로 다른 부품과 닿거나 전선이 빠지지 않도록 주의합니다.

03 전선 연결 커넥터 고정하기

전선 연결 커넥터에 폼 양면테이프를 붙여 인클로저에 부착합니다. 전선 연결 커넥터에는 220V 전선이 연결되어 있으므로 전선이 빠지거나 다른 부품에 닿지 않도록 유의합니다.

04 수위 센서 보드 고정하기

수위 센서 보드도 폼 양면테이프로 고정합니다.

05 버저 고정하기

버저는 부품이 작고 구멍이 막히면 안 되므로 글루건을 이용하여 고정합니다. 이때 인클로저에 뚫은 버저용 구멍과 버저의 구멍이 일치하도록 합니다. 구멍을 통해서 버저에서 나는 소리가 밖으로 나갑니다.

6 인클로저 닫기

01 인클로저 뚜껑에 개스킷 끼우기

인클로저 뚜껑에는 개스킷을 끼울 수 있는 홈이 나 있습니다. 개스킷을 이 홈에 끼웁니다. 한쪽 끝부터 끼워서 반대쪽 끝에 다다를 때까지 끼웁니다. 남는 것은 가위로 잘라 냅니다.

11.34 뚜껑에 있는 개스킷을 넣을 수 있는 홈

02 인클로저 뚜껑 잠그기

인클로저 뚜껑을 닫아 보고 닿는 부품이 없는지, 전선이 끼이지 않는지 확인한 다음 문제가 없으면 뚜껑을 닫고 볼트로 조여 줍니다.

11.35 인클로저 몸체에 매립되어 있는 너트

7 동작 확인하기

재배기에 적용하기 전에 동작이 제대로 되는지 다음과 같이 확인합니다.

① 컵에 물을 받아 놓습니다.
② 노출 1구 콘센트에 간단한 전기 기구를 연결합니다. 전등과 같이 쉽게 확인할 수 있는 것이 좋습니다.
③ 인클로저에서 나온 USB 케이블을 휴대폰 충전기에 꽂습니다. 이때 버저의 알람이 울리면 정상입니다.
④ 인클로저에서 나온 전원 플러그를 집의 콘센트나 멀티탭에 꽂습니다. 이때 수위 센서는 물에 닿지 않게 합니다. 버저의 알람이 계속 울리고 전기 기구는 작동하지 않으면 정상입니다.
⑤ 수위 센서의 투명한 부분을 물에 조금 담갔을 때 버저의 알람이 멈추고 전기 기구가 작동하면 정상입니다.

재배기에 설치하고 동작 확인하기

이제 어려운 일은 끝났고, 재배기에 적용하는 일만 남았습니다.

1 설치 전 확인하기

01 양액저장조의 양액 빼기
만일 사용하던 재배기라면 양액저장조의 양액을 빼서 보관하고, 양액저장조는 씻어서 말려 둡니다.

02 전원 확인하기
제어기는 수중 펌프용 전원과 아두이노용 전원을 위해 멀티탭에 2개의 구멍이 필요합니다. 재배기의 멀티탭에 여유 구멍이 2개 있는지 확인합니다. 부족하면 구멍이 더 많은 멀티탭으로 교체하거나 다른 멀티탭을 추가합니다.

03 제어기 놓을 자리 정하기
수위 센서, 수중 펌프, 재배기용 멀티탭의 위치를 확인하여 전선이 당겨지지 않는 곳을 정합니다. 사용 중에 미끄러져 떨어지거나 물방울이 떨어지기 쉬운 자리는 피합니다.

🌱 2 필요한 공구 및 소모품

네임펜, 전동 드릴 드라이버, 목공용 드릴 비트(직경 12mm), 카운터 싱크(직경 15mm)

🌱 3 설치를 위한 가공하기

01 수위 센서용 구멍 뚫기

양액저장조에 수위 센서를 고정할 위치를 네임펜으로 표시합니다. 전동 드릴 드라이버에 직경 12mm 목공용 드릴 비트를 꽂아 구멍을 뚫습니다. 이후 직경 15mm 카운터 싱크로 구멍을 더 넓힙니다. 혹은 직경 15mm의 목공용 드릴 비트로 한번에 뚫습니다.

02 수위 센서 고정하기

수위 센서의 플라스틱 너트를 풀어서 보관합니다. 누수방지 링은 그대로 둡니다. 수위 센서를 전선과 함께 양액저장조 내부로 넣습니다. 전선을 구멍으로 빼냅니다. 수위 센서의 나사 부분을 구멍에 끼웁니다. 양액저장조 바깥에서 전선을 너트 구멍으로 통과시킨 후 너트로 센서를 잠급니다.

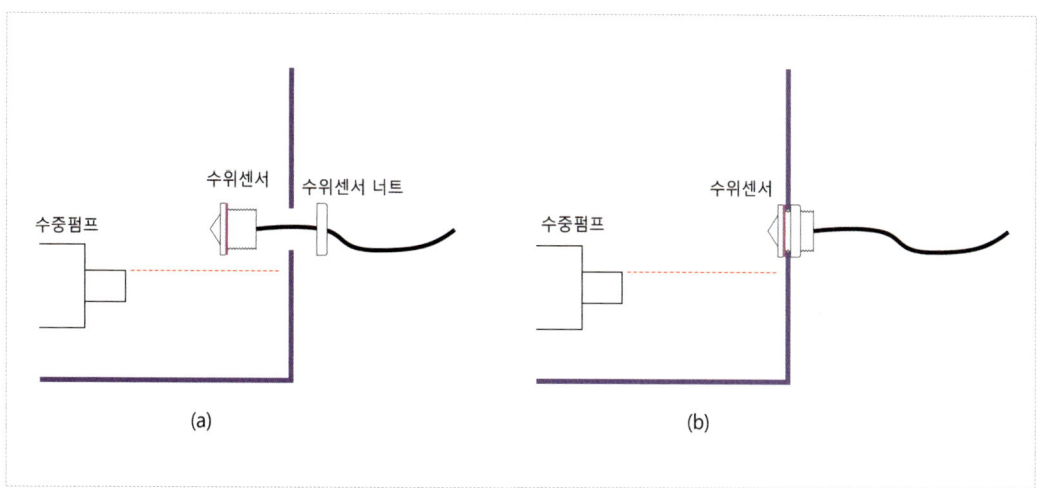

11.36 양액저장조에 수위 센서 고정하기

03 인클로저 고정하기

인클로저를 놓을 자리를 마련하여 고정합니다.

04 수중 펌프 전원 연결하기

수중 펌프의 전원 플러그를 인클로저의 노출 1구 콘센트에 꽂습니다. 인클로저에서 나온 전원 플러그를 재배기 멀티탭에 꽂습니다.

4 동작 확인하기

01 제어기 전원 공급하기

재배기의 멀티탭에 휴대폰 충전기를 꽂고, 인클로저에서 나온 USB 케이블을 충전기에 꽂습니다. 이제부터 제어기가 동작합니다. 현재 양액저장조에 양액이 없는 상태이므로 알람 소리가 납니다. 수중 펌프는 동작하지 않아야 정상입니다. 수중 펌프가 동작하면 즉시 전원을 차단하고 점검합니다.

02 양액저장조에 양액 넣고 동작 확인하기

양액저장조에 양액을 부어 줍니다. 양액이 수위 센서까지 차오르면 알람이 꺼집니다. 곧 수중 펌프가 켜집니다. 약 15분 후 수중 펌프가 꺼졌다가 그로부터 약 45분 후에 켜지는 동작을 반복하면 정상적으로 동작하는 것입니다. 수중 펌프가 동작하면서 양액 수위가 낮아지므로 버저가 울리지 않을 때까지 양액을 보충합니다.

    지금까지 아두이노를 사용하여 양액 부족 알람을 울리고 수중 펌프의 전원을 차단하는 제어기를 만들어 보았습니다. 아두이노를 이용하면 여러 가지 일을 자동으로 할 수 있습니다. 시중에 아두이노에 관련된 책이 많이 나와 있습니다.

부품 구입 안내

키워드로 쉽게 찾을 수 있는 것은 키워드를 소개하고, 찾기 어렵거나 낯선 것은 쇼핑몰을 알려드립니다.

1. 재배기 틀

❶ **원목 신발장** : '원목 신발장'이란 키워드로 쉽게 찾을 수 있습니다.
❷ **메탈 선반** : '메탈 선반'이란 키워드로 쉽게 찾을 수 있습니다.
❸ **앵글 선반** : '앵글 선반'이란 키워드로 쉽게 찾을 수 있습니다.
❹ **목재로 직접 만들 경우** : '목재 재단 판매'로 검색하면 여러 곳이 나옵니다. 이목손, 아이베란다, 우드몬스터 등이 있습니다.

2. 재배용기/양액저장조

❶ **테이크아웃컵** : '테이크아웃컵'이란 키워드로 쉽게 찾을 수 있습니다.
❷ **재배용기용 수납함** : 락앤락 모노톤 바스켓이 사용하기 좋습니다. '락앤락 모노톤 바스켓 15L'로 검색합니다.
❸ **양액저장조용 수납함** : '30L 수납함' 등으로 용량을 넣어 검색합니다.

3. 트레이

트레이로 적합한 플라스틱 제품을 찾기가 어려운데, 플라스틱 마켓(P-MARKET)이라는 곳에 트레이로 사용할 만한 제품이 많습니다. 트레이로는 구멍이 뚫리지 않은 빵상자, 두부상자, 만능상자 등을 사용할 수 있습니다.

4. T5형 LED

'T5형 LED'로 검색합니다. 전원 코드가 제공되는지 별도 판매하고 있는지 확인합니다. 잘 찾아지지 않으면 아래 쇼핑몰을 추천합니다.

❶ '동성 T5 LED'로 찾습니다. 2핀과 3핀으로 구분되어 있고, 핀에 맞는 연결 코드, 전원 코드, 스위치가 부착된 전원 코드를 판매합니다. 구매하실 때 LED, 연결 코드, (스위치가 부착된) 전원 코드를 한 번에 주문할 수 있어서 편리합니다.
❷ 'MR LED T5'로 찾습니다. 모두 2핀으로 되어 있고, 전용 전원 코드를 별도로 판매합니다.

5. **수경재배용품** **전문점**	❶ **참쉬운수경재배**: 수경재배에 필요한 자재와 수경재배기 부품 등을 판매합니다. ❷ **키친가든몰(https://smartstore.naver.com/kgardenmall)**: 암면 관련 제품이 많이 있습니다.
6. **양액 순환** **관련 부품**	❶ **수중 펌프**: '수족관 수중 펌프'로 검색합니다. ❷ **에어 펌프, 에어 튜브, 에어 스톤**: '수족관 에어 펌프'로 검색합니다. 에어 펌프를 파는 쇼핑몰 대부분이 에어 튜브와 에어 스톤도 함께 팝니다. 모아서 세트로 판매하는 것도 있으니 살펴보시기 바랍니다. ❸ **원터치 피팅**: 원터치 피팅은 규격이 여러 가지이므로 'PC10-02'와 같이 정확한 규격으로 검색합니다. ❹ **폴리우레탄 튜브**: '폴리우레탄 튜브 외경 10mm'와 같이 검색합니다. 짧은 길이로 판매하는 곳을 찾기 어려우면, 한미호스플러스를 추천합니다. 한미호스플러스는 각종 튜브 및 호스, 이를 연결하는 부품(원터치 피팅 등)을 다양하게 취급하고 있습니다.
7. **전자 부품**	❶ **엘레파츠**: 전자 부품 전문 쇼핑몰 ❷ **ICbanQ**: 전자 부품 쇼핑몰 ❸ **동신전자**: 전자 부품 쇼핑몰 ❹ **가치창조기술**: 개발 보드를 많이 다룹니다. ❺ **에듀이노**: 아두이노 교육 쇼핑몰 ❻ **다두이노**: 아두이노 전문 쇼핑몰
8. **기타**	❶ **나비엠알오**: 기업전용 쇼핑몰이지만 일반인도 구매 가능합니다. '회사, 공장, 사무실, 산업현장에서 사용하는 것 아냐?'라고 생각 드는 것을 거의 다 판매합니다. 무엇보다 아주 다양한 분야의 물품을 파는 점이 좋고, 규격을 자세히 제시합니다.

팁 빨리 찾기

- 괴물이 되었다고? ··· p.26
- 수경재배기의 재료와 식물이 자라는 환경 ··· p.27
- 미학적인 관점 ··· p.27
- 층과 단 ··· p.38
- 튜브(tube)와 호스(hose)의 차이 ··· p.52
- 원터치 피팅에 폴리우레탄 튜브 끼우고 빼기 ··· p.57
- 드릴 비트의 선택 ··· p.59
- 납땜과 용접의 차이 ··· p.82
- 금속과 금속 산화물의 성질 ··· p.82
- 아두이노 나노 보드에서 업로드가 안 될 때 ··· p.121
- 보드의 LED가 연결된 핀 ··· p.124
- 아두이노용 프로그램 작성하는 법 ··· p.125
- LED 바에 흐르는 전류 구하기 ··· p.147
- 어댑터 플러그의 극성과 잭의 구조 ··· p.154
- 에어 펌프, 에어 호스, 에어 스톤을 싸게 구입하는 방법 ··· p.163
- 열선 커터기 만들기 ··· p.176
- 모종의 뿌리가 엉키지 않게 하는 법 ··· p.179
- 식물이 크게 자라 포트를 꺼내기 어려울 때 양액 주는 법 ··· p.182
- 흙과 인공 토양의 균질성 ··· p.193
- 녹조에 대해 ··· p.193
- 프레임 조립하기 전 유의 사항 ··· p.202
- 설명서와 다르게 조립하는 이유 ··· p.202
- 휴대폰 조도계를 이용하여 LED 램프의 개수 결정하는 법 ··· p.204
- 고무 와셔를 사용하면 좋은 이유 ··· p.206
- 어떤 곳은 그냥 구멍만 뚫고, 어떤 곳은 원터치 피팅을 끼우는 이유 ··· p.209
- 농축 양액 만드는 법 ··· p.231

- 저면급액법에서 식물을 키우면서 양액 주는 법 ··· **p.234**
- 릴레이 모듈을 스위치로 쓰기 위한 전선 연결 ··· **p.241**
- 아두이노에 USB 케이블을 연결하니 이상한 동작을 해요! ··· **p.245**
- 릴레이의 출력 단자에 전선 연결하기 ··· **p.255**

참고문헌

- 『일반식물학』 제2판, Graham, Linda E 외, 강원회 외 공역, 월드사이언스, 2008.
- 『목공 기초』, Peter Korn, 최석환 역, 씨아이알, 2013.
- 『무한상상 DIY 아두이노로 만드는 사물인터넷』, 서민우, 앤써북, 2015.
- 『사물인터넷을 위한 ESP8266프로그래밍』, 허경용, 제이펍, 2017.
- 『도시농부를 위한 수경재배』, 박영기, 혜지원, 2019.
- 『우린 일회용이 아니니까』, 고금숙, 슬로비, 2019.